함석헌의 씨올정신운동 깊이 읽기

함석헌의 씨울정신운동 깊이 읽기

초판 1쇄 발행   2025년 7월 24일

지 은 이   박선균
펴 낸 곳   서로북스
출판등록   2014.4.30 제2014-141호
주   소   경기도 파주시 회동길 480 A-407호
전자우편   minkangsan@naver.com
팩   스   0504-137-6584

I S B N   979-11-87254-68-3 (03150)

ⓒ 박선균, 2025, printed in Paju, Korea
이 책은 저작권법에 따라 보호받는 저작물이므로 무단 전제와 복제를 금합니다. 내용의 전부 또는 일부를 재사용하려면 반드시 저작권자와 서로북스 양측의 동의를 받아야 합니다. 책값은 뒤표지에 있습니다.

함석헌의
씨올정신운동
깊이 읽기

박선균 지음

박선균 님의 "씨올정신운동 깊이 읽기"
추천사

　참 의사 장기려 님은 함석헌 선생님을 가리켜 한반도에서 오백 년에 한번 나올 인물이라 했습니다. 풍류 신학자 유동식 님은 우리 역사에 외래 종교 셋이 들어 왔는데, 불교를 넘어선 이가 원효, 유교를 넘어선 이는 율곡, 기독교를 넘어선 이가 함석헌이라 했습니다. 박선균 님은 오늘 이 땅에서 공자를 넘어선 이는 함석헌 뿐이라 했습니다.
　판단은 독자들의 몫이지만, 위에 언급한 세 분의 주장에는 어떤 뜻이 담겨 있으리라 봅니다.
　저자는 1970년대 초반부터 무려 반세기 동안《씨올의소리》편집주간을 맡으면서 갖은 풍상을 겪으신 분입니다. 이번에 씨올정신을 온몸으로 익혀 발표해 온 글들을 정성껏 엄선하여 출간 하심은, 역사적 자료로서의 가치도 크리라 봅니다.

_장영호(함석헌기념사업회 이사장)

　김경재 선생님(1940~2025)을 뵙거나 안부를 여쭐 때면 함석헌 사상의 알짬〔精髓〕을 만나게 될 것이라면서《씨올의소리》10년을 잘 살펴보라고 말씀하시곤 하였습니다. 어리석기 짝이 없는 제가《씨올의소리》

편집에 참여하게 되면서는 꼭 박선균 선생님의 안부와 함께 《씨올의소리》에 실린 글들을 읽으신 소감과 격려의 말씀을 주시곤 하였습니다.

시간이 지나면서 당신께서 글을 기고하실 때마다 두려운 마음이 앞섰다고 하신 말씀도 이해하게 되었고, 어둡고 모진 시대에 창간되어 폐간과 복간을 거듭하며 오늘에 이르기까지 《씨올의소리》의 뜻이 이어져 오는 데에 박선균 선생님의 땀이 아로새겨진 것을 거듭 거듭 마주하곤 하였습니다.

《금지된 씨올의소리》(1990), 《씨올 소리 이야기》(2005)를 통해 씨올정신이 싹을 틔우고 세찬 비바람과 싸우며 영글어가던 모습을 만날 수 있었다면, 오늘 만나는 《함석헌의 씨올정신운동 깊이 보기》를 통해 '우리 시대와 다음 세대에 이어갈 씨올정신이 대체 무엇인지' 그 진면목을 볼 수 있다 하겠습니다. 《씨올의소리》 편집자로 반세기가 넘는 시간 동안 오로지 《씨올의소리》만을 생각하며 살아온 선생님의 지극한 노고가 이 책에 담겨있는 것을 독자 여러분들은 또한 알게 될 것입니다.

_김관호(《씨올의소리》 주간)

박선균 목사님은 《씨올 소리 이야기》에서 중국인들이 들으면 혼백나갈 소리를 하고 있습니다.

함석헌은 공자를 품을 수 있어도 공자는 함석헌을 품을 수 없다

목사님은 산동성 산업기술대학에서 7년이 넘는 기간 동안 한국어와 한국사를 교수한 분이십니다. 목사님의 함석헌과 공자님의 비교가 그저 국가주의 입장에서의 토로는 아니었을 것입니다. 거기 담긴 '씨올정신', 더 나아가 '그 운동의 역설'이 더욱 그렇습니다. 씨올정신이라니….

목사님은 이 저서의 머리글에서 "함석헌 선생을 세상에 알려야 하겠다"는 결심 하에 출판하게 되었다고 하셨는데, 옳습니다. 두 손 모아 그 꿈, 큰 역사(役事)로 구현될 수 있기를 기원합니다.

아울러 함석헌과 함께 씨올을 염원하며 일생을 낙헌(樂獻) 제물로 드려온 목사님의 그 고귀한 삶(生)을 통해 분명한 역사의 주체로 자리하는 씨올의 세상이 도래할 것을 확신해 마지 않습니다! 아-멘. 아홈.

_문대골(함석헌기념사업회 전 이사장, 목사)

박선균 선생님의 《함석헌의 씨올정신운동 깊이 읽기》는 오래된 옛길처럼 그간 우리가 내세웠던 것들에 대한 새로운 성찰의 기회를 만들어줍니다. 지난 50여 년《씨올의소리》에 게재된 씨올들의 소리를 다시 깊이 살피는 일은 우리 공동체의 오래된 미래>를 설계하는 기초가 될 것입니다.

《씨올의소리》 편집위원으로 위촉해 주셨던 박선균 선생님과 함께 격월로 온종일 대전까지 교정보러 다니면서 혼자듣기 아까운 후일담을 생생하게 듣는 기쁨이 있었는데, 선생님의 글 모음집 <함석헌 씨올정신운동 깊이 읽기>의 출간으로 귀중한 자산들을 많은 씨올들과 함께 나누게 되어 기쁩니다.

진정한 철학자는 '문제의 해결자'가 아니라 자기 문제를 구성하는 '문제의 창안자로서 모든 사람들에게 새로운 문제를 제기하는 사람'이라는 말에 힘입어, 나도 이제 고통과 아름다움이 모순적으로 공존하는 이 세계에 대한 씨올의 질문들을 가다듬어 제소리를 만들어 봅니다. 자신이 권위에 복종하지 않을 뿐 아니라, 그 불복종을 남에게 권장할 수 있는 사람이 혁명적 인물임을 믿어 의심치 않으며, <함석헌의 씨올정신운동 깊이 읽기>를 톺아보고, '같이 살기' 훈습으로 날마다 혁명을 기도 (pray & try)하겠습니다.

_김미령(《씨올의소리》 편집위원/ 자립지지공동체 대표)

머리말

필자가 세상에 내놓은 책이라면 1987년 함 선생님 생존해 계실 때, "금지된 《씨올의소리》"를 편집해 낸 일이 있고, 함 선생님 서거 후 2005년 2월에 '씨올의소리 이야기'라는 책을 출판한 일이 있다. 그 책을 낸 지도 어느덧 20년이 넘어간다. 세월이 많이 흘렀지만, 다시 책을 낼 생각을 하는 끝에 "함석헌의 씨올정신운동 깊이 읽기"라는 제목을 붙였다.

그동안 필자는 주로 《씨올의소리》를 발간하면서 간간이 쓴 글이 50여 편이나 되어 깜짝 놀랐다. 책을 내기 위해 쓴 글은 아니지만, 요즘같이 책을 읽지 않는 시대에 무슨 출판이냐 하는 의견도 있어서, 망설이면서도 책을 내기로 결정을 보았다. 책을 내는 데는 그만한 이유가 있다.

첫째는 함석헌 선생을 세상에 알려야 하겠다는 생각이다. 선생은 돌아가신 지 벌써 35년이 지났다. 아직도 함 선생님을 아는 분들이 계시기는 하지만, 모르는 이들이 점점 늘어나고 젊은 세대들에게는 아주 잊혀진 인물이 되었다는 이야기까지 나온다. 그래서 함 선생님을 알리는 데 조금이라도 보탬이 되었으면 하는 바람이다.

다음 하나는 함 선생님이 제창하신 '씨올정신운동'을 알릴 뿐 아니라, 작은 운동이라도 일으켜볼 생각이다. 선생님은 전집 20권 이상이 발간되어 있고, 그것을 읽고 연구하는 사람들이 있기는 하지만, 거기에 담겨 있는 "씨올정신"이 얼마나 알려졌는지는 알 수가 없다. 너무 멀게만 느껴진다.

필자가 여러 글을 썼지만, 그 글의 주요점은 "씨올정신"에 있다. 이 "씨올정신"이야말로 좁게 말하면 나를 구원하는 일이지만, 조금 넓게 말한다면 한국을 지나 세계를 구원하고도 남는 얼이요 혼이라고 할 수 있다. 글은 네 분야로 구분해 보았다.

제1부에서는 함석헌 선생은 어떤 인물인가? 를 시작으로, 그동안 필자는 함 선생님 곁에서 20여 년을 지내오면서 본대로, 느낀 대로 말해보았다. 그리고 이어서 "씨올의소리 50년 역사 이야기"를 실었다. 《씨올의소리》는 함 선생님이 직접 창간하시고 10년간 쓰신 글 이야기를 비롯하여 그동안 밝혀지지 않은 이야기도 많다. 지금 생각하면 이런 일도 있었던가? 하는 일들이 떠오른다.

제2부는 이 책의 중심이 되는 '함석헌 씨올정신운동 깊이 읽기'이

다. "깊이 읽기"라니 무엇을 말하는가? 길게 말할 것도 없이 온 세계가 군비증강과 핵무장으로 가고 있는데, 어서 빨리 평화운동의 길로 바꾸는 일이 시급하다는 말이다. 이런 일을 해내지 못한다면, 결국 인류는 파멸과 종말로 끝난다는 사실을 누구도 부인하기 어려울 것이다.

그러므로 이 일을 위해 발 벗고 나서는 씨올들이 나와야 한다. 함석헌 선생은 이 일을 위해 얼마나 노심초사하셨는지 모른다.

"함석헌 씨올정신 운동이란 무엇인가?"를 비롯해 6편의 글을 통하여 세상을 살리는 문제를 말해 보았다. 한 가지 양해의 말씀은 이 글들은 어떤 계획 속에 체계적으로 쓴 글이 아니다. 그때그때 필요한 대로 쓴 글이고 따라서 중복된 내용도 나올 것이다. 그것은 강조점으로 이해해 주면 좋겠다.

제3부는 씨올과 비폭력 혁명에 관한 글이다. 씨올정신의 연장이라 할 수 있다. 비폭력 혁명은 곧 씨올정신 운동이다. 이 운동에는 어떤 폭력도 용납할 수 없기 때문이다.

마지막 제4부는 "잊을 수 없는 인물들"이라는 제목을 붙여보았다. 여기는 고당 조만식 선생을 비롯하여 녹두장군 전봉준과 함 선생님과 가장 가까웠던 안병무 박사에 대한 글이 있다. 그리고 장준하 선생은 어떤 인물인가? 와《씨올의소리》독자 중에 대표라 할 수도 있는 이천우 님과 노명환 님을 생각하는 글이다. '엄마, 어머님, 어머니 대한민국'은 80년대 어머니들이 얼마나 적극적인 활동을 했는가를 볼 수 있을 것이다. 이글은 비판보다는 한국의 미래에 대한 희망을 주는 글이라 할 수도 있다.

이 책을 함석헌 선생님과《씨올의소리》독자들에게 바치고 싶다.

2025년 7월
저자 박 선 균

차 례

제1부 함석헌과 《씨올의소리》

함석헌은 어떤 인물인가? ………………………………………… 16
함석헌 선생 옆에서 20년 …………………………………………… 26
《씨올의소리》창간 50주년 역사 이야기 ………………………… 39
《씨올의소리》와 함석헌 선생과 나 ……………………………… 67
함석헌 선생과 군인정치 30년 …………………………………… 91

제2부 함석헌의 씨올정신운동 깊이 읽기

씨올정신운동이 세상을 살린다 ………………………………… 108
함석헌 씨올정신운동이란 무엇인가? …………………………… 117
천지를 뚫어 비추는 씨올정신 …………………………………… 135
함석헌 씨올정신의 역사 …………………………………………… 147
씨올 정신주의로 가자! …………………………………………… 159
3·1운동 100주년과 씨올정신운동 ……………………………… 172
한글 정신과 씨올정신 ……………………………………………… 182

제3부 씨올과 비폭력 혁명

참과 사랑과 희망의 씨올 ················· 192
씨올, 비폭력 혁명의 역사 ················· 203
폭력아, 물러가라! ······················· 216
우주의 씨올과 나 ························ 231
같이살기운동과 함석헌 선생 ············· 245

제4부 잊을 수 없는 인물들

북한 동포를 품에 안은 고당 조만식 선생 ······ 256
녹두 장군 전봉준을 그린다 ··················· 264
함석헌 선생의 친구 안병무 박사 ·············· 276
장준하는 어떤 인물인가? ····················· 286
씨올의소리 50년 독자 이천우 님 ·············· 298
씨올로 우뚝 선 노명환 님 ···················· 306
엄마, 어머님, 어머니 대한민국 ··············· 315

제1부
함석헌과 《씨올의소리》

씨올정신운동 깊이읽기

함석헌은 어떤 인물인가?

함석헌 선생님 탄생하신 지가 올해로 125년이 된다. 선생님이 서거하신 지도 어느새 35년이 지나간다. 선생님이 돌아가신 초기에는 장기려 박사, 안병무 박사를 비롯해서 함 선생님을 기리는 모임이 구성은 되지만, 법인체가 되지 못했다. 문민정부까지도 함석헌기념사업회는 국민의 정부 들어와서 비로소 법인인가를 받게 되었다.

함석헌기념사업회도 아직은 어려움이 없지 않지만, 어느 정도 자리를 잡아가고 있다고 본다. 기념사업회만이 아니라 함석헌 학회도 생겼고 국내외를 막론하고 여기저기에서 함석헌 읽기 모임이나 함석헌 연구회가 생겨나고 있다. 아주 희망적이라 할 수 있다.

함석헌 선생님을 학문적으로 연구하는 사람도 알게 모르게 늘어나고 있다. 함 선생님을 연구해서 석사학위 받은 사람이 50명은 훨씬 넘은 것 같고, 박사학위 받은 사람도 5, 6명에 이른다. 앞으로 시간이 가면 갈수록 함 선생님을 연구하고 선생님의 사상과 정신을 따르고자 하는 후학들이 늘어날 것만은 분명하다.

오늘 필자는 전문 학자도 아니고 함 선생님에 관한 어떤 연구를 한 사람이 못 된다. 다만 선생님이 하시는 일에 심부름을 한 정도의 사람으로서 선생님에 대해 이렇다 저렇다 말한다는 것은 주제넘고, 장님 코끼리 만지는 격이 될지도 모른다. 그러나 선생님 옆에서 오랫동안 지켜본 사람으로서 부족하지만, 본 대로 느낀 대로 말해보고자 한다.

함 선생님이 하신 세 가지 일

함석헌 선생님은 이 땅에 오셔서 세 가지 일을 하셨다고 본다.

첫째는 가르치는 일을 하셨고,
둘째는 농사일을 하셨고,
셋째는 글 쓰는 일을 하셨다.

선생님은 북한 땅 정주 오산학교 교사가 되어 10년 동안 학생들을 가르치셨다. 1928년 일본 동경고등사범학교를 졸업하시고 귀국하여 오산학교 교사로서, 1938년까지 가르치시고, 교사 일을 그만두셨다. 그만두신 까닭은 한국어를 쓰지 말라는 등 일제 탄압 때문이었다. 선생님은 어린 학생들은 가르치는 직업적 교사라는 직은 그만두셨지만, 가르치는 일 자체를 그만두신 것은 아니다. 오히려 후일 민중 교육이나 씨올교육을 통해 잠자는 국민을 깨우치고, 가르치는 참된 스승의 길이 시작되었다고 보는 것이 더 옳을 것이다.

오산학교를 그만두시고 1947년 월남하시기까지 선생님의 직업은 농부였다. 과수원도 경영하시고 평양 교외에서 농사학원도 운영하셨다. 월남 후 한국전쟁을 겪으시고, 1957년 천안 씨올농장을 경영하시고, 강원도 진부령 안반덕 씨올농장까지 운영하신 일이 있다.

1960년대 선생님이 미국 국무부 초청으로 미국을 처음 방문하셨을 때이다. 미국에서 어느 기자가 "당신 직업이 뭐요?"하고 물었을 때 선생님은 서슴없이 "나는 농부다." 하셨다. 그 소리를 듣고 한국의 어떤 사람이 "아니, 함석헌이 무슨 농부냐?" 했다는 말이 있다. 그러나 그분은 함 선생님을 잘 모르고 하는 소리라는 것을 필자는 알았다. 선생님을 잘 안다는 사람도 선생님이 농부였다는 사실을 까맣게 모르는 경우가 꽤 있는 것 같은데, 아니다. 선생님은 틀림없는 농부였다. 나는 선생님의 손을 보고 알았다. 선생님의 손은 농부의 손이다. 때로는 글을 쓰시기도 하셨지만, 선생님은 밭을 갈고 김을 매고 힘든 일을 직접 하셨다. 선생님의 손은 농부의 손이며 일하는 손이었다.

물론 선생님은 글을 쓰셨다. 그래서 문필가이며 언론인이라 할 수도 있다. 그러나 시중에 떠도는 어떤 문필가나 언론인과는 그 차원이 다르다. 선생님은 오산학교 재직시절에 유명한 〈성서적 입장에서 본 조선역사〉를 집필하시고, 이어서 〈세계역사〉와 〈교회사〉까지 3부작으로 쓰신 일이 있다.

선생님이 공개적으로 글을 쓰기 시작한 것은 장준하 선생이 창간한 월간 《사상계》로부터 였다. 선생님의 글은 순한글로 누구나 읽을 수 있도록 쉽게 쓰셨고, 감동과 파괴력이 대단했다. 선생님의 글로 인해 《사상계》가 날개 돋친 듯이 팔려나가기도 했지만, 동시에 선생님은 시대의 야인으로 혜성같이 나타나 민중의 주목을 받았다. 선생님의 강연장에는 어느 정치인과도 비교가 안 되는, 구름 같은 민중이 모여들었던 일을 필자는 목격한 바 있다.

1961년 5·16 군사 쿠데타가 일어나 《사상계》가 탄압을 받고 말과 글이 봉쇄당하는 때, 선생님은 분연히 일어나 월간 《씨올의소리》를 창간하셨다. 1980년 7월 2차 폐간당하기까지, 선생님은 10년 동안 《씨올의소리》를 통해 글을 쓰고 말을 하셨다.

세 가지 운동에 헌신하셨다.

지금까지 선생님이 이 땅에 오셔서 세 가지 일을 하셨다고 하였지만, 그 일하신 내용을 좀 더 구체적으로 말씀드리고자 한다. 그것도 세 가지로 말씀드리겠다.

첫째, 항일 민족운동에 헌신하셨고,
둘째, 반독재 민주화운동에 앞장서셨다.
셋째, 씨올사상과 씨올정신 운동을 일으키신 분이다.

선생님의 항일 민족운동은 1919년 3·1운동에 적극 참여함으로 시작된다. 선생님은 당시 18세의 나이에 평양 만세운동에 참가하셨다. 그냥 군중의 하나로 참여한 것이 아니다. 선생님은 그때 이미 우리나라 태극기를 정확하게 그릴 줄 아셨다. 3·1운동 전야에 태극기를 나무판에 새겨서 수없이 찍어내고 수없이 돌렸다. 그리고 태극기를 들고 총칼로 무장한 일본 군대와 맞서다가 뒹굴어 떨어진 일이 있지만, 조금도 두려움 없이 다시 일어났다.

1936년 오산학교 1학년 갑조와 함석헌

선생님은 창씨개명을 거부하셨다. 오산학교에서 수업 중 일본어를 쓰라는 압박에도 굴복하지 않았다. 선생님은 당당히 한국말로 가르치시다가 스스로 퇴직하신 것이다.

선생님은 친구 김교신과 더불어 《성서조선》을 내시다가 1년간 투옥하는 등 일제하에 2년이 넘는 투옥으로 수난을 겪으셨다.

선생님은 해방 후 임시정부 평안북도 자치위원회 문교부장으로 취임하셨으나, 3개월 만에 신의주학생사건의 배후 인물로 지목되어, 살아날 가망이 없을 정도로 구타당하시고, 소련군 감옥에 50일간 투옥되신다. 선생님이 더 이상 북한 땅에 계시다가는 큰 일을 당할지도 모르겠다고 생각한 동지들의 권유로 1947년 월남을 결행하시게 된다.

1950년 한국전쟁을 겪은 이후 자유당 정권 시절, 1958년 8월호 《사상계》에 발표하신 '생각하는 백성이라야 산다.'라는 글이 문제가 되어 20일 구류를 당하신다. 이때 선생님은 이미 반독재 민주화운동의 중심에 서 계셨다.

자유당 12년 독재에 항거하여 학생들이 일어나고, '생각하는 백성들'이 함께 일어나서 우리 역사에 일찍이 없었던 4·19혁명이 성공을 거두게 되었다. 이제 민주화의 새봄이 오는가 했으나, 1961년 5·16이라는 군사 쿠데타가 기다리고 있는 줄은 몰랐다.

함 선생님은 5·16이 일어나자마자 누구도 말 못 하고 두려워 떨고 있을 때, 1961년 7월호 《사상계》에 "5·16을 어떻게 볼까?"라는 군사정권 비판으로 시작하여, 박 정권 18년, 전 정권 8년, 무려 26년간 반독재 민주화운동의 선봉에 서서 싸우셨다. 글로 싸우고 강연으로 싸우고, 데모의 현장에 직접 뛰어드신 일이 한두 번이 아니다. 당시 민주화운동의 모든 권위 있는 성명서 제일 첫머리에는 함 선생님 이름 석 자가 빠지는 일이 없었다. 빠져서는 일이 되지 않았다.

이로 인해 선생님의 수난은 말로 다할 수 없었다. 도청, 감시, 연금, 가택 수색, 연행, 거리 봉쇄, 집회 방해 등 그 수는 셀 수도 없다. 그런데, 박 정권 때에는 세계 여론이 무서워서인지, 자유가 있는 척 자랑할 목적인지는 몰라도 《씨올의소리》 2차 폐간은 못 시켰다. 그러나 전두환 정권이 들어서면서 언론 통폐합이라는 이름으로 한 마디 통고도 없이 《씨올의소리》를 단번에 폐간시켜 버리고 말았다. 선생님은 전 정권의 불법적 연행으로 16일 동안 온갖 모욕과 고난을 받으셨지만, 선생님의 민주화운동을 멈추게 하지는 못했다.

오늘날 이만큼이라도 자유민주주의가 이루어진 그 배후에는 수많은 희생자가 있고, 수난받은 인물들이 있지만, 그들과 함께, 그들 중심에 함석헌 선생님이 계셨다는 것을 결코 잊어서는 안 될 것이다.

넘겨주신 씨올정신

다음으로 함 선생님이 이 땅에 남기신 씨올사상, 또는 씨올정신 운동에 관해서 간략하게 말씀드리겠다.

씨올사상이나 씨올정신은 함석헌 사상과 함석헌 정신을 말한다. 함 선생님의 사상과 정신은 친히 글로 쓰시고 말씀해 놓으신 《함석헌 전집》 20권 속에 녹아 들어가 있다고 본다. 많은 학자와 후학들이 일어나 선생님의 글을 읽고 연구하고 있기 때문에, 머지않은 장래에 선생님의 사상과 정신이 더욱 선명하게 드러나리라고 본다.

그러나 오늘 필자는 부족하지만 나름대로 정리한 몇 가지를 소개하고자 한다.

첫째, 함석헌 선생의 씨올정신은 '참을 찾는 정신'이라고 생각한다.

필자는 씨올사상 보다는 '정신'이라 하고 싶다. 사상이라 해도 무방하지만, 선생님은 사상이라는 말을 쓰지 않으셨고, 정신이란 말을 강조하셨다. 선생님이 '참을 찾는다'는 의미는 참을 찾아간다는 뜻이 없는 것은 아니지만, 그것만은 아니다. 선생님은 오히려 참을 내 몸으로 실현한다든지, 참을 내가 확고하게 붙잡는 것을 말한다. 진리파지(眞理把持)이다. 밖에 나가서 물론 참을 실천해야 하지만, 그보다도 먼저 할 일은 나를 바로 세우는 일이다. 먼저 나를 고치고, 나를 개혁하고, 나를 혁명하는 일이 씨올정신의 첫째 일로 본다.

둘째, 함석헌 선생의 씨올정신은 '같이 살기 정신'이다.

선생님은 1972년《씨올의소리》창간 2주년 기념호에 "같이 살기 운동을 일으키자"라는 글을 발표하셨다. 당시는 5·16 군사 쿠데타가 일어난 지 10년이 지나면서 민정 이양은 꿈같은 것이 되었고, 박정희 일인 영구집권 계획을 암암리에 진행하는 가운데, 어떤 업적을 위하여 소위 '새마을 운동'을 대대적으로 전개하던 때였다.

함 선생님의 글이 나간 이후 정부 당국에서는 극도로 긴장을 한듯 하다. 이유는 "새마을 운동"을 정면으로 반대하는 운동으로 본 것이다. 그 증거로《씨올의소리》에는 "같이 살기 운동 논문 모집" 광고조차도 못 싣게 했다.

선생님은 글에도 친히 쓰셨지만, 같이 살기 운동은 새마을 운동을 반대하기 위해 나온 것이 결코 아니라고 하셨다. 새마을 운동이 나오기 "8년 전 1964년 정월, 남가좌동의 어떤 불쌍한 아버지가 생활고에 쪼들리다 못해 비관하고, 제 손으로 세 어린 자녀를 빵에 독약을 넣어 먹여서 독살하고, 자기도 목을 매고 죽던 사건"을 말씀하시면서, "나는 매우 큰 충격을 받고 도저히 그냥 있을 수 없어" "삼천만 앞에 또

한 번 부르짖는 말씀"을 발표하실 때, "같이 살기란 문구는 그때 처음 생겼다." 하셨다.

  선생님은 "내가 이 시점에서 같이 살기 운동을 부르짖는 이유" 네 가지를 역설하셨습니다.

1) 지금 우리를 못살게 구는 안과 밖의 정치세력의 악이 그 끝장에 올라서, 지금까지와 마찬가지 싸움방법으로는 도저히 당해낼 수 없어졌기 때문이다.
2) 우리가 이 운동을 일으키는 이유는 민족의 성격을 바로잡기 위해서다.
3) 지금 시들고 숨 막혀 거의 죽게 된 정신을 살려내기 위해서다.
4) 우리가 이 운동을 부르짖는 것은 이것이 우리만이 아니라, 세계전체 구원의 길임을 확신하기 때문이다.

  제목만 들어도 선생님이 얼마나 심각하고 절박한 심정에서 하신 말씀인지 짐작할 수 있을 것이다.

  선생님은 이 '같이 살기 운동을 역설하시면서, "이 운동과 새마을 운동은 하늘이 땅에서 먼 것 같이 서로 다르다." 하셨다. 하나는 대통령이 시키는 일이지만, 하나는 이름 없는 씨올이 하는 운동이라 강조하시면서, 새마을 운동은 소낙비와 폭풍우라면, 같이 살기 운동은 보슬비와 봄비라 했다.

  이 말씀에서 같이 살기 운동은 보슬비와 같이 죽어가는 자연을 살리고 인간을 살리는 생명운동이라는 사실이다.

  마지막으로, 함석헌 선생의 씨올정신 하나를 더 말씀드리겠다.

  그것은 비폭력 평화주의 정신이다. 이 정신은 어떤 의미에서는 씨올정신의 핵심이라 할 수 있다.

　선생님은 무슨 '주의'라는 말을 좋아하지 않았다. 그러나 선생님은 '평화주의'만은 아주 좋아하셨다. 그런데 거기 평화주의에 '비폭력'이라는 단어가 들어가지 않으면 안 된다. 비폭력이란 말이 들어갈 뿐만 아니라 거기에는 '절대'라는 말도 들어가지 않으면 안 된다고 본다.

　그래서 함석헌 선생의 씨올정신의 핵심은 절대 비폭력 평화주의에 있다! 그렇게 생각한다.

　함 선생님의 비폭력 평화주의는 마하트마 간디의 비폭력 평화운동과도 맥을 같이 한다. 간디가 바늘 하나도 갖지 않고 인도를 지배하던 영국을 물리친 것처럼, 함 선생님의 씨올정신운동도 그쪽으로 가기를 몹시 바랐다. 그러나 선생님은 한국의 민주화운동 과정에서 한때 폭력이냐? 비폭력이냐? 갈림길에서 배척을 받은 일도 있다. 그렇지만 선생님은 추호도 비폭력의 길에서 흔들림이 없었다. 선생님의 비폭력은 단순히 폭력을 안 쓴다는 의미를 지나서 '절대 비폭력'이다. 이것은 선생님 표현대로 하면 '이미 이겨놓고 싸우는 싸움'이다.

　한 가지 이야기만 더 말씀드리고 마치려고 한다.

　88 서울올림픽 때, 선생님이 서울올림픽 평화대회 대회장으로 추대되신 일이 있다. 그때 선생님은 서울대학병원에서 생의 마지막 투병을 하고 계셨지만, 주위의 반대가 있음에도 불구하고, "평화를 위해서는 이것저것 따질 것 없다" 하시고 불편한 몸을 이끌고 그 대회장에 나가셨다. 여기에는 선생님의 평화에 대한 갈망이 얼마나 크신가를 보여주는 대목이다. 여기에는 깊은 뜻이 들어있다고 생각한다.

　이 일이 있은 후 선생님은 1989년 2월 4일 새벽, 서울대병원 12층 108호실에서 서거하신다. 햇수 88세, 날수 32,105일을 사시고 이 땅을 떠나셨다.

끝으로, 선생님이 남기신 말씀 중에 세 마디를 소개하고 그치겠다.

"이제《씨올의소리》는 여러분의 소리가 되기를 바랍니다."
"씨올은 죽지 않습니다."
"씨올 뒤에는 하나님이 계십니다."

(2011년 2월, LA 함석헌 추모회에 보낸 글)

88서울올림픽 평화대회에서 연설 중인 함석헌 선생

함석헌 선생님 옆에서 20년
- 탄신 120주년을 맞으며

《사상계》의 '할 말이 있다'는 글

필자가 함 선생님 이름 석 자를 알게 된 것은 1957년 3월호 《사상계》였다. 선생님은 《사상계》에 '할 말이 있다'는 글을 쓰셨다. 당시 나는 고교 2학년 학생이었다. 《사상계》가 무슨 책인지도 모르고 우연히 선배의 책꽂이에서 본 것이다. 고교생 실력으로는 한문투성이 《사상계》를 읽을 수 없었지만, 오직 함 선생님 글만은 순한글이었다. 나는 선생님의 글을 읽고, 읽고 또 읽었다. 선생님의 글은 힘이 있고 뜻이 있고 뭔가 잠자던 나의 가슴을 흔드는 것 같았다. 나는 노트에 그 글을 옮겨 적기까지 했다.

할 말이 있다.
'네가 누구냐?'고 묻는가? 물을 것이다. 이천 년 전 애굽 바빌론의 문명이 오고 가는 세계의 행길에 나타나 약대 털옷에 가죽 띠를 띠고 메뚜기와 석청을 먹으면서 '나는 빈들에 외치는 소리다.'한 세례요한을 보고 '네가 누구냐?' 했던 인간들이 나보고 묻지 않을 리가 없다….

그 후 1년쯤 지나서 선생님은 "생각하는 백성이라야 산다."라는 글로 필화사건이 일어났다. 한국일보 사회면에 "보안법에 걸린 나라 없는 백성"이라는 보도가 대문짝만큼 났다. 거기서 나는 처음 함 선생님의 얼굴을 보았고, 선생님의 집 주소가 용산구 원효로 4가 70번지라는 걸 알았다.

나는 즉시 선생님께 편지를 썼다. 내용을 어떻게 썼는지 전혀 기억은 없다. 선생님은 바로 답장을 해 주셨다. 나는 답장을 주시리라고는 전혀 생각을 못 했다. 당시 잡지에 글을 쓰는 분은 보통 사람이 아니라고 생각하던 때였다. 나는 선생님의 편지를 받고 뛸 듯이 기뻤다. 이렇게 훌륭한 이가 나에게 편지를 주시다니….

> 선균 군께
> 군의 편지 감사히 읽었소. 참을 찾고 정의를 사모하고 나라를 사랑하는 마음은 하나님의 영이 우리 안에 일으키신 것이니 스스로 감사하고, 내가 내 자신을 존중하여 그 정신을 잃지 않도록 해야 할 것이오…. 그러나 새싹이 열만 있으면 도리어 썩듯이 우리 맘도 그저 열정만으로는 오래 못가! 돋아나는 싹에 물을 주듯이 냉정하게 생각해서 넓게 깊게 내 혼의 역량을 기르도록 해야 할 것이오.

1958년 12월 31일. 날짜도 잊지 않는다. 이런 편지는 생전 처음 받았다.

그러나 나는 선생님을 잠시 잊은 채 그 당시 고교를 졸업하고 대학을 가느냐? 못 가느냐?의 고민에 빠져있었다. 나는 고교 성적만으로 연대 무시험전형에 서류를 넣어 면접 후 합격통지서를 받았다. 그 당시 대학입학등록금을 감당할 수 없었다. 이 문제로 여기저기 뛰어다니다가 결국 대학가는 일을 포기해버리고 말았다.

그러던 중 중앙신학교(현 강남대 전신)에서 '근로 장학생 모집'이란 신문광고를 보았다. 내용을 보니 오전에 공부하고 오후에는 농장에서 일하는데, 숙식이 제공된다는 것이다. 그때 '내가 가야 할 곳이 여기 밖에 없다'는 생각을 하게 된다.

중앙신학교 '강의시간표'를 보고 놀란 가슴

내가 중앙신학교에 입학한 것은 1959년 4월쯤인 듯하다. 강의시간표를 보는 순간 나도 모르게 깜짝 놀랐다. 그 시간표에 '특강 함석헌'이라고 적혀있는 것이다. 선생님이 어떻게 이 학교에 계시는지 전혀 몰랐다. 나중에 안 일이지만, 함 선생님은 중앙신학교 초기부터 특강을 하고 계셨으며 당시 학장인 이호빈 목사나 홍태헌 교수를 잘 아시고, 특히 함 선생님과 절친했던 분이 독일 유학 중인 안병무 교수인 것을 알았다. 그리고 1957년 함 선생님이 천안 씨울농장을 시작하실 때, 중신 학생이었던 홍명순과 김종태 님이 참여했다는 소식도 알게 되었다.

나는 너무 기뻤다. 합격했던 대학을 못가고 비록 농장에서 일하며 공부하게 되었지만, 누구도 부럽지 않았다. 함 선생님이 강의하시고 함 선생님이 계시는 이 학교가 어느 대학에 비할 바가 아니라 생각했다. "하나님이 여기까지 나를 인도하셨구나." 생각하니 감사의 눈물이 흘렀다.

당시 농장이면서 중신 분교가 경기도 소사에 있었다. 학생은 10여 명 내외 밖에 안 되었다. 나는 거기서 닭을 길렀다. 병아리에서 알을 낳을 때까지 300여 수는 되었던 것 같다. 이런 일로 인하여 나는 학교에서 인정받은 학생이 되었다. 농장 담당 홍 교수님은 나를 아들처럼 사랑해 주셨다. 함석헌 선생님도 4·19혁명 일어나기 하루 전인 1960년 4월 18일 소사분교에 오셔서 한 시간 강의하시고 가신 것을 기억한다.

1960년 8월, 4·19혁명으로 이승만 정권이 무너지고 장면 정부가 들어섰을 때, 나는 육군 소집영장을 받게 된다. 나는 그때 홍명순처럼 병역을 거부할만한 사상적 무장이 전혀 되지 못했다. 논산훈련소 뙤약볕 아래 훈련이 너무 힘들어 선생님께 편지를 보냈다. 선생님은 이번에도 즉시 답장을 주셨다.

　"인생 자체가 훈련이니 잘 견디라."는 내용이었다. 나는 그때 선생님이 나에게 "왜 군을 한번 반대를 못 했느냐?" 하실 줄 알았으나, 의외로 "인생 자체가 훈련이라"는 말씀에 감사하면서, 만 3년에 가까운 군 생활을 잘 마칠 수 있었다.

　1963년 6월 제대 후 나는 중신의 홍태헌 교수께 연락을 드렸더니, 홍 교수님은 기꺼이 나를 교무실에서 일하게 하고 신학과 3학년에 복학시켜 주셨다. 홍 교수님의 은혜는 평생 잊을 수가 없다. 중신은 그때 초동교회를 빌려 쓰다가 동자동 성남교회로 옮겼던 때다. 나는 그때 방을 얻을만한 재력도 없어 학교 책상을 모아놓고 자면서 생활하고 있었다.

　1965년 안병무 박사가 독일 유학을 마치고 귀국하여 교장이 되었다. 그 후 일 년쯤 지나서 세운상가가 건설되면서 중앙신학교가 종로편 지분을 받게 됨으로 일약 발전되는 듯 보였다. 허혁 박사, 한준명 목사를 모셔오고, 강사로 박봉랑 박사, 전경연 박사, 차광석 박사 등 박사만도 7, 8명이었고, 함석헌 선생님도 동양고전을 담당하면서 전임강사 대우를 받게 되었다. 나는 중신의 교무 서무를 다 맡고 있었고, 안병무 박사와 함석헌 선생을 가까이서 모시게 되어 생의 보람을 느끼고 있었다. 안 박사는 중신을 세계적인 신학대학으로 발전시키겠다는 포부를 밝힌 바도 있다. 함 선생님의 주일 오후 집회도 중신 강당에서 열리고 있었는데, 나는 거기에 계속 참석했다.

그러나 이게 웬일인가? 당시 중신에서 큰 분란이 일어났다. 그 세세한 것을 다 말할 수 없지만, 허 박사가 물러나고, 안 박사도 교장에서 물러나는 일이 생겼다. 함 선생님도 오시지 않았다. 그러나 나를 누가 나가라고 하는 사람은 없었다. 그렇지만 나는 안 박사와 함 선생님이 안 계신 중신에는 더 이상 머무를 의미가 없다는 마음을 먹게 되었다. 나는 아무런 대책 없이 사표를 쓰고 중신을 떠나고 말았다.

함 선생님 옆에서 20년

내가 중신을 그만두고 실업자 신세가 되었을 때, 나를 가장 걱정하신 이는 안병무 박사였다. 박사님은 나에게 '밥을 굶어서는 안 된다', 고 하면서 나를 여기저기 소개하신 일을 잊지 못한다.

그러던 중 안 박사는 나를 함 선생께《씨올의소리》복간호 편집자로 추천했다. 그때《씨올의소리》는 이미 1970년 4월 19일 창간호가 나왔고, 5월호를 등록된 인쇄소에서 책을 찍지 않았다는 이유 아닌 이유를 들어 폐간 처분을 당한다. 함 선생님은 즉시 이병린 변호사의 도움을 받아 법정투쟁 13개월 만에 대법원에서 승소판결을 받고 복간 준비를 하던 때다. 함 선생님은 이미 나를 알고 계셨던 터라 기꺼이 맞아주셨다.

이렇게 나는 월간《씨올의소리》편집책임을 맡고, 이때 문대골 님도 선생님의 부름을 받아 업무 책임을 맡게 되었다. 1971년 7월부터 시작해서 해방 26주년이 되는 8월 15일자로《씨올의소리》복간호 4천부가 발행된다.

(《씨울의소리》 이야기는 이미 여러 차례 글을 쓴 일이 있어서 여기서는 생략하고, 함 선생님과 관련된 내용만 추가하는 것을 독자는 이해해주기 바란다. -필자 주)

당시 함 선생님 댁은 원효로 4가 70번지 80여 평 대지에 단층 일자 주택이었다. 오른쪽 방은 함 선생님 기거하시고, 중간에 마루가 있고 왼쪽 방은 사모님이, 그리고 마루 옆에 조그만 방에 일하는 아줌마가 살고 있었다. 그런데 특이한 것은 집은 조그마한데, 마당에 상당히 큰 온실이 있고, 미루나무 포포나무 복숭아 보리수 등이 있었다. 온실에는 이름도 모르는 꽃들이 가득 자라고 있었다. 선생님은 글 쓰시는 일 외에는 늘 온실에 계셨다. 나중에 짐작한 일이지만 선생님은 꽃을 기르면서 꽃에서 느끼는 남모르는 어떤 뜻을 찾고 어려운 생활을 이기신 것이 아닌가 생각한다. 선생님은 꽃도 좋아하시지만 그림도 잘 그리시고, 수준 높은 음악에도 관심이 깊으시다는 말을 들은 일이 있다.

그리고 함 선생님 댁을 가려면 원효로 4가에서 내려서 손구루마 밖에 못 들어가는 좁은 구절양장(九折羊腸) 같은 골목길을 따라 언덕 옆에 함 선생님 댁이 있었다.

처음에는 사무실이 없어 문대골 님이 선생님 댁 안쪽 조그마한 공간에 무허가 사무실을 지었다. 사무실을 짓고 나니 동회에서 무허가라고 문제가 됐다. 문 부장이 어떻게 처리했는지 모르나, 어느 날 두 사람이 선생님을 찾아와서 "선생님이 글 쓰실 때 우리 얘기를 하면 안 됩니다." 했다. 선생님은 "아무렴 내가 그렇게 하겠소." 하시면서 넘어간 일이 있다.

그래서 《씨올의소리》사 사무실이 선생님 방을 지나 안쪽에 책상 두 개가 들어가고 손님이 오면 앉을 자리가 만들어졌다. 그러나 선생님 자리가 없어 걱정하니까 선생님은 "내 자리는 한 귀퉁이에 조그만 자리면 된다."고 하셨다.

우리는 거기로 매일 출근하면서 차라리 대문 옆에 사무실이 있었다면 좋지 않았을까? 그렇다면 수위실 역할도 하고 누가 오나 가나를 알 수도 있었을 것인데, 우리는 사무실에 있으면 누가 선생님을 찾아오는지, 가는지 전혀 알 수가 없었다.

그리고 매달 한 번 편집회의를 해야 하는데 원효로는 좁아서 편집회의를 할 수 없었다. 그래서 당시 편집회의는 안병무 박사 댁에서 많이 했고, 장준하 선생 댁과 김동길 박사 댁, 그리고 이태영 박사 댁과 법정 스님이 계시던 봉은사에서도 회의를 한 기억이 난다. 김성식 박사나 천관우 선생, 계훈제 선생 댁은 역시 좁아서 편집회의를 한 적은 없다.

어느 때인지 분명하지 않지만, 봉은사에서 편집회의가 열리던 때다. 함 선생님은 일찍이 오셔서 아랫목에 앉아계셨고 다른 편집위원들이 다 오시고 마지막에 계훈제 선생이 오셨다. 계 선생님은 오시자마자 "왜 함 선생님이 아직 안 오셨나요?" 하고 물었다. "아니, 아랫목에 계시잖아요?" 계 선생님은 깜짝 놀라면서 "저는 스님이 신줄 알았어요." 했다. 그때 함 선생님은 수유동 한신대학에 가셨다가 학생들이 삭발 투쟁하는 것을 보시고 선생님도 동참하는 뜻으로 삭발하시고 편집회의에 참석하셨던 것이다.

달마다 나는 편집회의가 있을 때 나름대로 편집에 대한 구상을 프린트 해서 가지고 가서 편집위원들 앞에 내놓았지만, 한 번도 내 구상을 가지고 논의한 적은 없다. 물론 그때 내 구상 수준이 떨어진 점도 있겠지만, 내 생각보다도 주제가 늘 국가와 민족에 대한 걱정과 분노와 비판이 주가 되었다. 거기에 대해 누구도 다른 이야기를 하는 위원은 없었다.

내가 이런 이야기를 선생님 돌아가신 후 어느 좌석에서 했더니 문대골 목사가 "그런 편집회의야말로 위대한 편집회의다,"라고 말했다. 그 소리를 들으니까 나도 깜짝 놀랐다. "과연 그렇구나!" 그런 편집회의는 다시 볼 수도 없다는 생각이 든다. 그런 편집위원회가 너무 그리워지는 오늘이다. 당시 《씨올의소리》 편집위원회는 '한국의 양심'이라는 말까지 나왔다. 지금은 함 선생님을 비롯하여 그분들은 이 땅에 계시지 않지만, 내가 《씨올의소리》 사에서 일하지 않았다면 어떻게 이런 분들을 가까이서 뵐 수 있었을까? 감사하고 그립기만 하다.

필자가 《씨올의소리》 복간호(제3호)부터 1980년 7월(통권 95호) 전두환 신군부가 등장하여 한마디 통고도 없이 폐간당하기까지, 10년간 계속 《씨올의소리》 사에 근무한 것은 아니다.

1974년 4월(통권 32호)부터 1976년 3월(통권 51호)까지와 1977년 4월(통권 63호)부터 78년 2월(통권 71호)까지 3년은 빼야 한다. 앞의 2년간은 필자가 교회를 담임하는 동안 백청수 님이 맡았고, 후의 1년 간은 최민화 님이 맡았다.

정보부에 끌려가 10여 일 조사 받다

《씨올의소리》에서 일하는 동안 정보요원이 따라다닌 일이 있다. 내가 담임하고 있던 미아리교회까지 와서 예배드리고 교회가 너무 초라해서인지 헌금까지 내고 간 일은 있지만, 정보부에 끌려간 일은 거의 없었다.

그러나 어느 날인지 기억이 없지만, 원효로 담당 형사가 나와 함께 서로 좀 가자고 했다. 나는 무심코 그 형사를 따라 경찰서로 갔다. 거기서 상당한 시간이 흐른 뒤에 정보부에서 왔다는 요원이 가자는 대로 따라갔다. 《조선일보》 건너편 특수수사대라는 곳이 있었다. 거기 가보니 나만 온 것이 아니라 많은 사람이 끌려와 조사를 받고 있었다. 나는 담당자가 묻는 대로 대답을 하는데 솔직하게 대답을 안 한다고, 느닷없이 뒤에서 어떤 다른 요원이 옷걸이로 나의 머리를 내려치는데 옷걸이가 부러져 나갔다. 그때는 몰랐는데 요즘 머리가 가끔 아파서 왜 그런가 생각해 봤더니, 그일 밖에 떠오르지 않는다. 나는 함 선생님을 따라 전두환 반대 모임에서 박수쳤다는 사실을 승인하지 않을 수 없었다. 나는 20여 일 구류처분을 받았는데, 정식 재판을 청구해서 10여 일 만에 나오기는 했다. 그때 같이 조사받던 학생이 나보고 자기가 들었다 하면서 "나를 족치면 뭐가 큰 것이 나올 가능성이 많다."고 했다는 것이다. 그 말을 들으니 아찔한 생각이 들었다. 또 하나는 남산 정보부에 끌려 가갔다 나온 사람 이야기인데, 정보부 벽에 나의 사진이 붙어있는데 사진 위에 동그라미가 여러번 쳐져 있더라고 하면서 조심하라는 말을 들은 일이 있다.

함 선생님은 나를 신임하고 계셨고, 나를 다치지 않게 하기 위해 선생님의 중요한 모임에는 참석을 못 하게 한 일이 여러 번 있었다. 생각하면 할수록 눈물이 나도록 감사한 마음이다.

필자가 없는 동안 선생님은 "선균이가 와야 할텐데…"라는 말씀을 자주 하셨다고 한다.

《씨올의소리》가 2차 폐간을 당하고 8년간은 일제강점기에 일제가 도산에게 함구령을 내렸듯이, 신군부정권은 선생님의 붓을 꺾고 입을 봉한 시기였다. 그때 만일 《씨올의소리》가 유신정권 때 모양으로 검열을 당하면서도 살아있었다면, 함 선생님의 노자 81장 해설은 완성되었을 뿐 아니라, 얼마나 깊은 말씀을 남기셨을까? 그 생각을 하면 군부정권은 용서가 되지 않는다.

1989년 2월 4일 새벽, 나에게 전화가 걸려 왔다. "함 선생님이 운명 직전에 계시다."는 소식이다. 필자는 서울대병원 12층 108호실로 달려갔다. 새벽에 김용준 박사, 김제태 목사, 계훈제 선생, 필자, 그리고 서정웅 목사가 달려왔고, 가족들이 지켜보는 가운데 김제태 목사의 집례로 임종 예배가 시작되었다. 김용준 박사는 기도를 나에게 하라고 했다. 나는 전혀 준비가 안 된 상태에서 "씨올이 아직 깨지 못했는데 선생님, 떠나시면 어떡합니까?"라는 말만 기억날 뿐 무슨 말을 했는지도 모른다. 임종 예배가 끝나자, 의사는 산소 호흡기를 떼고 선생님이 운명하셨다고 말했다. 2월 4일 새벽 5시 25분이었다.

역사상 찾을 수 없는 인물, 함 선생님!

필자가 "역사상 찾을 수 없는 인물 함석헌"이라 한다면, 그 말보다도 그렇게 말하는 나를 먼저 비난할지도 모른다. '함석헌 맨 인가?', '함석헌을 우상화하는가.' '등잔 밑이 어둡다'. 등등 말이 나올 수도 있다. 그러나 나는 그런 말을 들을 각오를 하고라도 그렇게 한번 말해보고 싶다.

등잔 밑이 어둡다는 말은 나쁜 의미도 있지만 좋은 뜻도 있다는 생각이다. 필자는 옛날 전주 강연 후 여관에 들어 선생님 옆에서 잠을 자기도 하고, 선생님과 밥상을 같이 한때는 수를 셀 수 없다. 반면에 선생님을 3, 4년 떠나 멀리서 바라보기만 한때도 있었다. 그러나 지금은 어느새 선생님 서거하신 지 32년이 넘고 있다. 그러나 이상하게도 선생님과 함께하였던 일들이 생생하게 떠오르고 있다. 지면이 많지 않아 간략하게 몇 가지만 밝혀본다.

1) 선생님은 나를 시킬만한 위치에서도 전혀 시키시는 일이 없다. 필자는 《씨올의소리》사에 오래 일하면서 선생님의 어떤 지시가 내리기를 기다린 일도 있으나, 선생님은 한 번도 이래야 한다든지 하는 말씀을 들어본 일이 없다.

2) 선생님은 많은 사람을 만나시는데 사람을 차별하시거나 안 만나주시는 일이 없다. 형사, 정보원, 높은 사람 낮은 사람, 어린이, 청년, 노년, 누구도 구별해 만난다든지, 못만난다 든지 안 만나신 일이 일체 없었다. 선생님께 오는 편지가 상당히 많은데, 그것을 일일이 다 답장을 쓰시는 것을 봤다.

3) 선생님은 당시 정보원, 경찰 형사 등이 문 앞을 지키고 선생님을 못 나가시게 불법적으로 막을 때도 선생님은 정장하시고, 단호한 마음

으로 그들과 맞서시는데, 한 번도 다른 이들처럼 주먹으로 때리고 이 놈 저놈 욕을 한다든지, 발로 찬다든지 하는 일은 본 적이 없다. 그러나 절대로 물러서지 않는다는 단호한 태도로 끝까지 비폭력으로 싸우시는 것을 보았다. 말하자면 선생님은 현재 자신을 막고 있는 그 사람들과 싸우는 것이 아니라, 인간 속에 있는 근본악과 싸우고 불의와 불법과 싸우시는 것을 나중에야 알았다.

끝으로, 선생님은 어떤 물욕이나 명예욕을 찾을 수 없을 뿐 아니라, 내 이익을 위해 어떤 권력자에게 줄을 댄다든지 하는 일은 상상할 수도 없다고 생각된다. 오히려 그것 들과 평생을 싸우시면서 고난의 삶을 사신 것이다.

선생님은 어려서부터 공자님 말씀인 논어와 맹자는 많이 알고 계셨지만, 일제강점기 때 평양 대동경찰서에 1년, 서대문형무소에 1년 이상 수감되어 있을 때 노자, 장자까지 탐독하셨고, 심지어 불교 경전 무량수경(無量壽經), 반야경(般若經), 법화경(法華經), 열반경(涅槃經), 금강경(金剛經)을 전부 읽으셨다고 한다. 읽고 난 소감은 기독교와 불교는 근본에서 다를 것이 없다고 하셨다. ("이단자가 되기까지" 《전집》 4권)

이 외에도 선생님은 동서고전을 거의 다 섭렵하셨다고 할 수 있다. 톨스토이, 투르게네프, 괴테, 실러, 로망로랑, 블레이크, 니체, 베르그송, 칼라일, 러스킨, 테하 등을 읽고, 자신의 인생관을 지어 가는 데 큰 영향을 준 웰스의 《세계문화사 대계》를 읽었다고 한다. 그리고 그 후 타골과 간디를 읽고, 힌두교 경전 《바가바드 기타》를 《씨울의소리》에 연재까지 하셨다. 기독교 성경도 선생님만큼 많이 읽고 연구한 분은 찾기 어렵다고 생각한다.

이런 여러 가지 면으로 봐서 나는 다음과 같이 내 나름대로 결론을 내리고 싶다. 선생님은 공자와 석가를 넘어 선 것은 확실하고, 예수까지 넘어선 것은 아니지만, 그 세 분이 하지 못한 일을 선생님은 하셨다고 본다. 1) 고난받는 씨올과 그 고난을 같이 했다는 점이고, 2) 씨올정신을 이 땅에 남겨주신 일이다. 이 씨올정신은 앞으로 씨올이 살아 있는 한 영원할 것이다.

용산구 원효로4가 70번지 함석헌 선생의 자택 옆 월간《씨올의소리》사 사무실. 1971년 8월 15일 법정 투쟁으로 대법원에서 승소하여 복간호를 내면서 1980년 7월까지 9년간 여기서《씨올의소리》를 냈다.

1972년 <씨알의소리> 사무실에서 필자

《씨울의소리》 창간 50년 역사 이야기
― 두 번 폐간 두 번 복간된 수난과 저항의 역사

《씨울의소리》 창간 직전의 시대 상황

《씨울의소리》 창간 50주년이 넘어간다. 한 사람의 역사로 하면 한창 일할 장년의 때라 할 수 있다. 그러나 오늘의 씨울의 현실은 그렇지 못하다. 옷은 찢어져 남루하기 짝이 없고, 일어서 걷기는 걸으나 제대로 된 걸음이라 할 수도 없다. 많은 수난을 받고 고난의 역사를 지닌 씨울의 모습 속에는 함 선생님의 모습도 보이고, 설움 받는 씨울 (민중)들의 모습도 보인다.

《씨울의소리》 창간 당시 한국은 민중 탄압의 시대였다. 우리 역사 이래 최초로 성공한 4·19혁명은 고스란히 구 정치인에게 넘어간 지 8개월 만에, 난데없는 5·16쿠데타가 일어나 세상을 지배하고 말았다. 따라서 4·19 주역들은 요시찰 인이 되었고, 4월 혁명의 배역이었던 월간《사상계》마저도 말로 다할 수 없는 탄압을 받아 폐간 직전에 이른다. 5·16 쿠데타 주역들은 그동안 우리나라 최고 수준의 내각 책임제 헌법을 무시하고, 1962년 12월 대통령중심제로 5차 헌법 개정을 한다. 그 후 자신감이 붙었는지 1969년 10월 대통령 3선 금지조항까지 철폐하는 6차 헌법 개정을 밀어붙인다. 여기에 그치지 않고 '새마을운동'이란 기치를 이름 좋게 내걸고 범국민운동을 전개하면서, 남모르게 투표도 선거도 없는 박정희 종신 집권을 위한 '10월 유신'을 계획하고, 국가비상사태를 준비하며 긴급조치를 남발하기 직전이었다.

이런때 함석헌 선생은 "5·16 군사정부가 하는 일이 밉지만, 더 미운 것은 신문이다" 하면서 다음과 같이 말씀한다.

한원에 기관총 최루탄이 들어와도 모른체 하고 친구가 바른말을 하다 정치 교수로 몰려 쫓겨나도 못 본척 하고 있었습니다 ….
그렇게 생각할 때 미운 것은 신문입니다. 신문이 무엇입니까? 씨올의 눈이요, 입입니다. 그런데 이 사람들이 씨올이 마땅히 알아야 할 것을 가리고 보여주지 않고, 씨올이 하고 싶어 못 견디는 말을 입을 막고 못 하게 합니다. 정부가 강도의 소굴이 되고, 학교, 교회, 극장, 방송국이 다 강도의 앞잡이가 되더라도 신문만 살아있으면 걱정이 없습니다. 사실 옛날 예수 석가 공자의 섰던 자리에 오늘날은 신문이 서 있습니다. 오늘의 종교는 신문입니다. 신문이 민중을 깨우고 일으키려면 얼마든지 할 수 있습니다. 그런데 그들이 민중의 눈을 쥐고 입을 쥐고 손발을 쥐고 있으면서 그것을 아니 합니다. (《씨올의소리》 창간호, p.3)

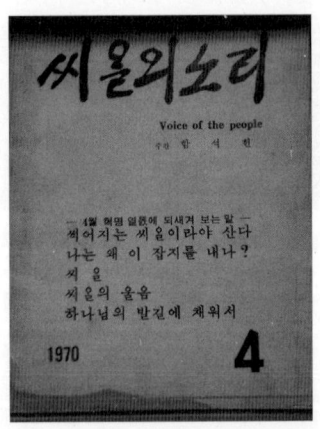

《씨올의소리》 창간호

씨올의소리 창간 40일 만에 정부의 폐간 통고

함석헌 선생은 이러한 기막힌 세상을 보고만 있을 수 없어, 1970년 1월 28일 '종교 경전의 재음미, 문명비평, 역사적 반성, 시사 논평, 수상 등을 통하여 건전한 상식을 길러 민주주의 발전과 씨올의 깨우침에 이바지하자.'는 목적으로 문화공보부에 정기간행물(월간) 등록을 신청하여 교부받는다. (등록번호 라-1257)

1970년 4월 19일 4·19혁명 10주년 기념일을 창간일로 하여 《씨올의소리》라는 이름, 곧 민중의 소리, 이름도 독특한 월간 잡지 《씨올의소리》를 창간한다. 창간호에는 '나는 왜 이 잡지를 내나?' 등 5가지 글을 선생님 혼자 다 쓰셨다. (총 56쪽, 발행부수 3천부, 값 100원 발행인 및 주간 함석헌, 편집 전덕용)

그러나 같은 해 5월 25일 제2호(5월호)를 내자마자 5월 29일 자로, 문공부로부터 폐간 통고(공문 출 1028-8973)를 받는다. 폐간 이유는 등록한 인쇄소에서 인쇄하지 않고 다른 인쇄소에서 인쇄했다는 것이다. 이것이야말로 얼리고 뺨치는 격이었다. 당시 서대문 소재 선일인쇄소와 계약을 하고 등록을 했는데, 그 인쇄소에 정보부가 압력을 넣어 더 이상 인쇄를 못 하도록 해서, 간신히 중구 소재 이우인쇄소를 찾아 2호를 발행했는데, 이것이 위법이라는 것이다.

함 선생님은 정부가 하는 이런 불법적인 처사를 그냥 당할 수 없다 하고, 6월 8일 무료 변론으로 나서주신 이병린 변호사의 도움을 받아 서울고등법원에 '행정처분취소 청구의 소'를 제기한다.

법정투쟁 13개월 만에 승소

함 선생님은 '폐간 중에 드리는 편지'를 4회 독자들에게 보내면서

법원의 판결을 주목하고 있었다.

마침내 13개월이란 긴 시간이 지나는 동안 창간 1주년 기념행사도 못 하고 있을 때, 1971년 5월 4일 고등법원의 판결이 나왔다. 재판장 안병수, 판사 윤일영, 김석수에 의하여, 문공부의《씨올의소리》폐간처분은 '재량권의 범위를 넘은 처사'이며 '등록을 취소한 처분은 위법부당'하다고 판시, '《씨올의소리》' 승소판결을 내렸다.

이 판결에 대해 문공부는 불복하고 즉시 대법원에 상고한다. 그렇지만 이어서 7월 6일 대법원 재판장 김치걸, 판사 사광욱, 홍남표, 김영재, 양병호에 의해 문공부의 상소를 기각, '《씨올의소리》'등록을 취소한 처분은 위법부당하다고 한 원판결의 결과에는 영향이 없을 것이라'고 판시, 《씨올의소리》승소판결을 확정한다.

이때만 하더라도 법원은 살아있었다. 5·16군사정권이 아직 법원까지는 손을 못 대었던 것이다. 함 선생님은 천군만마를 얻은 듯 강력한 힘을 갖고 《씨올의소리》복간 준비에 들어갔다. 이런 때 필자는 문대골 님과 함께 함 선생님의 부름을 받아 《씨올의소리》일을 시작하게 된다.

하지만 대법원에서 승소판결을 받아 법적으로는 문제가 없으나 현실은 그것이 아니었다. 당시 정보원과 형사들은 곳곳에서 우리 모르게 《씨올의소리》발행을 방해하고 있었다. 청파동 소재 달성인쇄소와 계약했으나 인쇄소 측에서 이유는 말하지도 않고, 무조건 인쇄를 못 해 주겠다는 것이다. 우리는 그것이 누구의 짓인지 알지만, 그것으로 시간을 보낼 수 없었다. 다시 수소문 중에 중림동 소재 삼명인쇄소와 극적으로 계약하여 복간호 (제3호)를 진행할 수 있었다.

복간호(제3호) 4천부 발행하다

1971년 8월 15일 해방 26주년을 복간호 기념일로 하여 4천 부를 발행했다. (총 60쪽, 여기에는 《씨올의소리》 승소경위가 실려있다.) 총판도 종로서적 김영채 부장이 기꺼이 맡아주었다. 이렇게 《씨올의소리》가 대법원에서 승소하여 1년 1개월 만에 다시 발행되었다는 소식이 알려지자, 종로서적 앞에 엄청난 사람들이 줄로 서서 《씨올의소리》를 사갔다. 종로서적 여직원은 필자에게 "사람들이 어찌나 많이 모여들었는지 《씨올의소리》를 팔다가 팔이 아파서 혼났다."고 했다.

《씨올의소리》 복간호

9월 14일 9월호(통권 제4호) 5천 부 발행, 이어서 10월 21일 10월호 (통권 제5호) 4천 부를 발행하게 된다. 5천 부에서 다시 4천 부로 내려간 것은 10월 호에 대한 당국의 압력이 심할 것을 예상했기 때문이다.

10월호에는 함 선생님의 글 '군인정치 10년을 돌아본다.' 는 글이 실려있다. 이 글은 필자가 보기에도 함 선생님의 5·16 비판의 글 중 최고라고 생각한다. 이 글이 나오게 된 동기는 선생님 자신이 스스로 쓰신 것이 아니다. 그때는 아직 편집위원도 없을 때인데 편집위원을 대신해서 문대골님, 채규철 님, 진영상 님과 필자가 함 선생님을 모시고 회의를 했다.

거기서 지금도 생생히 기억되는 일은 고 채규철 님이 말하기를 "5·16 10년이 지났는데 선생님, 그냥 있으면 안 됩니다. 10년 비판의 글을 쓰셔야 합니다." 했다. 그 말을 함 선생님이 수락하시고 쓰신 글이 이 글이다. 지금 읽어도 얼마나 용기 있고 목숨을 건 파격적인 글인가를 알고도 남을 것이다. 이 글이 나가자마자 당국에서 초긴장을 하고 서점에 나갔던 책을 모두 사갔다는 말이 있다. 그러니 당시《씨올의소리》정기독자 외에는 이 글을 보지 못했을 것이 분명하다.

이 글이 나간 이후 11월호를 내고, 12월 2일 함 선생님의 고희(古稀) 축하모임을 YWCA에서 갖고 난 다음 바로, 1971년 12월 6일 군사정권은 국가비상사태를 선포한다. 이것을 보고 함 선생님은《씨올의소리》12월호에 '비상사태에 대한 우리의 각오'라는 글을 발표했다. 군사정권과 정면충돌을 각오한 글이라 할 수 있다. 거기다 덧붙여서 '군대란 좋은 그릇이 아니다(兵者不祥之器)'라는 노자 강해도 들어있었다.

그때 당시 편집을 맡고 있던 필자는 겁도 없이 12월호 64쪽 공란에 "자유냐? 그렇지 않으면 죽음이냐?."하는 헨리 파트리크의 글을 집어넣었다. 그리고 동아일보 광고란에《씨올의소리》광고를 내면서 "자유냐? 죽음이냐?"라는 제목을 붙여서 광고했다. 그때 무슨 용기를 가지고 그런 광고를 냈는지 나도 모른다.

이 일로 인해 정보부에 끌려간 사람은 필자가 아니고 문대골 님이었다. 그때 끌려가서 말로 다 할 수 없는 고초를 당하면서도 내 이야기를 하지 않았다. 그때 만일 필자가 끌려갔다면? 상상만 해도 끔찍하다. 필자는 이 일을 생각할 때마다 문대골 님을 잊지 못한다.

1974년 4월 《씨올의소리》 창간 4주년 기념강연회에서
사회를 보고 있는 문대골 님(명동대성빌딩 강당)

탄압 속에 대광인쇄소로 확정되기까지

위와 같은 일이 있은 다음 총판을 맡았던 종로서적에서는 더 이상 총판을 맡을 수 없다고 했고, 그동안 인쇄를 해주던 삼명인쇄소에서도 더 이상 인쇄할 수 없다는 통고를 받는다. 우리는 그것이 당시 정보부와 경찰이 하는 짓이라는 것을 알았지만 다른 방법이 없었다.

이런 와중에 1972년 1월 28일~30일까지 경기도 안양농민교육원에서 제1차 《씨올의소리》 독자 수련회를 개최하게 된다. 여기에는 전국에서 용기 있는 독자 100여 명이 참석하였고, 국내 강사로 함석헌 선생과 안병무, 김동길 박사, 국외 초빙 강사로 미국 퀘이커 국회활동위원회 명예총무인 레이몬드 윌슨 박사가 내한했다. 수련회의 주제는 "세계평화의 길"이었다. 이 때 강사로 초청받지 않았지만 참석한 명사로서 장준하 선생, 김지하 시인, 김상돈 전 서울시장, 이태영 전 이대 법정대학장과 재일 퀘이커 대표 마틴 코빈 씨와 김삼웅 『민주전선』 기자 등도 참석하여 성황을 이루었다. 그리고 당시 김조년 교수가 육군 중위 계급장을 달고 참석하여 주목을 받았다. 그 후 군에 귀대하여 이리저리 불려 다녀 조사를 받았으나 크게 문제하지는 않은 것 같다.

그 후 신년 호 6천 부를 발행하고 이어서 2, 3월 합본 호를 발행했으나 시중서점에 나간 3천여 부가 판매금지 조치를 당하는 등 탄압은 계속되었다.

1972년 2월 29일 용산동 소재 전광산업신보사와 인쇄계약을 하고 문공부에 등록변경신청은 냈으나 바로 인쇄소로부터 해약 통고로 인해 부당하다는 이의 신청을 문공부장관 앞으로 내는 등 인쇄소 문제로 당국에 항의했으나, 더 이상 《씨올의소리》를 인쇄해 줄 인쇄소는 찾아볼 수 없게 되었다.

그러나 업무를 맡았던 문대골 님은 을지로 6가에 있는 무명 인쇄소에 《씨올의소리》라는 이름을 밝히지 않고 인쇄에 성공하여 모 제본소로 넘겨 제본을 시작하게 된다. 이번 호는 창간 2주년 기념호였다.

1972년 5월 2일 《씨올의소리》 4주년 기념호를 제본하는 도중 사복형사 10여 명이 제본소를 급습, 문대골 부장은 연행당하고 4월호가 압류 상태로 있다는 박상희 님의 다급한 전화를 받고 원효로 사무실에 있던 필자와 마침 장준하 선생이 오셨다가 그 소식을 듣고 함께 택시로 달려갔다. 장 선생님은 제본소에 도착하자마자 "어느 놈들이 《씨올의소리》 제본을 방해하는가?" 소리치니까 사복들은 비실비실 도망가 버렸다. 장 선생은 필자에게 말하기를 "아무래도 여기서 제본은 어려우니 우리 집으로 옮기자" 했다. 필자는 제본하다가 만 창간 2주년 기념호(통권 10호)를 용달차에 싣고 동대문 근처 장 선생님 댁으로 옮겼다.

이렇게 되어 장 선생님 댁에서 사모님과 장 선생님 식구들이 모두 힘을 합해《씨올의소리》창간 2주년 기념호를 접지만 해서, 미완성인 채로 독자들에게 비밀리에 발송한 일이 있다.

이렇게 되고 보니 다음《씨올의소리》발간을 어떻게 하느냐가 큰 문제가 아닐 수 없었다.

이때 장준하 선생은 이런 제안을 했다. "우리가 한번 비밀 인쇄를 해서 그것을 가지고 유리한 입장에서 정보부와 협상을 해보자."했다. 그러나 그때 장 선생님이 무슨 비밀 인쇄소를 알고 계신 것도 아니었다. 장 선생님은 필자에게 "비밀로 20페이지 정도라도《씨올의소리》를 낼 수 없느냐?"고 하셨다. 필자도 미행당하는 입장에서 직접 할 수 없어서, 오랜 학교 동문이고 함 선생님 일이라면 발 벗고 나섰던 김제태 목사님께 부탁을 했다. 그때 김 목사님이 기꺼이 위험을 무릅쓰고《씨올의소리》원고라는 말도 일체 숨기고, 필자도 모르게《씨올의소리》5월호(통권 11호) 2천 부를 비밀 인쇄 하는 데 성공했다.

마침내 장준하 선생은 그 비밀 인쇄한《씨올의소리》를 들고 "이것을 보라. 너희들이 계속 탄압을 하면 우리는 얼마든지 비밀 인쇄를 할 수 있다." 하면서 유리한 고지에서 정보부와 협상을 시작했다.

결론은 이렇게 났다. '인쇄소는 원효로 4가와 가까운 중림동 소재 대광인쇄소로 하고《씨올의소리》인쇄에 들어가기 전 정보부에서 한 번만 보게 해 달라'는 것이었다. 장 선생님은 이 문제를 가지고 함 선생님과 의논하면서 많은 고민이 있었던 것으로 안다. "《씨올의소리》를 계속 내야 하는가? 아예 발행을 포기해버리고 말아야 하는가?" 많은 고민 중에 내린 결론은 '발행을 포기하고 안 내는 것보다는 정보부와 싸우면서, 검열을 당하면서라도 《씨올의소리》를 내자.'는 쪽으로 의논이 되었던 것으로 안다.

이렇게 되어 인쇄소 문제에 대해서는 더 이상 걱정을 하지 않게 되었으나, 앞으로 어떻게 정보부와 싸우면서 《씨올의소리》를 내느냐 하는 문제가 필자 앞으로 다가왔다.

막강한 편집위원회와 헌신 봉사한 직원들

이런 어려운 때 72년 4월 1일 《씨올의소리》 편집위원으로 이병린 변호사, 김성식 박사, 안병무 박사, 장준하 선생, 천관우 선생, 김동길 박사, 이태영 박사, 계훈제 선생 여덟 분을 모시게 된다.

그런데 어느 날 천관우 선생이 장준하 선생과 무슨 일로 만나서 대화 중에 취중인지 아닌지는 자세히는 모르나, 장 선생님께 대놓고 "함 선생님을 평안도 함 선생님으로 만들지 마라." 했다는 이야기가 있다. 장 선생님이 깜짝 놀라 "무슨 소리냐?"고 물으면서 편집위원을 가만히 생각해 보니 이병린 변호사와 천 선생을 빼고는 다 평안도 출신이었다는 것을 알았다. 그래서 안 되겠다 하고 그 후 법정 스님을 모셨고, 나중에 김용준 박사와 송건호 선생이 편집위원에 참여했다. 그분들은 평안도 분들이 아니었다.

그리고 88년 초에 가서 김경재 교수, 김영호 교수, 노명식 교수, 송기득 교수, 조요한 총장과 한승헌 변호사 등 여섯 분이 추가된 편집위원회 역사가 있다.

이렇게 훌륭한 편집위원들을 모심으로 《씨올의소리》에 글을 쓰는 필자들은 막강했다 할 수 있다. 편집회의는 매월 장준하 선생 댁, 김동길 박사 댁, 이태영 박사 댁, 안병무 박사 댁을 돌아가며 편집위원회를 열었다. 원효로 함 선생님 댁은 집이 좁아서 편집위원회를 한 번도 한 일이 없다.

필자는 그 편집회의에 빠지지 않고 편집 계획서를 나름대로 작성해서 가져갔는데, 그분들은 한 번도 나의 편집계획서를 보면서 이야기를 나눈 적이 없다. 만나면 주로 나라와 민족에 대한 이야기가 주였다. 그래서 필자는 항상 불만이었다. 필자가 이런 이야기를 어느 분에게 했더니 그런 편집회의야말로 위대한 편집회의라고 말해서 필자의 얼굴이 붉어진 일이 있다. 그래서 자세한 것은 알 수 없으나, 《씨올의소리》 편집위원들은 '한국의 양심'이란 말까지 나왔다.

《씨올의소리》사 직원은 창간 시 전덕용 님으로부터 시작한다. 창간 이후 2개월 만에 정부로부터 폐간 처분을 받았을 때, 6개월 이상 '폐간 중에 드리는 함 선생님의 편지'를 독자들에게 보냈다. (4회) 그 후 1971년 7월 필자와 문대골 님이 기용되었고, 72년 5월 박상희님, 73년 1월 백청수 님, 신용순 님, 74년 5월 변온섭 님 75년 조양내 님, 76년 함은진 님, 77년 4월 정연주 님, 77년 10월 최민화 님, 78년 3월 박영자 님, 그 후 1980년 7월 31일 신군부의 등장으로 두 번째 《씨올의소리》가 폐간처분을 당한다. 그리고 무려 8년의 기간이 지나(1988.7.18) 2차 복간을 하여, 다시 필자와 박영자 님, 이영애 님이 기용되고, 그해 11월에 조일환 님(소야), 89년 2월 한해수 님 등 총 15명의 직원들이 들고 나고 하면서, 온갖 수난을 감당하며 《씨올의소리》 발행과 배포에 희생 봉사했다.

마하트마 간디와 전태일 추모강연회와 장준하 선생

함 선생님은 1971년 10월 1일 인도의 성웅 간디 옹의 탄신 102주년 기념강연회를 개최하고, 이어서 11월 13일 전태일 분신 1주기를 맞아 추도 및 강연회를 비상계엄령 하에 《씨올의소리》 주최로 경동교회에서 극적으로 열었다. 그 후 긴급조치가 남발하는 가운데 전태일 3주기 추모강연회도 젠센기념관에서 개최했다. (함 선생님 강연 '민족의 씨를 키우는 사람') 그리고 5주기 추모강연회를 향린교회에서 함 선생님과 문익환 목사님과 같이 열었지만, 6주기서부터는 아예 추모회 자체를 당국의 저지로 못하게 된다. 마하트마 간디 추모강연도 서거 30주기는 기독교회관에서 열었지만, 그 후부터는 간디 강연도 번번히 장소문제로 못하게 되었다.

이런 때 장준하 선생이 등산 중 약사봉에서 의문사하신다. 함 선생님은 장준하 선생이 갑자기 의문사하신 소식을 들으시고 "아! 장준하"(75년 8월호)라는 글에서 "나는 이 이틀 사이에 땅이 온통 꺼지고 하늘이 무너지는 듯한 느낌입니다." 하시면서, 그 소식을 듣자마자 장 선생님 댁을 찾아가 날을 새우시는 이야기에 이어, "나는 장준하를 위해 울지 않습니다.", "그의 죽음이 분합니다." 라는 글을 쓰신다.

1975년 장준하 선생 의문사 현장 답사 중.
계훈제 선생, 문동환 박사, 김병길 선생의 모습도 보인다.

필자가 보기에는 장준하 선생과 함 선생님은 사상적으로 꼭 일치하지는 않음에도 불구하고, 함 선생님은 장준하 선생을 상당히 아끼고 사랑하시는 정도를 지나서, 세상을 바로 잡고 올바른 정치를 위해서 예비하고 계신 인물이라고 보신 것이 아닌가 생각된다.

1967년 제7대 국회의원 선거에 장준하 선생은 동대문 을구에 야당 공천으로 출마했지만 국가 원수 모독죄로 구속되어 있었다. 이 소식을 들은 함석헌 선생은 당원이 아니면 선거운동을 못 하게 된 것을 아시고, 기꺼이 신민당 입당을 하고 장 선생님 대신으로 동대문 을구 곳곳을 돌며 집중으로 선거유세를 했다. 이로 인해 장 선생은 압도적으로 여당 후보를 누르고 옥중 당선이 된 일을 보아서도 알 수 있다.

이 이야기는 전태일 어머니 이소선 여사와 인터뷰하는 과정에서 나온 말인데 내용은 이렇다. 장준하 선생이 서거하시던 날 (75년 8월 17일) 아침 일찍이 이 여사는 무슨 일로 원효로 함 선생님 댁에 들였더니, 장준하 선생이 이미 자신 보다 앞서 와서 함 선생님과 대화를 하고 계시더라는 것이다. 그 대화 중에 함 선생님이 화를 내시면서 "왜 위험한 때 등산을 하려고 하느냐? 가지 말라." 하시니까 장 선생님은 "선생님 말씀을 명심하겠습니다. 저는 그저 같이 등산 갈 사람들을 만나 인사만 하고 안 가겠습니다."라고 했다는 것이다.

이런 말씀을 생각하면 함 선생님은 뭔가 집히는 데가 있어서 하신 말씀이 아닌가 생각되는데, 왜 장준하 선생은 함 선생님과 약속하고도 왜 거기를 따라가셨는가? 안타까운 면이 아닐 수 없다.

정보부 검열자들과 싸움 속에 비밀 인쇄

72년 7월 이후 인쇄소 문제는 해결되었으나 정보부의 검열이 날이 갈수록 심해지는 것을 느꼈다. 그들과 글자 한 자, 문장 하나를 놓고 싸웠으나 좀처럼 양보하지 않았다. 인쇄소 측에서는 원고가 어느 정도 완성이면 교정지를 세 부를 만들어가지고 우리에게 한 부, 정보부에 한 부를 넘겼다. 원고를 우리 손으로 정보부에 넘겨준 일은 없다.

정보부 측에서는 김영균이라는 이름을 가진 사람이 나왔다. 물론 그 이름이 진짜 이름일 리는 없다. 정보원 치고는 인상이 그리 험악하게 생기지는 않았지만, 그는 철저하게 정부 측 입장을 대변했고, 검열 기준 세 가지 정도를 나에게 알려 주었다. 1) 국가원수에 대한 비판 2) 체제에 대한 비판 3) 정보부 비판 등이었다. 그리고 더 첨가해서 '군인'에 대한 말이라든가 '혁명'이란 말을 아주 싫어하는 것을 알았다. 그러나 함 선생님은 그런 기준에 대해 구애받지 않았다. 정보부가 무슨 법적 근거를 가지고 검열을 하느냐? 하시면서 필자에게 끝까지 싸우라는 말씀을 많이 하셨다.

필자는 선생님의 말씀을 기억하면서 김영균을 만날 때 함 선생님 핑계를 대면서 참 많이 실랑이를 하면서 빠르면 1주일, 늦으면 한 달이 걸린 때도 있었다. 그러다 보니 한 번도 《씨올의소리》가 제때 나온 일이 거의 없었다.

73년 3월호 때 일이다. 함 선생님은 3·1절 56주년을 기념하여 두 가지 글을 쓰셨다. '통곡 3·1절'과 '참 지도자의 모습'이란 글이다. 두 개의 글이 다 정보부 눈에 거슬렸지만, 더 거슬린 것은 '참 지도자의 모습'이란 글이었다. 김영균이 만나자고 해서 만났더니 3월호 교정지를 새빨갛게 줄을 쳐 보여주면서 말하기를 "아무리 생각해도 '참 지도자의 모습'은 나갈 수가 없다. 이것은 각하를 겨냥한 글이기 때문에 어쩔 수가 없다."라고 했다. 필자는 말하기를 "문제되는 구절만 삭제하는 것은 몰라도 전면삭제라는 것은 약속과 어긋나는 일이 아닌가?" 했지만 김영균은 자기 선에서는 다른 방법이 없다고 말했다. 그래서 필자는 함 선생님께 전화로 말씀드렸더니 끝까지 싸우라는 말씀 외에 다른 말씀이 없었다. 그때 필자는 불현듯 하나의 생각이 떠올라 김영균에게 제시했다. '지도자'란 말이 문제 같은데 혹 그 지도자를 '목자'로 바꾸면 어떤가 했다. 김영균도 그거 괜찮을 것 같다 하고, 함 선생님도 좀 씁쓸해하셨지만, 그대로 승인하셔서 나온 글이 '참 목자의 모습'이었다. 함 선생님의 이 글은 공교롭게도 기독교 90주년 기념설교집 1번에 들어가 있다는 말을 들었다.

이런 일이 있고 나서 73년 11월호를 대폭 검열로 삭제당하는 데 대하여 강력 항의하고, 사전검열을 거부하기로 결정하기에 이른다. 그러면서 그동안 사전검열로 삭제된 원고가 50여 페이지에 이르기 때문에 그것을 전부 모아 한 권의 책으로 비밀 인쇄에 들어갔다. 우리의 강력한 항의에 정보부 측이 조금 당황한 듯 앞으로 검열을 완화할 것을 통고하기도 했다.

비밀 인쇄는 필자 혼자 맡아서 하지않으면 안되었다. 을지로 이름도 모르는 인쇄소를 찾아 《씨올의소리》라는 이름도 알리지 않고 본문 인쇄를 하고, 표지 인쇄는 잘 아는 후배가 있어서 따로 인쇄하여 2천 부를 발행하는 데 성공했다. 73년 11월호이다. 그 내용을 보면 함 선생님을 비롯한 장준하, 천관우, 이병린, 김동길, 변찬린 님의 글 모두가 전면 삭제된 원고이다. 거기 보면 편집 후기도 없고, 인쇄, 발행이 모두 '씨올의소리사'로만 나와 있는 것을 볼 것이다.

필자는 이 일을 하면서 이번 《씨올의소리》가 나오는 날 틀림없이 정보부에 끌려가게 될 것이라 예상하고 있었으나, 아무 일도 없었다.

나중에 알고 보니 유신헌법이 사실상 성공되었고, 국민투표를 앞두고 선심을 쓰는 때라는 것을 알았다. 김영균도 책이 나온 것을 보더니 "몰아서 냈구만!" 하고 더 이상 말이 없었다.

그 후 필자는 사정에 의하여 《씨올의소리》사를 들락날락 두 번을 지나고 나서, 78년 어느 날이었다. 그때까지도 정보부가 계속 《씨올의소리》에 손을 대고 있었던 때다. 담당자는 김영균에서 김영훈으로 바뀌었다는 것을 알았다. 김영훈도 그의 본 이름일 수는 없다. 그는 김영균보다는 나이도 많아 정보부 할아버지로 통했다. 그 할아버지는 원효로에 자주 와서 주로 함 선생님을 만난 것으로 기억된다. 필자와 《씨올의소리》 원고를 가지고 실랑이를 한 기억은 없다. 어느 때 함 선생님은 김영훈을 보고 "내 글 어디에 문제가 있는가 말해보라." 고 했다. 김영훈은 말하기를 "제가 보니까 뼈가 좀 씹히던데요?"하고 농담처럼 말했다. 선생님도 웃으면서 "그럼 뼈도 없는 글 뭣에 쓰겠소?" 하셨다.

1만 부 이상을 발행한 《씨올의소리》 및 교정 문제

《씨올의소리》 발행은 창간호는 3천 부에서부터 시작했고, 법정투쟁 끝에 승소하여 시작한 복간호 발행은 4천 부에서부터 시작했지만, 순식간에 4천, 5천, 6천, 8천으로 올라갔다. 물론 비상사태, 긴급조치, 계엄령 하에서는 2천 부로 떨어지기도 했지만, 유신헌법이 국민투표에서 성공한 이후 잠시 언론검열이 느슨해진 때, 75년 신년 호 (통권 40호)와 3월호는 1만 부를 발행했고, 그해 4월 창간 5주년 기념호는 최고 1만 2천 부까지 발행 부수가 올라갔다. 그러나 다시 검열과 탄압시대를 맞아 2천, 3천으로 떨어지다가, 77년 6월호(통권 64호)부터는 다시 5천, 6천, 7천, 8천을 지나 78년 12월호부터 1만 부 발행으로 들어가서

79년 2월호(통권 81호)는 1만 1천 부, 3월 1만 2천 부, 4·5월 합본 호(통권 83호)도 1만 2천 부라는 최고부수를 발행하기에 이르렀다.

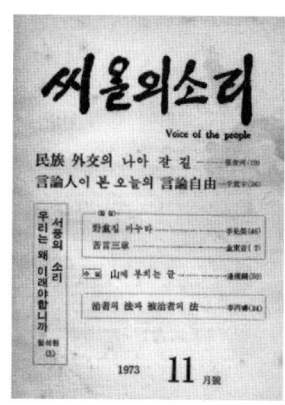

《씨올의소리》 1973년 11월호

이때 필자의 생각으로는 만일 검열이 없고 자유로운 입장에서 《씨올의소리》가 발행이 된다면 발행 부수가 2만, 3만으로 올라가는 것은 시간 문제라는 생각이 들었다. 따라서 《씨올의소리》사에서는 1만 부가 넘는 《씨올의소리》 발송 문제가 보통 힘든 일이 아니었다. 종로서적에서 총판을 더 이상 못 하겠다고 거부한 이후 총판을 찾아서 총판을 믿고 넘길 수도 없었다. 그래서 《씨올의소리》사에서 직접 전국 주요 도시에 있는 서점과 직접 연결 하여 발송하였고, 3천, 4천여 씨올독자들에게 직접 발송하는 데 독자들과 함 선생님까지 참여하여 발송했다.

그리고 또 한 가지 잊을 수 없는 일은 지금과는 달리 활판 인쇄 시절 교정하는 것도 보통 어려운 일이 아니었다. 《씨올의소리》 원고를 넘겨서 그것이 인쇄되어 나오는 데 있어서 가장 큰 문제는 교정 문제였다.

그때 인쇄소에는 문선공이 있어서 글자 한 자 한 자를 뽑아서 조판을 하고 그것은 복사하여 그 다음 교정으로 들어가는데, 그것이 1교, 2교로 끝날 수가 없다. 실력 있는 문선공이면 조금 쉬울 수도 있으나, 그렇지 못한 입장에서 교정은 4교, 5교까지 가지 않으면 안 되었다.

그래서 서울역 뒤 대광인쇄소에서 멀지 않은 곳에 '복다방'이라는 이름을 가진 다방이 있었는데, 거기서 주로 교정을 본 기억이 생생하다. 함 선생님과 장준하 선생도 그 복다방에서 돋보기안경을 쓰시고 교정보시던 모습이 선명하게 기억된다. 그때의 그 모습을 사진에 담지 못한 것이 못내 아쉽다.

박 정권의 몰락과 신군부의 등장 속에 2차 폐간

1979년 2월 26일자 <중앙일보>에 미국 퀘이커봉사회로부터 함석헌 선생이 노벨 평화상 후보로 추천되었다는 소식이 보도되었다. 그러나 박정권은 함 선생님의 외부 출입을 막기 시작한다. 기독교회관에서 정기적으로 모이는 목요기도회도 못 나가게 막고, 심지어는 6월 18일 윤형중 신부 장례식 참석도 저지당했다. 까닭은 당시 전국 곳곳에서 데모가 일어나고 선생님의 강연요청이 쇄도하기 때문이었다.

1979년 9월 16일 드디어 부산 일원에 대대적인 데모로 계엄령이 선포되기 직전, 함 선생님이 퀘이커세계대회 참석을 위해 출국하시는 것은 막지 않았다.

그러나 그 후 1979년 10월 26일 박 대통령은 그의 심복이라 할 수 있는 정보부장 김재규의 총탄에 사망하고 만다. 말하자면 자중지란이라 할 수 있다. 그러나 조금 깊이 생각해 보면 자중지란을 넘어서, 그동안 박정희라는 인물이 일인 영구집권을 위해 너무나도 많이 저지른 악에 대한 민중의 분노요, 하늘의 심판이라고 하는 것이 더 맞을 것이다.

함 선생님은 일정을 취소하시고 귀국하신다. 선생님은 일찍이 말씀하기를 "내가 그의 끝을 보기 쉽지"하는 말씀을 필자는 들은 일이 있다. 우리가 처음 그 말씀을 들었을 때 생각하기를 선생님은 1901년생이시고 박정희는 1917년생인데, 어떻게 16년이나 아래인 인물의 끝은 보신다는 말씀인가? 이해되지 않았다. 그러나 선생님의 놀라운 예지에 다시금 감탄하게 된다.

함 선생님은 귀국하시자마자 통대 대통령선출저지 국민대회에 참석하시는 등 바쁜 일정 중에, 그해 11월 26일 박정희 사망 1개 월 밖에 안 되는 때 명동 YWCA 강당에서 박종태, 김병걸 씨 등이 중심이 된 위장결혼 사건이 있었다. 전국 비상계엄으로 집회 허락이 안 되니까 신부 없는 신랑만이 입장한 뒤 성명발표가 있었다. 여기에 함 선생님, 안병무 박사, 필자 등 100여 명이 참석했다. 필자는 무슨 집회인지 정확히 알지도 못하고 함 선생님을 따라갔다. 이 일로 필자도 난생처음 특수수사대라는 곳에 끌려가서 조사를 받고, 즉결 20일을 받아 남대문경찰서 유치장 신세를 진일이 있다. 조사를 받을 때 필자는 심하게 당하지는 않았다고 생각하는데, 옆방에서 학생들을 고문하는 그 비명소리는 지금도 몸서리친다. 그리고 거기서 아는 학생 하나가 있었는데 나중에 필자에게 말했다. 그 특수수사대 총책이 나를 족쳐서 함석헌을 엮어 넣을까를 의논하더라는 것이다. 나는 그 소리를 들을 때 나도 모르게 몸이 오싹하는 것을 느낀 일이 있다. 그러나 다행히 아무 일도 없었다.

그렇지만 아무 일도 없는 것은 아니다. 1980년 2월 28일 함 선생님 등 민주인사 687명을 복권 조치를 발표해서, 이제는 좋은 세상이 오는가 하고 《씨올의소리》 창간10 주년 기념강연회를 서울, 부산, 광주, 전주, 제주까지 했는데, 실상은 그것이 아니었다. 80년 7월호 발행이후 전두환 신군부세력들은 언론 통폐합조치로 《씨올의소리》를 포함한 170 몇 개의 월간지들을 폐간한다고 언론에 발표해 버렸다. 사전 예고나 공문 한 장 없이 완전히 일방적이었다.

이렇게 되어 월간 《씨올의소리》는 1970년 4월 창간 이후 통권 95호를 끝으로 두 번째 폐간을 당한다.

신군부정권 8년은 함 선생의 입을 봉하고 붓을 꺾었다.

필자가 몇 번 글로도 썼지만, 전두환 신군부의 출현은 기독교 성경에 "나갔던 귀신이 일곱 귀신을 데리고 들어와서 그 사람의 나중 형편이 처음 형편보다 더 비참하게 되었다."(마태 12:45) 한 것처럼, 박 정권과는 비교가 안 될 정도로 처참했다. 삼청교육대의 예를 들지 않더라도 인권유린은 참혹 그 차체였다고 생각된다. 《씨올의소리》 하나만 생각해도 박 정권에서는 검열을 하고 탄압을 하면서도 《씨올의소리》를 없애지는 않았다. 그러나 전두환 신군부시대는 《씨올의소리》를 없애는 것으로 그치지 않고, 아예 함 선생님의 입을 봉하고 붓까지 꺾어 버렸다. 자그마치 그 시간이 8년이나 걸렸다.

필자는 이 생각을 할 적마다 분하고 원통하다는 생각을 지울 수 없다. 말하자면 함 선생님이 이 땅에서 마지막 시간에 해당하는 8년인데, 아무것도 못 하시게 했기 때문이다. 일제가 도산에게 함구령을 내려서 도산의 입을 막았듯이, 신군부는 함 선생에게 그렇게 한 것이다. 선생님은 《씨올의소리》로 생의 마지막 동그라미를 그리시겠다고 하셨는데, 《씨올의소리》 자체를 없애버렸으니 그때 그 선생님의 심정이 어떠하셨을까? 짐작할 수도 없다.

만일 그때 검열을 당하고 탄압 속에서도 《씨올의소리》가 살아있었으면 어땠을까? 물론 선생님은 자신이 창간한 《씨올의소리》에 생의 마지막 시간을 앞에 놓고, 얼마나 놀라운 말씀을 남기셨을까? 안타까운 일이 많지만, 필자의 옅은 생각으로도 두 가지 일은 꼭 남기셨을 것이라 생각한다.

1) 노자 강좌 내용의 완성이다. 선생님 살아계셨을 때에도 가끔씩 노자 풀이라는 이름으로 선생님의 해설을 《씨올의소리》에 실은 일이 있다. 그러나 노자는 전체가 81장이나 되기 때문에 그동안 10장 정도는 실었지만, 그것은 전부 싣자면 적어도 7년 이상이 걸린다는 계산이 나온다. 그래서 선생님의 노자 풀이를 본격적으로 풀어서 싣기로 의논하고 1980년 7월호에 필자가 풀고 선생님이 교정을 보셔서 1차로 나간 것이 노자 56장이었다. (장 순서와 관계없이 매호 싣기로 한 것이다.)

그러나 그것이 《씨올의소리》 마지막 호가 될 줄은 전혀 예상하지 못했다.

2) 동학농민혁명에 대한 함 선생님의 글이다. 함 선생님의 처음 쓰신 『성서적 입장에서 본 조선역사』에는 아예 동학에 대한 언급 자체가 없다. 그러나 그 후 『뜻으로 본 한국역사』에 동학에 대한 언급도 불과 몇 줄이 되지도 않지만, 동학은 '그 안에 많은 미신적 요소를 가지고 있던 것으로 인하여 진보적이라 할 수도 없었다.'는 표현으로만 보면 동학을 부정적으로 보고 계신 것이 아닌가 하는 의문이 들기도 한다. 따라서 역사를 연구하는 학자들도 역시 함 선생님도 평안도 분이어서 홍경래는 그렇게 크게 취급을 하시면서 어떻게 전봉준에 대하여는 그렇게 낮게 평가를 하시는가 하고 불만이 있는 것도 알고 있다.

그러나 필자의 생각은 조금 다른 면을 말하고 싶다. 선생님은 홍경래에 대해서는 북한에 계실 때 많이 들어서 자세히 알고 계셨지만, 전봉준에 대해서는 많이 모르고 계셨다. 우선 남한에 넘어오신 후에도 동학에 대한 자료가 없었다. 선생님이 활동하시던 50년대 60년대까지도 동학 자료는 찾아볼 수가 없었고, 그때는 동학도 '동학란'이라고 했고, 동학혁명이란 말도 붙이지 않고 정부에서도 폄하하고 있었다. 선생님도 "나는 동학에 대해 잘 알지 못한다." 말씀하신 적도 있다.

그래서 필자는 아쉽게 생각하는 것은 선생님은 글을 쓰실 때 선생님이 스스로 쓰신 글은 얼마 되지 않고 거의 다 부탁하고 '쓰셔야 합니다.'하고 재촉하는 가운데 쓰신 글이 대부분이라는 사실이다. 《사상계》가 그렇고 《씨올의소리》도 그랬다. 그래서 앞에서 언급한 채규철 님의 적극적인 주장으로 '군인정치 10년을 돌아본다.' 명문이 나왔듯이, 동학혁명에 대한 글도 "선생님 쓰셔야 합니다."하고 자료를 드리고 말씀을 드렸다면, 선생님이 동학과 전봉준에 대한 놀라운 글이 반드시 나왔으리라고 확신한다. 필자도 동학에 대해 모르고 있다가 조금 알았을 때 너무 안타깝고 감동하지 않을 수 없었다. 선생님이 만일 우금치에서 일본군의 신식무기 앞에 조선 농민씨올 들이 추풍낙엽처럼 10만 이상이 희생되어 온 산하가 피로 물들었다는 사실을 아셨다면, 그냥 듣기만 하고 계셨을까? 전봉준이 남긴 시와 그가 내놓은 농민군에게 지시한 양심적이고 가슴을 울리는 내용을 보셨다면, 그냥 앉아 계시기만 하셨을까? 결코, 아니라고 생각한다. 아마 전무후무한 놀라운 글이 나왔으리라고 확신한다.

이런 생각을 하면 박 정권보다도 신군부 전 정권이 더 미워진다.

함 선생님 서거와 《씨올의소리》의 아픈 역사

1987년 7월 13일 함 선생님은 서울대병원에 입원하여 담도종양 부위 절제 수술을 받으신다. 1개월 후 회복되어 퇴원하셨으나 같은 해 9월 4일 백병원에 재입원하시는 등 입·퇴원을 반복하시는 중에, 88년 7월 18일 강제 폐간 8년 만에《씨올의소리》정기간행물 등록증을 교부받는다. (신문 3528-4-102651/ 등록번호 라-3676)

그리고 13명의 편집위원을 위촉했다. 계훈제(민권운동가) 김경재(한신대 교수) 김동길(연세대 교수) 김용준(고려대 교수) 김영호(인하대 교수) 노명식(한림대 교수) 법정(송광사 스님) 송건호(한겨레신문 사장) 송기득(목원대 교수) 안병무(한국신학연구소장) 이태영(가정법률상담소장) 조요한(숭실대 총장) 한승헌(변호사) 그리고 편집위원장으로 김용준 박사를 선임하고 편집실무자로 필자와 박영자 님이 다시 맡게 되고 업무분야로 조일환 님이 기용되었다.

1987년 11월 10일 필자 (박선균) 편으로《씨올의소리》1974년~77년까지 전면삭제 분과 부분 삭제된 글을 전부 모아서《금지된《씨올의소리》》(생각사, 308쪽, 값 3,500원)라는 이름으로 단행본을 발행했다. 이것은 그동안 군부독재정권의 언론탄압을 어떻게 했는지? 구체적 증거가 되는 '언론탄압사'라 할 수 있었으나, 이어지는 신군부 정권하에 묻혀버리고 말았다.

『금지된 씨올의소리』

1988년 11월 30일 마침내 복간호(통권 96호) 1만 부를 발행하고, 이어서 3천 부를 재판하는 등《씨올의소리》발행사상 최고 부수를 기록했다.

함 선생님은 복간호에 '씨올에게 보내는 편지'만은 꼭 쓰셔야 하는데, 몇 번을 병원을 찾아가 말씀드렸으나 쓰시지 못하였다. 기다리다 못해 필자가 '8년 만에 쓰는 편지'라는 초안을 만들어 선생님께 드렸더니 그것을 몇 번씩 보시고 "씨올 뒤에는 하나님이 계십니다." 말씀만 친필로 추가해 주셨다.

그러나 마침내 함 선생님은 89년 2월 4일(봄이 서는 날) 새벽 5시 25분 서울대병원 12층 108호실에서 서거하셨다.(햇수 88, 날수 32,105일)《씨올의소리》사에서는 선생님이 서거하셨다는 것이 실감이 나지 않아《씨올의소리》100호(89년 4월호) 발간까지는 '발행인 함석헌'으로 계속 인쇄되어 나갔다. 그 후 5월호(통권 101호)부터는 장기려 박사를 발행인으로 위촉하였으나 장 박사의 고사로 김용준 박사가《씨올의소리》2대 발행인이 된다.

김용준 박사와 필자

《씨올의소리》2대 발행인이 된 김용준 박사는 발 벗고 나서서《씨올의소리》발전을 위해 많은 노력을 했다. 개인적으로도 사비를 털어 넣을 정도로 힘을 쓴 일을 기억한다. 그러나 함 선생님이 너무 크신 분이

시기 때문에 선생을 따라간다는 일이 여간 어려운 일이 아니라는 것을 느끼기 시작했다고 본다.

발행 부수도 1만 부가 넘어가기도 했지만, 그다음은 내리막길로 접어들면서 8천 7천 6천 5천으로 떨어지고, 90년 3월에 가서는 3천5백 부가 되었다. 결국, 91년 4월에 가서는 더 이상 발행을 못 하고 휴간에 들어가게 된다.

이런 상황을 바라보고만 있을 수 없어, 김종태, 문대골, 노명환, 김조년 4분과 필자가 합심하여 '씨올모임'이라는 이름으로 A4용지 10면 정도의 모임 지를 92년 4월 19일 자로 500부씩 발행, 93년 9월 15일까지 11회 주요 독자들에게 무료 발송한 일이 있고, 그 후 김경재 교수를 중심으로 '씨올소식'이란 이름으로 7회 발간한 일도 있다.

《씨올의소리》 휴간기간은 무려 3년이 지난 다음, 94년 11월부터 복간하는데 합의했으나 《씨올의소리》로 복간하지 않고 〈씨올마당〉이란 이름을 쓰기로 했다. 《씨올의소리》는 함 선생님이 친히 사용하시던 것으로 함 선생님으로 마감을 해 드리고, 우리는 〈씨올마당〉으로 새출발하는 것이 옳다는 생각으로 합의를 했던 것이다. '씨올마당'은 이름만 마당이지 《씨올의소리》 체제와 다를 바가 없었다. 다만 이때부터 격월간 형태가 된 것은 《씨올의소리》와 차이라고 하겠다. 이 〈씨올마당〉이란 이름으로도 98년 8월호(23회)까지 무려 4년여가 걸렸다.

그런데 우리가 생각하지 못한 뜻밖의 일이 발생했다. 우리는 함 선생님의 《씨올의소리》란 제호를 사용할 마음이 없어서가 아니라, 선생님의 하시던 일을 존중한다는 뜻에서 〈씨올마당〉으로 바꿨는데, 우리가 한 번도 들어본 일도 없고 알지도 못하는 어떤 인사가 《씨올의소리》라는 제호를 쓰고 있는 것을 발견했다. 우리는 그 당사자를 몇 차례 만나서 《씨올의소리》 제호를 쓰지 않기로는 했으나 불안한 마음은 여전했다. 그래서 96년 8월 16일 《씨올의소리》를 비롯한 씨올마당, 씨올사상, 씨올소식까지 상표등록을 특허청으로부터 받았다.(등록번호 제 345656-60) 그리고 문화관광부에 《씨올의소리》 등록절차를 밟아 (문화 라 08245) 《씨올의소리》 제호를 다시 쓰게 되기까지, 소리 없는 씨올의 아픔의 역사라 할 수 있다.

함 선생님 서거 후 《씨올의소리》 발행인과 편집장들

앞에서 잠깐 언급한 대로 함 선생님 서거 후 《씨올의소리》 발행인으로 장기려 박사를 선출했지만, 고사하시므로 김용준 박사가 2대 발행인이 되어서 2년간 발행해 오다가 경제 사정과 발행 부수 격감 등 여러 이유로 휴간에 이르게 되었다는 이야기를 한 바 있다. 휴간기간 3년여가 지난 다음, 1994년 11월 《씨올의소리》 대신 〈씨올마당〉을 격월간으로 시작할 때 안병무 박사를 제3대 발행인으로 모셨다. 그 후 안 박사는 96년 3월 함 선생님 95회 탄신기념회에서 자신의 건강상 문제로 씨올문화사업회 이사장 및 〈씨올마당〉 발행인을 수행할 수 없어 이윤구 박사를 추천하였고, 그해 6월 이윤구 박사가 4대 발행인이 되었다. 이런 과정을 겪는 동안 95년 12월 25일 장기려 박사가 서거 (86세)하시고, 1년도 못 되어 96년 10월 19일 안병무 박사도 감옥에서 얻은 지병을 이기지 못하고 74세로 서거하신다.

이런 와중에 세상은 변하여 김영삼 대통령 이후, 97년 12월 고난받던 김대중 씨도 15대 대통령에 취임하는 놀라운 변화가 일어난다. 역사상 처음 평화적 정권교체가 이루어진 것이다.

이때 이윤구 이사장의 사임을 받아들이고, 이문영 박사가 5대《씨올의소리》 발행인과 이사장으로 선출되었다. (1998년 3월 22일) 이 박사는 취임 이후 다음 세 가지 일을 과감하게 진행한다. 1) 98년 7월 25일 씨올문화사업회를 함석헌기념사업회로 바꾼 다음(문화체육관광부), 2) 99년 1월 20일 〈씨올마당〉을 《씨올의소리》로 환원 등록하고(마포구청) 3) 모금운동을 펼쳐서 기념사업회 기본자금 7억 원을 확보하고, 이어서 2003년 7월 18일 마포구 서교동 소재 100평 대지에 지하 1층 지상 4층 건물을 매입한다.(5억5천의 은행대출과 함께 13억에 매입) 물론 앞의 발행인들도 개인적으로 상당한 금액을 부담하면서 노력했지만, 위와 같이 눈에 보이는 발전은 이문영 이사장 때라 생각된다. 이렇게 되어 이 박사는 무려 2009년 12월까지 11년간 이사장직을 수행하면서 은행 빚까지는 자신이 책임진다고 하시기도 했다. 그러나 이사장직 장기화에 따른 비판의 소리가 나오자 이 박사는 2009년 12월 29일 사임했다. 한편 다시 재취임 이야기가 나왔으나 돌아오시지는 않았다. 그 후 2013년 이윤구 박사의 별세(84세)에 이어 이문영 박사도 2014년 1월 16일 87세로 별세하신다. 그리고 2대 발행인 김용준 박사도 2019년 8월 4일 92세로 별세하셨다.

따라서 후배 발행인과 이사장들의 역사가 시작된다. 2010년 2월 6일 문대골 이사장 (6대)→2012년 8월 18일 김조년 이사장(7대)→2016년 8월 김종태 이사장(8대)→다시 2018년 2월 문대골 이사장(9대)으로 이어졌다. 그러나 6개월 공백 기간이 생김으로 정관에 의해 필자가 이사장 직무대행을 맡았다. 이후 2020년 2월 15일 정기총회에서 10대 새 이사장으로 목성균 님이 선출되었다. 기념사업회는 아직도 4억 원 넘는 은행 빚이 있지만, 그것으로 기념사업회가 큰 부담이 된다고 볼 수는 없다. 대지 시가가 상당히 올라 있기 때문이다. 2023년 5월부터는 장영호 님이 이사장직을 맡고 있다.

88년 12월 함 선생님께서 서울대병원에서 마지막 투병하고 계실 때, 《씨올의소리》가 8년 만에 복간이 되어 필자와 박영자 님이 다시 기용된 이후 97년 필자는 중국 산동성 중국학교 국어교사를 가는 일로 《씨올의소리》를 떠난 후 3년 후 다시 돌아오기는 했으나, 다시 중국을 들락날락 하다 보니 10여 년 세월이 흘렀다. 그 사이 김경재 교수와 김영호 교수가 편집위원으로 남모르는 수고가 많았다고 본다. 2009년 7월부터 김조년 교수가 편집주간으로 6여 년 수고를 도맡아 했다. 그리고 2015년 5월부터 필자에게 다시 편집주간 일이 맡겨진다. 그리고 2016년 11월 안병원 님이 편집주간이 되어 일하다가 2017년 12월 사임함으로, 필자에게 다시 맡겨졌다. 현재는 김관호 님이 편집주간을 맡고 있다.

또한 2003년 7월 마포구 서교동 건물 매입 후, 3층을 함석헌기념사업회 사무실과 《씨올의소리》 편집실로 사용하면서 사무국이 강화되었다. 사무국장으로 정현필 님→한진숙 님→최중도 님→한 결 님→김우성 님→김관호 님을 거쳐 현재는 민대홍 님이 사무국장을 맡아 일하고 있다.

1974.4.20. 《씨올의소리》 창간 기념 강연회(대성빌딩)
필자가 사회하고 있는 모습이다.

《씨올의소리》와 함석헌 선생과 나
- 함 선생님 만남과 모심 10년의 이야기

시작하는 말

오늘 나는 학자도 아니고 무명인사에 불과한 사람을, 귀한 자리에 불러주셔서 감사한다. 나를 초청하여 주신 것은, 내가 함석헌 선생님 가까이에서 10여 년간 심부름하던 사람 중의 한 사람이라는 점에서일 것이다. 보통 생각으로 하면 함 선생님 곁에 오래 있었으니까 뭔가 남다른 무엇이 있을 것이다, 생각하기 쉽지만, 사실은 내놓을 것이 아무 것도 없다. 그러나 반성할 점은 있다. 그때 선생님 가까이 있었을 때, 상세하게 기록을 못 했다는 점에서, 나는 두고두고 후회는 하고 있다.

'등잔 밑이 어둡다'는 말이 있듯이, 너무 가까이 가면 아무것도 볼 수 없고 모른다는 말이 맞을 수도 있다.

다른 모임에서 '함석헌을 한 번도 만나보지 않은 사람이 어떻게 함석헌을 안다고 할 수 있는가?' 라는 이야기를 들은 일이 있다. 나는 그렇게 생각하지 않는다. 오히려 함 선생님을 만나보지 않은 사람 중에서 함 선생을 더 잘 알 아는 분이 나올 수도 있다고 생각한다.

소크라테스(BC 469-399)를 보면 그의 제자 플라톤(BC 427-347)이 거의 동시대 사람으로서 직접 가까이 있었던 사람이라 할 수 있다. 그러나 공자(BC 552-479)나 노자(BC 6세기 경)를 보면 그의 수제자라 할 수 있는 사람이 공자, 노자를 만난 사람이 아니다. 맹자(BC 372-289)는 공자 사후 100년 후에 탄생한 사람이다. 장자(BC 365-290)는 노자 사후 200년이 지난 후 사람이다.

성경에도 보면 사도 바울은 예수님을 만난 일이 없다. 오히려 예수 믿는 사람들을 잡아가고 박해하던 사람이다. 예수 생전에 마태, 마가, 누가, 요한, 베드로 등 많은 제자들이 있고 그들이 쓴 기록들이 성경이 되었지만, 사도 바울이 쓴 편지는 직접 예수 당시 제자들의 기록보다 앞서고 있다. 가롯 유다를 뺀 열 한 제자들이 다 훌륭한 일을 했지만, 사도바울이 아니었다면 기독교가 세계적 종교가 못되었을 것이다. 그래서 기독교 신학에 있어서 큰 주제가 '예수냐? 바울이냐?' 하는 말까지 있다. 바울은 예수의 제자들을 뛰어넘을 뿐 아니라 예수와 견줄만한 인물이라고도 할 수 있다.

장기려 박사의 말: "함석헌 선생은 앞으로 500년 후에 빛이 날 것이다." 했다는 말이 있다. 어떤 뜻으로 그런 말씀을 하셨는지 자세히는 알 수 없으나, 500년은 너무 길다는 생각도 있고, 맞을 수도 있다는 생각도 있다.

오늘 내가 말하려는 요점은 함 선생님을 만난 사람만이 선생님을 많이 알고, 만나지 못한 사람은 아무래도 부족할 것이다, 그런 이야기가 아니다. 못 만난 사람 중에서 더 훌륭한 사람이 얼마든지 나올 수 있다고 생각한다.

함석헌 선생님을 만나기까지

나는 오늘 말할 이야기를 세 분야로 나누어서 말씀드릴까 한다.
1) 태어나서부터 함 선생님을 만나기까지 이야기
2) 월간 '씨올의소리사'에 들어가서 함 선생님과 같이 《씨올의소리》를 내던 이야기
3) 내가 본 함석헌, 함 선생님은 어떤 분이며, 어떤 생각을 가지고

계셨는가?

나는 1938년 1월, 강원도 평창군 도암면(지금은 진부면) 호명리(虎鳴里)에서 태어났다. 이 해는 일제가 제2차 세계대전을 일으키기 1년 전이고, 전 조선인에게 일어 강습을 강요하고, 조선어교육을 폐지시킨 해다. 또한, 민족 지도자 도산 안창호 선생(1878-1938)이 옥중에서 병을 얻어 보석 중 서거하신 해가 된다. 나는 이상하게도 초등학교 3,4학년 때 이광수가 쓴 '도산 안창호'를 읽고 감명받은 일이 있다. 도산의 말씀 중에 '죽더라도 거짓말을 하지 말라'는 말이 어린 나의 가슴에 깊이 새겨진 느낌이다.

나는 어릴 적에 강원도 산간 벽촌에 태어난 것을 부끄럽게 생각했다. 더욱이 호랑이 우는 곳에서 났다는 것이 결코 자랑스럽지 못하다고 여기고 있었다. 말하자면 강원도 깡 촌놈이란 것이 항상 부끄러웠다. 나는 17세가 되도록 기차를 보지 못했다. 거기다가 얼마나 가난했으면 그 산골에서조차 우리 집이 없었고 남의 셋방살이를 했으니 말이다. 모친은 일찍 돌아가셨고, 부친의 직업은 목수였다. 그때는 '대장은 늘려 먹기 때문에 잘 살고, 목수는 깎아 먹기 때문에 못산다'는 말이 있었는데, 나는 그 말이 딱 맞는다고 생각했다.

그래서 나는 항상 가난한 아이로 기가 죽어, 어디 가서 당당하게 말 한마디 제대로 못 하고, 풀죽은 아이로 근근이 살아오고 있었다. 내가 어느 정도 힘을 얻고 희망을 갖고 살 수 있게 된 것은, 서울에 올라와서 함 선생님의 글을 읽으면서부터라고 할 수 있다. 만일 함 선생님의 글을 만나지 못했다면 나는 절망의 늪을 지나 그 결과가 어떻게 되었을지 나도 모른다.

초등학교 1학년 때 해방을 맞았고, 5학년 무렵에 한국전쟁을 만났다. 6·25 때는 미처 피난 갈 사이도 없이 인민군이 들어왔고, 1·4 후퇴 때는 경북 안동 부근까지 걸어서 피난을 갔던 경험이 있다. 초등학교 졸업할 때까지는 고향에 중학교가 없었다. 상점 점원으로 일 년을 지내는 사이 고향에 중학교가 생겼다. 중학교 들어갈 형편이 못되었으나 극적으로 중학교를 들어가서 졸업할 수 있었다. 졸업한 이후 다른 친구들은 강릉이니, 서울이니 고등학교 진학을 하면서 자랑하는 모습을 보고, 나는 도저히 그냥 나무나 하고 노동을 하면서 지낼 수는 없었다.

한차례 상경 했으나 발붙일 곳을 찾지 못해 실패하고 되돌아갔다. 두 번째 중학교 최상규 담임선생님의 쪽지 한 장에 의지하여, 서울 종로구 혜화동에 와서 정착할 수 있었다. 담임선생님의 은혜가 너무 컸다.

당시 혜화동에는 상이군인정양원이 있었다. 거기는 한국전쟁 때 학도병으로 나갔다가 부상을 입은 상이용사들이 거기서 국비 장학생으로 대학을 다니고 있었다. 나는 운 좋게도 거기 도서실 근무를 하게 되었다. 거기에는 상이용사들이 백여 명이 있었고, 또 거기서 심부름을 하는 속칭 "쇼리"라는 이름을 가진 청소년들이 수십 명이 있었다. 나도 그중의 하나였다. 그런데 그 청소년들이 다 학교에 적을 두고 다니는 것을 봤다. 결국, 나도 거기서 고등학교에 진학할 수 있었다.

1957년 고교 2년 때 어느 날, 나는 선배의 책상에 꽂힌 《사상계》라는 잡지를 우연히 펼쳐 보다가, 함 선생님이 쓰신 "할 말이 있다"를 접하게 되었다. 다른 글은 모두 한문투성이 글이었으나 "할 말이 있다"만은 모두 한글이었다. 나는 그 글을 읽고, 읽고 또 읽고, 몇 번을 읽었는지 모른다. 나중에는 노트에 옮겨 적기까지 했다.

선생님의 그 글을 읽으면서 나도 모르게 알 수 없는 어떤 힘이 생기는 듯했다, 내가 못생기고 가난하고 기가 죽어 살던 자리에서, 내가 이래서는 안 되겠다, 박차고 일어나야겠다는 마음을 먹게 되었다. 선생님의 그 글은 지금 읽어도 힘이 생기는 글이라고 생각한다.

할 말이 있다!
'네가 누구냐?'고 묻는가? 물을 것이다. 이천 년 전 애급과 바빌론의 문명이 오고가는 세계의 행 길에 나타나 약대 털옷에 가죽 띠를 띠고 메뚜기와 석청을 먹으면서 '나는 빈들에 외치는 소리다.' 한 세례요한을 보고도 '네가 누구냐?' 했던 인간들이 나보고 묻지 않을 리가 없다. 나야 이 썩어진 속에 한데 묻혀 구더기처럼 우물거리며 그 먹다 남은 것, 입다 남은 것을 얻어 입고 먹지 못하면 못살겠다고나 하는 듯이 있는 나 아닌가? 그 내가 말을 한다면 '네가 어떤 놈이냐?' 하지 않을 리가 없다…. '할 말이있다' 하는 나 보고 '네가 누구냐?' 하는가? 내가 누구임을 말하리라. 나는 세례요한도 아니요, 남강도 아니지만 나는 또 이 나라의 대통령도 아니다. 천지가 무너지면 무너졌지, 내가 대통령이 될 수는 없을 것이다. 그러나 또 천지가 무너지면 무너졌지, 아무리 준다 해도 내가 받지도 않을 것이다. 나는 대통령이 아니기도 하거니와 그 꿈을 꾸는 될 뻔 댁도 아니다…. 그러니 나는 아무것도 못 되는 사람이다. 그저 사람이다. 민중이다. 민은 민초(民草)라니 풀 같은 것이다. 나는 풀이다. 들에 가도 있는 풀, 산에 가도 있는 풀, 동양에도 있는 풀, 서양에도 있는 풀, 옛날에도 그 풀, 지금도 그 풀, … 나는 사람 중의 풀이지, 아름드리나무도 나는 새도 달리는 짐승도 버러지도 고기도 아니다. 내가 썩어 그 나무가 있고 내가 먹혀 그 노래, 그것, 그 날뜀이 있건만, 언제 그렇다는 소리 한마디도 하지 않더라. 그래도 또 먹히고 또 썩는 나지, 마다하지 않는다. 나는 흙을 먹고 살아 남의 밥이 될지언정 누구를 내 밥으로 하지 않는다. 제일 밑에 깔렸건만 아무리 잘나고 아름답고 날고 긴다 하던 놈도 내 거름으로 돌아오지 않는 놈도 없더라. 태평양 저쪽 대평원(大平原) 풀 나라에는 정말 피풀, 풀 사람이 나와 '풀잎' 노래를 읊었건만, 이 풀밭에서는 언제 노래가 올라올까? (1957년 3월호《사상계》)

선생님의 이 글은 그동안 내가 생각하고 꿈꾸었던 일 들을 완전히 포기해 버릴 수 있게 했다. 나는 이다음 자라서 대통령이 되겠다는 것은 꿈에도 생각은 해본 일이 없지만, 이다음 정말 지긋지긋한 가난을 벗어나서 부자가 된다든지, 가능하다면 국회의원 정도는 되어야겠다는 생각을 하고 있었다. 그러나 선생님의 글을 읽으면서, 그런 나의 꿈이 다 쓸데없는 생각이란 것을 알기 시작했다. "천지가 무너지면 무너졌지, 아무리 (대통령을) 준다 해도 내가 받지도 않을 것이다. 나는 대통령이 아니기도 하거니와 그 꿈을 꾸는 될 뻔 댁도 아니다." 라는 말씀에 나는 충격을 받았다. '대통령을 주겠다는데도 안 받겠다'는 이 '함석헌'이라는 분은 도대체 어떤 분인가? 뭔가 엄청난, 알 수 없는 무엇을 가지고 계신 분인 것 같았다. 더욱이 그 아래 내려가서,

"나는 무슨 높은 벼슬아치도 아니다. 나는 또 무슨 종교의 거룩한 직원도 아니다, 중도 목사도 감독도 신부도 주교도 아니다. 나는 또 교육자도 학자도 아니다. 젊어서 철없어서 학교 선생이라고 해본 일이 있으나 그것 그만둔지 이십 년이요, 이제 교사라면 무섭기만 하다. 나는 아무것도 못 되는 사람이다. 그저 사람이다. 민중이다. 민은 민초라니 풀 같은 것이다. 나는 풀이다 !"

이 말씀을 나는 다 이해하지 못했다. 그러나 그 말씀이 너무 좋았다. 나는 풀이 그런 깊은 뜻이 있는 줄 몰랐다. 그래서 나는 한때 호(號)를 뭐로 할까 생각하다가, 이 말씀에 의지하여 초인(草人, 풀사람)이라 한 일이 있다. 나중에 주제넘은 것 같아 바꾸긴 했다.

후에 안 일이지만, 이때는 선생님이 아직 씨올이란 말을 쓰지 않으셨다. 그러나 풀이란 말 속에 이미 씨올사상과 정신이 들어있다는 것

을 짐작할 수 있다.

선생님의 이 '할 말이 있다'가 세상에 나가자마자 엄청난 반향을 일으켰다. 그 중 특별히 가톨릭의 유형중 신부가 "함석헌 씨에게 할 말이 있다"는 글을 《사상계》에 발표했다. 윤 신부는 글을 쓰면서, 함석헌 씨의 글 쓰는 식은 '공산당식'이라든지, "본격적으로 공산당에 입당함이 여하" 등등 함 선생을 '공산당의 오열(五列)'이라는 말까지 나왔다. 그러자 선생님은 곧 이어서 "윤형중 신부에게는 할 말이 없다"는 글로 응답을 했다. 함 선생님의 글은 마치 막혔던 봇물이 터지듯이, 폭포수와 같은 말을 윤 신부에게 쏟아부었다.

> 윤형중 신부에게는 할 말이 없다! 천하 신부가 다 떠들어도 말하고 싶은 생각 없다. 그들은 다 교회라는 제도 밑에, 교황이라는 낮도깨비 앞에, 제 인격의 존엄성을 내 놓고, 의지의 자유를 빼앗기고, 판단의 자유를 팔아버린 사람들이니, 제 말이라고는 한마디를 할 수 없는 사람들이라. 제 말이 없는 사람들에게 종교는 무슨 종교요, 진리가 무슨 진리일까?
> 그들과 씩둑깍둑 할 필요가 없고, 말을 한다면 그 꼭지가 되는 교황과 하는 것이 경제적이다. 로마 교황더러 와서 말하라 하라. 그러면 대답하리라… 민중아, 들어라! 윤 신부는 나를 공산당 오열이라 한다. 그나마도 솔직하게 "너는 공산당이지" 하지 않고, 맘은 그 맘이면서 독자가 보면 그렇게 보도록 쓰면서, '공산당 식'이라 했다가, '공산당에 본격적으로 입당함이 여하' 했다가 또다시 '그렇다고 나의 이 말을 공산당에 입당을 권고했다고 함석헌식으로 알아들을 것은 아니다.' 한다. 이것이 친절에서 나오는 말인가? 비웃음에서 나오는 말인가? '함석헌은 공산당이다' 하는 말을 뒤집어하는 말인가?.(57년 《사상계》 6월호)

한국잡지 논쟁 사상 이처럼 독자의 관심을 끈 일은 전무후무한 일이라 생각된다. 이로 인해《사상계》는 몇만 부가 더 팔렸다는 말이 있다. 함 선생님의 답 글을 본 윤형중 신부는 못 참겠다는 듯이, 또다시 "함석헌 씨의 답변에 답변 한다" 는 글을《사상계》에 발표했으나, 선생님은 더 이상 윤 신부의 글에 답변하지 않았다.

이 논전이 일년 여를 지난 다음, 선생님은 1958년 8월호《사상계》지에 "생각하는 백성이라야 산다."라는 글을 발표하였는데, 이글이 문제가 되어 필화사건이 일어났다. 어느 날짜인지 모르나 나는 그때 한국일보에 "보안법에 걸린 나라 없는 백성"이란 제목으로 함 선생님의 사진과 함께 사회면 톱으로 대서특필 된 것을 보았다. 선생님의 사진을 처음 보았을 때 내 느낌으로는 꼭 시골 농사꾼처럼 보였다. 기사 중에는 선생님의 주소가 용산구 원효로 4가 70번지라고 되어있었다. 나는 수첩에 주소를 적었다. 선생님에게 편지를 드릴 생각이었다.

선생님은 피소되어 구류 20일을 살고 나오셔서, 저 유명한 "'생각하는 백성이라야 산다.' 를 풀어 밝힌다." 는 글을 발표하셨다. 눈물 없이 보기 어려운 글이라고 생각한다. 선생님의 애국심이 얼마나 크신가도 알 수 있는 글이다. 그 글 끝부분에 이런 말씀이 있다.

어머니, 대한민국이시여! 영원의 흰관(白頭) 머리에 쓰시고, 거룩한 향 가슴에 차시며, 만 이천 카라트 금강 손에 끼시고, 새나라 주추 큰돌(漢拏) 발에 밟고 서시어, 삼천 폭 치마 안에 삼천만 씨올 품으시며, 오천년 긴 역사의 밤 펄럭거리는 등잔을 지켜 밝은 날의 임을 맞이하자는 한 밝음(太白)의 여왕이시여!

당신이 어찌하여 그 높으심, 크심을 잊고 작은 말을 다투시고 의심을 품어 싸우려 하시나이까? 말씀의 큰길을 막으시려나이까? 당신은 환웅 님의 얼을 잊으셨나이까? 온달의 어짊을 잃으셨나이까? 검도령의 날쌤을 버리셨나이까? 처용의 착함을 떨어치셨나이까?
어머니, 대하민국이시여! 고난의 여왕이시여 ! (58년 10월《사상계》)

어느 시인이 이런 시를 쓸 수 있는가? 어느 종교인이 이런 기도를 할 수 있는가? 어느 애국자가 이런 마음을 가질 수 있는가?

이런 일이 있은 이후 《신태양》이라는 잡지에 서창제(徐昌濟)라는 이가 "무교회주의에 대하여"라는 글을 쓰면서, '무교회주의자의 대표되는 함석헌은 대한민국을 죽이려는 자'요, 적국 일본을 도와 '대 한국 고등정책 수행에 협력'한 매국노라 하면서, '얼간 망동'으로 났고, '사상적 저능아'로 생겼고, 등등을 지나, "함석헌 하나가 가톨릭에 대드는 것은 아메바 한 마리가 사자에게 대드는 것과 같다" 했다. 그가 '함군'이라고 하는 것으로 봐서 함 선생님 보다는 나이가 훨씬 많았던 것 같다.

선생님은 《신태양》 잡지에 글을 쓰셨다. "사자냐? 아메바냐?"라는 제목이었다. 선생님은 이 글에서 가톨릭의 정체를 이처럼 신랄하게 파헤치고 공격한 글도 일찍이 보지 못했다.

어쩌면 그렇게도 묘하게 자기 폭로를 할까? 진리는 못 속이고 못 거스른다. 그렇다, 네 스스로 네 심판을 해라 !….
그렇지, 너희는 사자요 나는 한 마리 아메바지! 장하구나, 네가 사자지! 그 수염을 거스르고 호통을 할 때 천지가 흔들리지. 네 흉악한 발톱으로 가엾은 생명을 찢고, 네 독한 이빨로 약한 자의 뼈를 꺾으며, 그 혀로 피를 빨 때 세상에 당할 놈이 없지. 네 살이 남의 고기 먹고 찐 것이요, 네 털이 남의 기름을 마시고 윤택했지.
가톨릭아! 참 사자로구나. 인간의 목숨을 한 없이 잡아먹고 그 혼을 무수히 멸망시키고 원시림 속에 엎디어 있는 사자같이 역사의 큰길에 엎디어 있는 가톨릭아! 네가 스스로 왕이라 하느냐? 네가 모르는구나….

나는 그렇다, 아메바다. 털도 갑옷도 이빨도 없는 단세포다.

남의 생명을 먹을 줄 모르고 무(無) 속에서 생명을 창조해 내는 아베바다.

네가 나를 하나라 없이 여기느냐? 네가 하나의 뜻을 모르누나. 내 안에는 무한이 있다. 내가 생명의 시작이요, 또 끝이다. 너는 죽은 날이 있어도 나는 영원히 불사임을 모르누나. 너는 강의 강만 알고 유(柔)의 강을 모르느냐?

네가 곰을 때려도 나는 못 때릴 것이요, 네 발톱이 이리를 찢어도 나는 못 찢을 것이다.

나는 너를 봐도 너는 나를 보지 못하고, 네가 나를 삼키면 도리어 내게 삼키우리라. 너는 나를 멸시하여도 나는 너를 불쌍히 여기고 너를 죽여도 억만 가지로 새롭게 함을 모르누나.

사자 같은 가톨릭아, 네가 이길 듯이 머리를 흔드느냐? 음부에 떨어지리라. 그러나 내가 너를 불쌍히 여겨 네 창자를 변하여 풀을 먹게 하리라. 그날에 네 발과 이빨과 수염이 떨어지고 평화의 왕이 되어 내가 네 안에, 네가 내 안에 있으리라.

민중아, 보느냐? 사자냐? 아메바냐? (58년 12월호 신태양)

어떤 사람은 말하기를 함 선생님과 가톨릭과의 싸움이 막상막하였다고 말하는 사람이 있지만, 천만에 말씀이다. 내 보기에는 대 가톨릭은 함석헌 한 사람과의 싸움에서 대패를 했다고 본다. 아마 내 판단이 틀렸다고 할 사람은 없을 것이다. 글이 증명하고도 남기 때문이다.

나는 이 무렵 함 선생님께 편지를 보낸 것 같다. 나는 그때 어떤 글을 썼는지 전혀 생각이 나지 않는다. 선생님은 어린 고등학생이 쓴 편지에 답장을 주셨다.

선균 군에게

군의 편지 감사히 읽었소.

참을 찾고 정의를 사모하고, 나라를 사랑하는 맘은 하나님의 뜻이 우리 안에 일으키신 것이니. 스스로 감사하고, 내가 내 자신을 존중하여 그 정신을 잃지 않고 키우도록 해야 할 것이오….

새 싹이 처음 틀 때는 열이 나듯이 우리 맘이 첨 일어날 때도 열정이 있는 법이오. 그러나 새싹이 열만 있으면 도리어 썩듯이, 우리 맘도 열정만으로는 오래 못가!

광신적 종교는 못써! 그러므로 믿음이 필요한 것이오. 구원한 이상을 바라며 부족한 나 자신과 사악한 사회에서 낙심을 아니 하고 이기는 것은 겸손한 믿음이오. 어떤 실패를 당하면서도 하나님이 마침내 이기시고야 만다하는 믿음, 죽으면서도 비관 아니 하는 믿음, 죽임을 당하면서도 대적을 미워하지 않는 믿음, 그것만이 이길 것이오.

나는 이 편지를 받고 얼마나 감격했는지 모른다. 봉함엽서에 단기 4291년 12월 31일자 일부 인이 찍힌 것으로 보아 1958년임을 알 수 있고, 원효로 4가 70 함석헌이라는 친필 글씨가 너무도 선명했다.

그 후 나는 고교를 졸업하고 연세대 합격통지서까지는 받았으나, 입학금준비로 동분서주하다가 실패하고, 골머리를 앓다가 신문에 '농촌지도자 양성과정'이라는 광고를 봤다. 그것은 중앙신학교라는 곳에서 오전에 공부하고 오후에는 농장에서 일하며, 숙식도 해결되는 근로 장학생이라는 것이다. 나는 눈이 번쩍 뜨였다. 그래서 내가 갈 곳은 이곳뿐이라고 결론을 내렸다. 나는 서류를 준비하여 중신에 응시했다.

결국 나는 농촌지도자 양성을 위한 근로 장학생이 되었다. 당시 중앙신학은 종로구 장사동에 있었고, 농촌지도자 양성과정은 경기도 소사에 있었다. 거기 농장이 있었기 때문이다. 농장에서 오전에 수업이 있었지만, 가끔은 서울 장사동에 강의를 들으러 가는 때도 있었다.

어느 날이었다. 장사동 본교 강의시간표를 보는 순간 내 눈을 의심했다. 그 시간표에 "함석헌 선생 특강"이라는 강좌가 있는 것이 아닌가? 아니, 함 선생님과 이 학교가 무슨 관계가 있는가?

나중에 안 일이지만 중앙신학교를 설립한 이호빈 목사님이나 홍태헌 교수님과 함 선생님은 일찍부터 교분이 있었다는 것을 알았다. "야, 정말 이 학교를 잘 들어왔구나! 하나님의 뜻이구나!" 감사하지 않을 수가 없었다.

이윽고 함 선생님의 특강 시간이 왔다. 나는 숨죽이고 기다렸다. 선생님의 특강 시간에는 넓은 강당에 전체 학생이 참석했다. 선생님은 한 선생의 안내를 받아 강당에 성큼성큼 들어오시더니, 칠판에 왕양명의 시 한 편을 쓰신 것으로 기억한다. 글씨는 힘이 있었고, 목소리는 카랑카랑했으며, 쏘는 듯한 안광이 빛났다. 흰색 두루마기를 입으셨고, 머리와 수염은 희끗희끗한데 너무 잘 나시고 멋있어 보였다. 신문에서 본 초라한 시골 할아버지 모습이 아니었다. 그때 두 시간 정도 강의하신 왕양명의 시 한 수는 지금도 기억하고 있다.

險夷原不滯胸中 험하고 평평한 것이 원래 마음에 걸림이 없으니
何異浮雲過太空 뜬 구름이 허공을 지나는 것과 무엇이 다르리요
夜靜海濤三萬里 고요한 밤바다의 파도 삼만 리를 가고
月明飛錫下天風 달이 밝은데 지팡이 휘두르며 하산 하니 하늘 바람이 일더라.

이 시를 설명하시던 함 선생님의 강의 내용을 다 기억하지 못한다. 그러나 어렴풋이 짐작되는 것은, 선생님은 신학생들에게 '산 위의 높

은 정상에 오르는 깨달음의 세계와 그 깨달음을 가지고 거기 머무르는 것이 아니라, 다시 세상으로 내려와 실천에 옮기는 일'을 역설하신 것이 아닌가 생각된다. 선생님은 내가 소사 농장에 있는 동안 두 번 다녀가신 것을 기억하고 있다.

함 선생님의 부르심과 《씨올의소리》 복간 이야기

나는 소사분교에서 오전에 강의 듣고 오후에 일하면서 지내다가 4·19를 맞았고, 나는 60년 8월 육군에 입대했다. 당시 천안 씨올농장에서 일하던 홍명순 님은 병역을 거부하고 옥살이를 했다는 이야기가 들려왔지만, 나는 그런 용기는 감히 생각도 못 했다.

나는 당시 논산훈련소 훈련이 너무 힘들어 함 선생님께 편지를 드렸더니, 선생님의 엽서 답장을 훈련소에서 받았다. '인생 자체가 훈련이니 참고 견디라.'는 내용을 보고 다시 용기를 냈던 기억이 있다. 선생님은 내가 편지를 드리면 꼭 답장을 해주셨다. 그래서 나는 하루도 선생님을 생각하지 않은 때가 없었다. 선생님이 주시는 편지 말씀으로 인해 군 생활을 잘 이길 수 있었던 것 같다. 나중에 안 일이 지만, 선생님은 나의 편지만 아니라, 어느 누구의 편지라도 받으면 반드시 답장을 쓰시는 것을 봤다.

나는 군에서 5·16을 만났고, 63년 6월, 34개월 만기 제대를 했다. 이제 복학을 해야겠다는 생각은 있었지만 당장 어디 가서 의지할 곳이 문제였다. 내가 군에 있는 동안 소사분교는 사정이 있어 문을 닫은 것 같다. 나는 중신의 홍태헌 교수께 장문의 편지를 드렸더니 '오라!'는 연락을 주셨다.

홍태헌 교수님은 나의 은사일 뿐 아니라, 아버님같이 나를 걱정해

주시고 사랑해주신 일은 평생 잊지 못한다. 홍 교수님이 아니었다면, 나는 학교진학은 고사하고 어디 가서 숙식도 하기 어려웠을 것이다. 나는 홍 교수님과 같이 중신 사무실에서 다시 근로 장학생 되어, 교무 서무 일을 도우며 66년 신학과를 졸업하고, 정식직원이 되어 70년까지 근무했다.

지금부터 내가 중신을 떠나 월간 '씨올의소리사'로 가게 된 이야기를 하고자 한다.

나는 중신이 가장 어려울 때, 근로 장학생으로 시작하여 정식직원이 되어 교무 서무 등을 맡으면서 10여 년을 일해 왔다. 말하자면 터줏대감 비슷하게 되어있어서, 나를 나가라는 사람은 아무도 없었다. 당시는 나만큼 중신의 세세한 역사를 아는 사람도 없었다.

1965년 안병무 박사가 독일에서 10년 만에 중신으로 돌아왔다. 안 박사가 돌아오자마자 안 박사는 중신의 희망으로 부각 되었다. 당시 이사장과 학장이었던 이호빈 목사는 이제 '우리의 희망이 돌아왔으니, 모든 일은 안 박사에게 맡긴다.' 하고 이선으로 후퇴를 했다. 그 후 안 박사는 중신을 '세계적인 신학의 고장'으로 만들겠다는 포부를 가지고 동분서주했다고 본다. 허 혁 박사를 학감으로, 그리고 박순경 박사 박봉랑 박사 전경연 박사 이기영 박사 등등, 그리고 함석헌 선생까지 중신의 강사진은 어느 신학교와 비교할 수 없었다. 학생들은 나날이 늘어갔다. 나는 안병무 박사가 함석헌 선생과 그렇게 가까운 친구 사이인줄 몰랐다. 나는 중신에 있는 동안 함 선생님을 자주 뵙게 되었고, 선생님도 내 이름까지 잘 알고 계셨다.

그러던 차에 중신에 큰 혼란이 왔다. 그 세세한 이야기를 여기서 다 할 수는 없다. 결과는 허 혁 박사는 이화대학으로, 안병무 박사는 한신대학으로 가면서, 함석헌 선생님도 발길을 끊으신 것 같았다. 중신의 꿈은 산산이 부서지고 만 것이다.

이런 상황에서 나는 더 이상 중신에 머무를 마음이 없었다. 나를 나가라는 사람은 없었지만, 젊은 기분에, 나는 아무런 대책도 없이 사표를 냈다. 말리는 사람도 있었으나 듣지 않았다. 내가 그만둔 이후 나를 가장 걱정한 이는 홍태헌 교수도 있지만, 안병무 박사였다. 안 박사는 '밥을 굶어서는 안 되니까, 취직을 해야 한다.'고 여기저기 소개한 일도 있지만, 번번이 실패했다.

그러던 차 함석헌 선생은 월간 《씨올의소리》를 창간하여 두 호를 내자마자, 정부 당국의 폐간처분을 받은 일이 생겼다. 계약된 인쇄소에서 《씨올의소리》를 인쇄하지 않았다는 이유였다. 선생님은 일 년 이상 법정투쟁 끝에 대법원에서 승소가 확정되던 때였다. 그때 안병무 박사는 나를 함 선생님께 추천했던 것이다. 함 선생님도 나를 모르는 사람이 아니니까 쾌히 승낙하셨다고 한다.

1971년 7월, 문대골 목사는 업무부장으로, 나는 편집부장으로 월간 《씨올의소리》 복간호(통권 제3호) 준비에 들어갔다.

그 후 자세한 이야기는 이미 발표가 된 바 있다. 《씨올의소리》 통권 224호(2012년 9,10월호)에 실려 있다.

다만 한두 마디를 첨부한다면, 《씨올의소리》는 1970년 4월 19일에 창간되어 두 호를 내고 폐간되었으나, 법정투쟁 끝에 승소하여, 13개월 만에 복간 호는 71년 8월 15일 발행되어 95호(1980년 7월호)가 나올 때까지 창간 10년이 된다. 《씨올의소리》 창간 10주년 기념강연회를 전국적으로 시작하고 있을 때, 전두환 정권의 언론 통폐합으로 《씨올의소리》는 두 번째 폐간이 된다. 《씨올의소리》 10년 동안 내가 계속 있은 것은 아니다. 74년 4월에 나는 교회를 전적으로 맡는 관계로 2년간은 백청수 씨가 맡았고, 그 후 76년 4월에 내가 다시 왔다가, 77년 4월 정연주 씨가 잠시 있었고, 최민화 씨가 1년간 책임을 맡을 때가 있었다. 나는 또다시 78년 3월 박영자 씨와 함께《씨올의소리》를 맡아서 80년 7월호까지 일하게 되었다. 복간 호부터 80년까지 10여 년이지만 중간에 3년 정도는 빠진다고 할 수 있다.

그 후 전 정권 8년이 지난 다음, 88년 12월호로《씨올의소리》는 두 번째 복간이 된다. 나는 다시 편집 일을 맡게 되었다. 그러나 그때 함 선생님은 서울대병원에서 투병 중이셨다. 무리한 부탁인 줄 알면서도, "선생님, 두 번째 복간호가 나오는데, 씨올에게 보내는 편지만은 꼭 쓰셔야 합니다." 몇 번이고 말씀을 드렸지만, 선생님은 종내 쓰시지 못하셨다. 더 이상 기다릴 수 없어, 나는 선생님의 '씨올에게 보내는 편지 초안'을 고심 끝에 만들어서 선생님께 드렸다. 선생님은 나의 글을 몇 번이고 읽으신 다음, 한 자도 고치지 않으시고, "씨올 뒤에는 하나님이 계십니다."를 친필로 첨가해 주셨다.

사람들은 말하기를 어떻게 그렇게 함 선생님이 쓰시듯이 똑같이 쓸 수 있는가? 한다. 그것은 나도 모른다. 지금 쓰라면 결코 그렇게 못 쓸 것이다. 그때는 절박한 상황에서 선생님의 영을 받아서 된 것이지, 내 능력으로 썼다 할 수 없다.

"씨올 뒤에는 하나님이 계십니다!" 이 말씀은 선생님이 이 땅에 남기신 마지막 유언이라고 생각한다. 생각하면 할수록 이처럼 깊은 의미를 주는 말씀은 없다는 생각이 든다.

마침내 선생님은 서울대병원 12층 108호실에서 1989년 2월 4일 88세(날수 32,105일)를 일기로 서거하셨다.

함 선생은 어떤 분인가?

『내가 본 함석헌』이라는 말은 여러 사람이 이미 글을 쓰고 책이 나왔다. 마치 예수의 제자들이 예수를 각자의 입장에서 본 바를 쓰듯이, 여러 각도에서 『내가 본 함석헌』을 쓸 수 있다고 생각한다. 거기에 나도 참가하는 뜻으로 몇 마디 덧붙이고자 한다.

내가 보기에 함 선생님은 아주 서민적인 분이라고 생각한다. 일체의 권위주의라고는 찾아볼 수가 없다. 무엇을 이래라, 저래라 시키는 일이 없다. 우리는 선생님의 어떤 지시가 있지 않을까 기다렸으나, 어떤 지시도 주시는 일이 없었다. 선생님은 우리가 스스로 생각해서 일하기를 기다리신 것 같다. 우리는 사무실에 선생님이 나와 앉으실 자리를 만들어 드려야 하지 않을까 해서 말씀드렸더니, 그럴 필요 없다 하시고, '나는 그저 조그만 책상 하나만 있었으면 좋겠다.' 하시는 것이다.

다음으로, 간략하게 두서너 가지로 내가 본 선생님을 말씀드린다면,

1) 선생님은 무슨 '주의'라는 말을 배격하셨지만, 두 가지 주의만은 강조하셨다. 그것은 정신주의와 평화주의다. 선생님은 정신주의자인 동시에 평화주의자라고 나는 생각한다. 여기에 나는 '절대'라는 말을 붙여야 한다고 생각한다. 함 선생님은 절대 정신주의와 절대 평화주의자라 할 수 있다.

우리의 오천 년 역사에서 '정신'을 이처럼 강조한 이는 함 선생님이 유일무이하다고 생각된다. 선생님의 '살림살이'라는 글에 보면, 12가지 살림살이 중에 제 일번이 '하늘을 우러러보자.' 는 말씀이 있다. 거기 첫머리에 "우리의 할 일이 무엇인가? 얼 힘(精神力)을 키우는 데

있다." 선언하신 일을 보면 더욱 분명해진다.(전집 2권)

함 선생에게 있어서 정신주의란 물질을 완전히 배제하자는 것이 아니라고 본다. '먹고 입음을 간단히 하자'는 말에서 보듯이, 물질적인 것은 최소화하고 자연에 순응하면서, 모든 일은 정신에 집중해야 한다는 것이다. 선생님은 일찍이 타골의 시를 말씀하시면서 '문명인은 제가 만든 기계의 종이 된 죄수다.' 하시고, 에드워드 카펜터의 말을 인용하시며, '문명은 병이다. 역사상의 문명도 제 속에서 난 원인 때문에 망하지 않는 문명이 없다…. 그 원인은 문명으로 인해 정신이 약해지는 데 있다.' 지적하셨다. (『들사람 얼』/『인간혁명』)

오늘 우리는 '문명으로 인해 정신이 약해졌다'는 말씀을 주목할 필요가 있다. 보통 생각으로 하면 물질문명으로 인해 인간이 얼마나 편리하고 평안하게 살고 있는가? 하겠지만, 아니다. 조금만 깊이 생각해본다면 문명으로 인해 자연이 얼마나 많이 파괴되었으며, 더욱이 오늘에 와서 볼 때, 문명으로 말미암아 인간의 정신세계는 초토화되었다고도 볼 수 있다. 기가 막힐 일이다.

1989년 2월 4일, 선생님이 돌아가셨을 때, 어떤 이가 '한국이 텅 빈 것을 느낀다.'고 말했다. 부족하기 짝이 없는 나 같은 사람의 눈에도 함석헌은 한국의 마지막 인물처럼 보인다. 지금 어디 가서 인물을 볼 수 있는가? 인물을 볼 수 없는 것도 문제지만, 인물이 날 수 없는 환경이 더 큰 문제 같다.

오늘날 물질문명, 과학 문명이 극에 달한 발달을 보고 선생님은 뭐라고 하실까? 두 말할 것도 없이, '망하는 것은 불을 보듯 빠르다' 하실 것 같다. 그러므로 이제는 일대 정신혁명을 일으키지 않고는 인류의 장래는 없다 하실 것이 분명하다. 선생님은 인간이 두 발로 일어섰다는 의미가, 단순이 손을 써서 인간이 잘먹고 잘살기 위한 것이 아니라고 말한다. 오직 인간만이 이 지구상에서 머리를 하늘로 두었다는, 이 의미가 보통 큰 것이 아니라고 역설한다. 인간존재의 목적은 머리에 있고 정신에 있기때문에, 정신력을 키우지 않으면, 안 되다는 것이다.

2) 선생님은 정신의 일을 이 땅에 실천하는 데 있어서 첫째로 평화를 꼽는다. 평화도 그냥 평화가 아니다. 비폭력평화다. 절대 비폭력평화를 몸으로 실천해 보이려고 노심초사하셨다고 본다. 한국의 민주화 운동 과정에서 함 선생의 비폭력평화 운동이 문제되었던 때가 있었다. 거대한 국가 폭력 앞에서 약자의 폭력은 폭력이 아니라는 주장이 있었다. 그러나 선생님은 절대 비폭력 입장에서 한 치의 흔들림도 없었다. 바늘 하나라도 들어서는 안 된다는 마하트마 간디의 입장 이상을 선생님도 가지고 계셨다. 이 비폭력 평화운동은 씨올사상과 정신운동의 핵심이라 할 수 있다.

3) 또 하나 주목할 일은 "같이 살기운동"이다. 이것은 70년대 박 정권의 새마을운동을 반대하기 위해 나온 것처럼 생각하는 사람이 있지만, 모르는 소리다. 선생님은 새마을운동이 나오기 훨씬 전, 50년대 '천안 씨올농장'이나 '안반덕 씨올농장'을 통해서 이미 '같이 살기 운동'을 시작 하셨다는 것을 잊어서는 안 된다. 이 '같이 살기 운동'은 전체가 곧 하나라는 씨올정신의 실천운동이라 할 수 있다. 이 운동은 민족주의와 국가주의를 초월하고, 인류 공동의 살길을 제시하는 함석헌 씨올운동의 주제가 된다고 본다.

선생님은 1964년 1월 26일자 조선일보에 아버지가 생활고에 못 이겨 삼 남매를 독살하고 자기도 목을 매 숨진 사건을 보시고, 큰 충격을 받아 "삼천만 앞에 또 한 번 부르짖는 말씀"이라는 제목으로 28일부터 네 차례 조선일보에 글을 내신 일이 있다. 그때 '같이 살기'라는 말이 처음 나왔다고 하신다. 선생님은 1972년 《씨올의소리》 창간 2주년 기념호에 "같이 살기운동을 일으키자." 는 제목으로 글을 발표하셨다. 선생님은 '내가 같이 살기운동을 부르짖는 이유' 네 가지를 선언하셨다. 한 말씀 한 말씀이 다 중요하지만 "시들고 숨 막혀 죽게 된 정신을 살려내기"라는 말씀에 더욱 주목해야 한다고 본다.

> 첫째는 지금 우리를 못살게 구는 안과 밖의 정치세력의 악이 끝 장에 올라서 지금까지와 마찬가지방법으로는 도저히 당해 낼 수 없어졌기 때문이다.
> 둘째로 우리가 이 운동을 일으키는 이유는 민족의 성격을 바로잡기 위해서다.
> 셋째 이유는 지금 '시들고 숨 막혀 거의 죽게 된 정신'을 살려내기 위해서다. 마지막으로, 우리가 이 운동을 부르짖는 것은 이것이 우리만이 아니라, 세계전체의 구원의 길임을 확신하기 때문이다. (전집 14)

선생님은 70세에 월간 《씨올의소리》를 창간하시고 그 《씨올의소리》를 통하여 자신의 인생의 동그라미를 마주 그리셨다고 나는 생각한다. 안병무 박사는 함 선생님을 평하기를 "함 선생님은 팔레스타인에서 예수에게 세례를 받고 인도에서 간디의 지팡이를 짚고 한국에 와서 살고있는 이"라 하신 적이 있다. 나는 거기에 조금 더 보태어서 "함 선생님은 팔레스타인에서 예수에게 세례를 받고 인도에서 간디의 지팡이를 짚고, 중국에 들려 공맹(孔孟)과 노장(老莊)을 만나고, 한국에 와서 살고있는 이"라고 말하고 싶다.

내가 보기에는 선생님은 유영모(柳永模) 선생과 우찌무라(內村監三)의 영향을 받았다는 말이 있지만, 선생님은 유 선생이나 우찌무라에 머물러 계시는 분이 아니다. 공자 맹자 노자 장자를 많이 탐구하시고 그분들을 존경하시지만, 선생님은 그분들을 넘어섰다고 생각한다. 마하트마 간디를 높이 평가하시지만, 간디도 능히 소화해 내셨다고 나는 본다. 선생님은 불교의 진리도 꿰뚫어 보셨고, 천주교 기독교까지도 넘어서신 분이라고 생각된다. 다만 예수를 넘어섰다고 할 수는 없을 것 같다. 선생님은 "예수야 말로 씨올이다." 하신 일이 있다. 선생님은 '씨올의 참모습'을 우리에게 보여 주신 분이라고 나는 생각한다.

박옥(璞玉)과 바통 이야기

끝으로 나는 두 가지 말씀을 더 드리고 싶다. 선생님은 '박옥(璞玉)'이라는 말씀과 '바통'이라는 말씀이다.

한비자(韓非子)에 이런 말이 있다.

초(楚)나라 사람으로 화씨(和氏)는 초산에 들어가 박옥(璞玉)을 캐서 여왕(厲王)에게 바쳤다. 여왕이 옥 다루는 사람을 시켜 조사해보니 "돌이다!"해서 화씨의 왼발을 잘랐다. 여왕이 죽고 무왕(武王)이 들어서자 화씨는 박옥을 바쳤다. 옥 다루는 사람이 조사하니 "돌이다!" 했다. 다시 화씨는 오른발이 잘린다. 무왕이 죽고 문왕(文王)이 위에 오른다.

화씨는 다시 박옥을 안고 초산(楚山) 밑에 가서 통곡, 밤낮 사흘을 울었다. 문왕이 듣고 물으니, 화씨는 "내 발이 잘렸다고 우는 것이 아니다. 옥을 돌이라 하고, 곧은 사내를 거짓말쟁이라 하니 슬퍼서 운다." 했다. 문왕이 옥 다루는 사람을 시켜 조사해보니, "정말 옥이다!" 그래서 이것을 "화씨의 구슬"이라 했다.

나는 이 말씀을 선생님께 들은 바 있다. 내가 여기서 말하고 싶은 것은 선생님은 현재 한국사회에서 박옥처럼 보인다. 남겨주신 저작전집 30여 권은 현재는 '박옥'이라 생각한다. 겉으로 보면 돌이어서 사람들이 옥인 줄 모르듯이, 선생님이 남겨주신 글이 얼마나 옥같이 귀한 보물인지 현재는 모르고 있지만, 반드시 빛나는 옥같이 드러날 때가 오리라고 나는 확신한다.

다음은 바통문제다.

1976년 3월 28일 그날이 주일, 선생님의 주일 성서모임에 나도 참석했다. 나는 선생님의 말씀을 녹음했다. 녹음을 풀면서 선생님의 말씀이 보통 말씀이 아니라고 느꼈다. 나는 이 말씀의 제목을 "누가 이 바통을 받을 것인가?"라고 제목을 붙이고 선생님의 교정을 위해 드렸다. 선생님은 교정을 보시고 내가 붙인 제목에 '참'자 한 자를 더 붙이셨다. "누가 이 참의바통을 받을 것인가?" 나는 선생님의 제목에 또 한 번 놀랐다. '참'이란 말 자체에도 놀랐지만, 그 '참의 바통'을 받아들고 계신다는 확신에 더욱 놀랐다. 선생님의 말씀을 보자.

> 나는 이제 죽을 날이 가까웠기 때문에 요새는 그 생각만 한다. 바통 아무래도 넘겨줘야 하잖아? 한 바퀴를 다 달리고 마지막이 가까워지면 저 사람이 보기 쉽게 바통을 내 들어야 한다. 나도 변변치 않은 거지만 바통이 이건 줄 분명히 볼까하고 지금 이 말을 한다. 이제 뛰는 사람이 내 들어서 이럭 해야 하지. 저 사람에게 암만 줘도 못 받으면 소용없잖아? 그러니까 뛰기는 실컷 뛰었다가도 바통 넘겨주지 못하면 소용없고, 저 사람도 아무리 뛴다 해도 바통 받아 쥐지 않고 뛰면 소용없다….
> 그러면 이다음에 내가 죽으면서도 그 바통이 있지 않나? 다른 것 몰라도 이것만은 네가 받아라. 자신 있게 줄 수 있지 않아요? 지금 내 마음에도 조금 분명해 지니까 자주 이러는 거야요…. 나는 이거 흔들었으니, 생각 있는 사람 바짝 붙잡아요! (《씨올의소리》 1976년 4월호)

나는 이 말씀을 4월호 톱으로 실었다. 이 말씀이 세상에 나간 후 충청도에서 어떤 청년이 올라와서 함 선생님을 만났다. 나중에 안 일이지만 그 청년이 올라온 목적은 바통을 받으러 온 것이다. 그 청년은 선생님이 바통을 여러 개 갖고 계신 줄 알았던 것 같다.

오늘 우리는 과연 선생님의 바통을 받았는가? 받다가 떨어뜨리지 않았는가? 선생님은 우리의 이런 모습을 미리 짐작을 하셨는지, 이런 말씀도 남기셨다.

> "너희가 바통을 받다가 떨어뜨렸다면 너희 주변에 어디 있지. 멀리 가지 않았을 것이다. 그러니 반드시 바통을 찾아가지고 뛰어야지. 그냥 뛰면 소용없잖아?"

위의 말씀은 어디에도 기록되어 있지는 않다. 이것은 여시아문(如是我聞)이라 할 수도 있을 것이다.

함 선생님은 1976년 1월호 《씨올의소리》에 "우리가 내세우는 것"이란 제목으로 《씨올의소리》에 4가지, 씨올에게 4가지, 모두 8가지 실천방안을 남겨주셨다. 나는 처음에는 이 말씀에 대하여 깊이 생각하지 못했다. 그러나 최근 나는 "선생님이 너희 주변 어디에 바통이 떨어져 있을 것이라는 말씀"이 불연 듯 생각이 나면서, '선생님의 바통이 바로 이것이다'하는 생각을 하게 되었다. 그래서 이것만 철저히 지켜나간다 해도, 선생님의 바통은 어느 정도 이어질 수 있다고 생각한다. '우리가 내세우는 것' 8가지를 다시 한번 읽고 마치고자 한다.

(1) 《씨올의소리》는 순수하게 '씨올' 자신의 힘으로 하는 자기 교육의 기구입니다.

(2) '씨올'은 하나의 세계를 믿고 그 실현을 위해 세계의 모든 씨올과 손을 잡기를 바랍니다.
(3) 《씨올의소리》는 어떤 종교, 종파에도 속해 있지 않습니다.
(4) 《씨올의소리》는 어떤 정치세력과도 관계가 없습니다.
(5) '씨올'은 어떤 형태의 권력숭배도 반대합니다.
(6) '씨올'은 스스로가 역사의 주체인 것을 믿고, 그 자람과 활동을 방해하는 모든 악과 싸우는 것을 제 사명으로 압니다.
(7) 《씨올의소리》는 같이 살기운동을 펴나가려고 힘씁니다.
(8) '씨올'은 비폭력을 그 사상과 행동의 원리로 삼습니다.

쌍문동 함 선생님 자택에서 김영호 박사와 함께

함석헌 선생과 군인정치 30년
 - 정치권력의 탄압과 저항의 역사

정치와 싸움의 시작

함석헌 선생을 가리켜 사람들은 보통 '종교인'이라고 말한다. 그것은 선생이 글을 쓰고 강연을 하는 중에 유교 불교 기독교 등을 넘나들면서, 경전의 말씀을 많이 하신 까닭이 크다. 선생을 아는 이들은 기독교인이라 말하지만, 불교 쪽에서 보면 불교인 같고, 유교 쪽에서 보면 유교인 같은 면을 보이기도 한다.

그렇지만 선생은 종교 경전에 대한 말씀만이 아니라, 한국 정치에 대한 발언도 어떤 정치인보다도 많이 했다. 그렇다고 선생을 정치인이라 하는 사람은 없다. 그는 정치적 발언을 많이 했지만 어떤 정치 권력에 가담한다든가, 정치적 욕심을 채우려는 일은 추호도 찾아볼 수 없기 때문이다. 오히려 잘못된 정치에 대해 그 잘못을 지적하고 그것을 고치기 위해 누구보다도 많은 저항을 하다가 고난을 받은 사람이다.

그래서 선생에게는 저항이란 말도 좋지만, 저항보다는 '정치와 싸움'이란 말이 더 어울릴지도 모른다. 그 '싸움'이란 말에 오해가 있어서는 안 된다. 함석헌의 싸움이란 어떤 무기를 든다든지 폭력적인 싸움이 결코 아니다. 선생에게 있어서의 싸움은 철저한 비폭력을 뜻한다. 비폭력은 선생의 말대로 "이미 이겨놓고 싸우는 싸움"이다. 어떤 형태의 무기나 심지어는 바늘 하나라도 들어서는 안 된다는, 마하트마 간디의 입장을 선생은 고수한다.

함석헌 선생은 그의 88년의 생애에서 거의 70여 년이 반일(反日)

반독재(反獨裁)투쟁의 삶이었다. 1901년 선생이 탄생하였을 때는 구한말(舊韓末)이었다. 그때는 이미 나라가 일본에 먹히고 있던 때였다. 1909년 할빈역에서 우리의 안중근 의사가 초대 통감 이토 히로부미(伊藤博文)를 저격하는 등 민족적 저항이 없지 않았지만, 때는 이미 늦었다. 이어서 1910년 일제의 강압으로 한일합병조약으로 나라가 망했기 때문이다. 그때 선생은 9살이었다.

선생은 12세 때 친구 5명과 함께 일심단(一心團)이라는 것을 만들어서 안중근을 흉내 내기도 했다. 비록 어린 나이지만 일제에 대한 강한 거부감의 한 모습이기도 했다.

선생이 적극적으로 반일운동에 나선 것은 1919년 3·1운동이었다. 당시 선생은 만 18세, 평고(平高) 2학년 학생이었다. 그때 이미 선생은 복잡한 태극기를 정확하게 그릴 줄 알았다. 물론 숙부 함일형이나 사촌 형 함석규 목사의 영향이 있었지만, 선생 스스로 도 주체적이고 자발적이었다는 것이 드러난다. 운동이 끝난 다음 '반성문'을 써야 학교로 돌아갈 수 있다는 말을 단연 거부하고, 민족지도자 이승훈이 설립한 오산학교로 옮긴다. 이 일은 선생이 평고를 통한 안정적인 의사의 길에서 돌이켜, 고난받는 민족에 동참하고 저항하는 일대 전환의 일이었다.

그 후 선생은 일본 유학을 하면서 우찌무라(內村鑑三)을 만나고 김교신을 만나 영향을 받고 《성서조선》(聖書朝鮮)이라는 잡지발행에 참여하게 되지만, 고난받고 압제 받는 조선을 잊은 적은 없다. '조선을 성서 위에'라는 목표는 얼른 보면 기독교 전도처럼 보이지만, 아니었다. 성서를 통해 잠들어 있는 조선을 흔들어 깨우는 일이 더 큰 목적이었다.

1928년 귀국하여 오산학교에서 10년간 교사를 한 다음 스스로 사직한다. 더 좋은 무슨 직장이 생겨서 그만둔 것이 아니다. 조선어 사용 불허, 창씨개명, 신사참배 등의 강요에 대한 저항이었다. 그리고 스스로 농사꾼의 길을 택한다.

선생은 오산에 재직시절《성서조선》지에 저 유명한 『성서적 입장에서 본 조선역사』를 집필한다. (1934-35년) 이 책은 친구 김교신도 감동하여 잠을 설칠 정도로, 조선의 역사를 이처럼 깊이 있게 다룬 책이 없다. (이 책은 후에 『뜻으로 본 한국역사』로 전 국민적 사랑을 받았다.)

《성서조선》동인. 윗줄 양인성, 함석헌
아랫줄 유석동, 정상훈, 김교신 송두용(1927년 2월)

결국, 선생은 일제의 요주의 인물로 지목받으면서 사건이 날 때마다 배후인물로 잡혀갔다. 1940년 8월 평양 대동경찰서에서 1년, 42년 5월 서대문형무소에서 1년, 도합 2년여의 옥살이를 한다. 그 후에도 여러 차례 이런저런 이유로 끌려가는 것이 다반사였다. 일제가 말한

대로 "이놈들은 당장이 문제가 아니라, 500년 앞을 내다보는 놈들"이 기에 '가장 악질'이란 평을 받았던 것이다. (함석헌 연구 1권 p.189)

4·19혁명에 결정적인 영향

1945년 해방의 기쁨이 잠깐 왔지만, 한국은 '북빙양의 흰곰과 럭키산의 독수리'의 미끼로 찢어져 두 동강이 나는 아픔이 왔다. 임시정부 자치위원회 문교부장이 된 선생은 소련군에 끌려가 50일 옥살이를 하면서 죽을 고비를 간신히 넘긴다. 1947년 선생은 북한 땅에서 더 이상 생명을 유지할 수 없다는 친구들의 권유로 월남을 결행한다. 월남한 지 3년 만에 6·25 한국전쟁을 만나 두 번씩이나 피난 생활을 경험한다. 전쟁 중 이승만 정권의 부도덕성을 보기 시작했으나, 조그마한 개인 집회로 만족하고, 종교적 내면세계를 추구하면서 한동안을 지낸다.

선생이 공적으로 세상을 향해 글을 쓰기 시작한 것은 1956년 1월 월간 《사상계》에 '한국기독교는 무엇을 하고 있는가?'라는 글이 처음이다. 그때만 하더라도 선생은 무명인사에 불과했다. 그러나 선생이 혜성처럼 세상에 등장하게 된 일은 《사상계》에서 윤형중 신부와 지상 논전을 하면서부터였다. 싸움의 시작은 함 선생의 1957년 3월호 《사상계》에 '할 말이 있다.'라는 글을 발표했는데, 윤 신부는 그것을 보고 '함석헌 씨에게 할 말이 있다.' → '윤형중 신부에게는 할 말이 없다.' → '함석헌 씨의 답변에 답변한다.'로 이어지면서 윤 신부도 윤 신부지만, 도대체 함석헌이라는 이는 어떤 인물인가? 하는 것이 당시 민중의 최대 관심사가 되었다.

선생의 글은 지금까지 보던 한문 투성이 글이 아니다. 한글만 깨치면 누구나 읽을 수 있는 순수 한글이었다. 한글로만 글을 쓴다는 것은 당시로는 혁명적 일이다. 선생의 감동적 필치와 마치 폭포수처럼 쏟아지는 글로 말미암아 《사상계》가 몇만 부가 더 팔렸다 하고, 십 년 묵은 체증이 떨어졌다는 사람까지 나왔지만, 그보다 더 중요한 것은 함 선생의 글로 말미암아 잠자던 한국 민중이 깨어났다는 사실이다. 그동안은 불의한 현실을 보고도 말 한마디 못하고, 그저 죽어지내기만 했던 씨올이 자기 목소리를 내고, 소리치기도 하고, 데모에 나서게 되었다는 사실은, 일찍이 보지 못하던 일이었다. 이런 일은 선생의 독보적이라 할 수도 있지만, 《사상계》라는 잡지가 아니면 이룰 수 없는 일이었다. 그리고 지금의 신문은 '광고지' 수준지만, 당시 신문은 달랐다.

이어서 1958년 8월호 《사상계》에 '생각하는 백성이라야 산다.'는 글이 나가자, 큰 파동을 쳤다. 이승만 정권은 아직 통과되지도 않은 국가보안법을 적용해 선생을 체포 구금 한다. 그러나 이 일은 오히려 선생을 재야의 큰 인물로 우뚝 서게 하는 계기가 되었다.

그 후부터 열화 같은 독자들의 요구에 의해 선생의 글은 《사상계》에 빠지는 일이 없었다.

'생각하는 백성이라야 산다를 풀어 밝힌다.'(1958년 10월호)를 시작으로 하여, 1959년 1월호부터 선생의 자서전이 《사상계》에 실린다. 이름은 자서전이지만 보통 자서전이 아니다. '겨울이 만일 온다면' 하는 제목이지만 첫머리는 '반항 정신'이란 말로 시작한다. "겨울이 만일 온다면 봄이 어찌 멀었으리요." 하는 쉘리(Shelley)의 말을 인용하면서, "내가 그를 좋아하는 것은 다만 그의 불타는 반항 정신 때문이다." 하면서, 다음과 같은 말도 덧붙인다.

"나는 영어를 모르지만 그 중에 resist란 말처럼 좋은 말은 없다. resist, revolt, protest, 다 좋은 말이다. 만일 resist라는 말이 없다면 나는 영어를 아니 배울 것이다."

반항이니 저항이니 하는 말에 대하여, 선생의 이처럼 독특하고 역설적인 필법은 청년대학생이나 젊은이들을 그냥 놔두지 않았다. 필자 같은 사람도 선생의 글을 읽고 집회마다 달려갔으니 말이다.

'물 아래서 올라와서'(2월호)→'나라는 망하고'(3월호)→'죽을 때까지 이 걸음으로'(4월호)→'백두산 호랑이'(5월호)→'남강, 도산, 조만식'(6월호)→'이단자가 되기까지'(7월호)→' 때는 다가오고 있다'(새벽 8월호)→'한 배움'(사상계 10월호)→ '들사람 얼'(새벽 11월호)→'삼팔선을 넘나들어'(사상계 11월호)→'씨알의 설움'(12월호 사상계)에 이르기까지,

59년 한 해 동안 말하자면, 4·19혁명이 일어나기 바로 직전까지, 선생의 절규와 울음은 계속되었다. 선생은 자서전의 글을 마치면서 이렇게 외친다.

서풍아 불어라! 사나운 서풍아, 이번 대서양이 아니고 태평양의 수평이 깨져 네 오는 길을 연다. 쉘리야, 살아나라! 살아나서 새로운 서풍 노래를 불러라!
오, 사나운 서풍이여, 이 말라버린 강산에 불어라! 불어서 저 염병 맞은 잎새들을 날리고, 이 씨알 들을 날려 그 겨울 심장으로 보내라! 거기서 우리가 소리 없이 울며 봄이 올 때까지, 시체처럼 기다리리라. 서풍아, 너야말로 씨알의 글월이로다.

《사상계》지의 '죽을 때까지 이 걸음으로', '백두산 호랑이', '남강, 도산, 조만식', '한 배움' 등의 글도 놀랍지만, '새벽'지의 '들사람 얼(野

人精神)'이나 특별히 '때는 다가오고 있다'의 글은 더 놀랍고도 충격적인 말씀들이 가득하다.

> 내게 자유를 다오! 나를 사람으로 대접해주고 내 알 것을 남김없이 알게 하고, 내 할 것은 꺼림 없이 하게 해 다오. 그러기 전까지는 나는 울기를 그치지 않을 것이다….
> 무엇으로 이 맥 빠진 민중을 깨울까? 때로써 알려주어야 한다. '밤이 깊고 낮이 가까웠으니' '자다가 마땅히 깰 것'을 알려주어야 한다. 민중은 잠이 잘 드는 무리이다. 그러나 민중은 죽는 법은 없다. 때로써 그 마음을 때리면 깬다. 민중이 깨면 무섭다…. 모든 권력엔 끝이 있고 정의의 법칙을 믿는 믿음엔 끝이 없다. 믿음으로 이긴다. 때는 다가오고 있다.

30년 군인정치와의 싸움

마침내 자유당 정권의 3·15 부정선거는 만천하에 들어났고, 학생과 민중이 일어나 4·19혁명은 성공되었다. 4·19는 사천 년 한국역사에서 민중이 정치 권력을 물리치고 성공한 최초의 사건이었다. 그러나 새로 들어선 민주당 정부는 8개월 만에, 5·16 군사 쿠데타를 맞고 말았다. 아무리 혁명 공약을 제시하고 이유 있는 혁명이라 우기더라도, 이런 불법과 불행은 없다. 전방을 지키던 군인이 이탈하여 총칼을 국민에게로 돌렸다는 것도 문제지만, 더 큰 문제는 역사적 4·19혁명에 대한 반혁명이기 때문이다.

5·16쿠데타가 일어나자, 아무도 한마디 말도 못 하고, 무서워 도망가기 바쁘고 숨죽이고 떨고만 있을 때, 나타난 한 사람은 역시 함석헌 선생이었다.

5·16이 일어난 지 2개월이 채 되지도 않았을 때였다. 선생은 《사상

계》 7월호에 "5·16을 어떻게 볼까?"라는 글을 발표한다. 이글은 5·16에 대한 최초 비판이다. 그동안 5·16의 찬사만 쏟아지고 있을 때, 감히 어느 누가 총칼 앞에 입도 뻥끗 못 하던 때, 선생은 당당히 말한다.

> 학생이 잎이라면 군인은 꽃이다. 5월은 꽃 달 아닌가? 5·16은 꽃 한번 핀 것이다. 꽃은 찬란하기가 잎의 유가 아니다. 저번은 목청으로 외쳤지만, 이번은 총칼과 군악대로 행진했고 탱크로 행진했다. 그러나 잎은 영원히 남아야 하는것이지만, 꽃은 활짝 피었다가는 깨끗이 뚝 떨어져야 한다. 화락능성실(花落能成實)이다. 꽃은 떨어져야 열매를 맺는다. 5·16은 빨리 그 사명을 다하고 잊혀져 야 한다. (전집 17 p.131)

누가 읽어도 이 글을 틀렸다고 말할 사람이 있겠는가? 선생은 글 마지막에 "3년 전 이 밤엔 잠 못 자고 한 생각 말했더니 '나라 없는 백성이라' 했다고 이 나라가 나를 스무날 참선을 시켰지. 이번엔 또 무슨 선물 받을까?" 하는 말은 선생의 결사 각오가 엿보인다. 역시 5·16 주체세력들은 이 글이 나오자마자 장준하 사장을 정보부로 불러들여 문초한 사람은 천하의 2인 자 김종필이었다.

> "정신분열자 같은 영감쟁이의 이따위 글을 도대체 어떤 저의로 갖다가 실었소? 성스런 혁명과업수행 과정에서 당신은 우리 군사혁명을 모독하는 거 아니오?" (《씨올의소리》 1972년 1월호 "사상계 수난사" p.40)

당시 세상을 거머쥔 기분에 그런 말이 자기도 모르게 나왔는지 모르나, 누가 보든지 함 선생의 이글을 '정신분열자 같은 영감쟁이 이따위 글'이라고 보는 사람이 있을까? 있다면 그 사람이 바로 정신분열자일 것이다. 함 선생의 글은 논리정연하다. "4·19는 잎이요, 5·16은 꽃"

이라는 표현은 진리요 천리의 표현이다. 어째서 '혁명 모독'인가? 5·16을 꽃으로 표현한 것은 자연의 이치를 말한 것인데, 그것을 모독이라 말하는 것은 그들의 속셈을 스스로 드러낸 것이다.

필자가 보기에도 선생의 이 글은 5·16을 완전히 부정하는 글만이 아니었다. 5·16을 꽃으로 비유했다는 것은 오히려 그들이 제시한 혁명 공약 제6항을 그대로 실천하라는 말이기도 하다.

> 이와 같은 우리의 과업이 성취되면, 참신하고도 양심적인 정치인들에게 언제든지 정권을 이양하고 우리들 본연의 임무에 복귀할 준비를 갖춘다.

물론 "이와 같은 우리의 과업이 성취되면" 하는 가정법을 썼기 때문에, 그것이 언제 이루어질지 이현령비현령이기는 하지만, 선생은 그들이 공약대로 지키기만 한다면, 꽃처럼 활짝 피었다가 뚝 떨어지기만 한다면, 그야말로 아름다운 결실이 아닌가? 그러나 5·16은 그것을 못 하고 말았다.

이런 때 선생은 미국무성 초청으로 해외 방문길에 오른다. 미국 영국 독일을 여행하는 중 군사정부가 민정 이양을 입으로만 한다는 소식에 접하고 급거 귀국한다.

귀국하자마자 당시 조선일보에 "삼천만 앞에 울음으로 부르짖는다." 는 글을 6일 동안 연재한다. 박정희 님에게→정치인들에게→지식인들에게→군인들에게→학생들에게→민중에게

특히 박정희 님에게 하는 말이 놀랍다.

"박정희 님, 내가 당신을 국가재건 최고회의 의장이라고도, 육군대장이라고도 부르지 않는 것을 용서하십시오." 하는 말로 시작해서 "박정희 님,

당신이 정말 나라를 사랑한다면 이제 남은 오직 하나의 길은 혁명공약을 깨끗이 지킬 태세를 민중 앞에 보여주는 일입니다. 그다음 일은 당신이 걱정하지 마십시오."

1963년 7월 22일 오전 9시 반, 《사상계》 주최 함석헌 선생 귀국강연회가 시민회관(현 세종문화회관)에서 열렸다. 장준하 사장의 사회로 시작한 동 강연회는 입장한 사람보다 입장 못 한 4천여 명의 청중을 해산하기 위하여, 기마경찰대까지 동원했으나 청중은 돌아가지 않았다. "장외스피커를 설치하라!" 는 아우성이었으나 주최 측은 장외집회가 되기 때문에 불가능하다 하고 해산을 권유했다. 그래도 청중이 헤어지지 않자, 선생은 강연을 잠시 중단하고 베란다에 나와 1주 내 강연하기로 약속한다.

"군사정부가 부정부패를 제거하고 국민을 잘살도록 노력하는 성의는 놀라우나, 민중 전체가 군정을 원치 않는다. 비록 군복을 벗는다 해도 그것

은 실질적으로 군정 연장에 불과하다."(동아일보)

등 군부정권에 대한 직격탄을 날리고 이처럼 맹공을 퍼부은 사람은 없다.

이때부터 선생의 군사정권과 싸움은 본격적으로 시작된다. 이 싸움은 군사정부를 대표하는 박정희와 민중을 대표하는 함석헌과 싸움으로 요약된다. 박정희 뒤에는 총 칼이 있고 그의 지휘하에 있는 군과 경찰이 있는지 모르나, 함석헌 뒤에는 아무것도 없는 홀홀단신 같으나 아니었다. 선생의 뒤에는 그를 지지하는 이름 모를 수많은 청년대학생과 민중이 있었고, 그의 강연을 들으려는 구름 같은 씨올들이 있었다. 함 선생을 잡아넣고 싶어도 민중이 무서워 못한 것이다.

그러나 곳곳에서 선생의 집회 방해가 일어났다. 직접 선생을 막지는 못하고 연약한 민중들에게 압력을 가한 것이다. 선생도 가만있지 않았다. "왜 말을 못 하게 하고 못 듣게 하나?"는 제목으로 '정부 당국에 들이대는 말'을 동아일보에 썼다. (1963년 8월 16일) 그때까지는 동아 조선이 선생의 글을 실어주었다. 그러나 시간이 가면 갈수록 선생의 운신 폭은 좁아만 갔다. 그러나 《사상계》만은 선생의 글을 외면하지 않았다.

꿈틀거리는 백성이라야 산다 (1963년 8월호) 한일회담을 집어치워라(63년 10월호)→한 발걸음 바로 앞에서(63년 10월 14일자 동아일보: 제5대 대통령 선거 일 바로 전날 국민의 힘으로 군정을 종식하자는 글)→ 매국외교를 반대한다(64년 4월호 사상계)→우리는 알았다! (64년 9월호)→비폭력혁명(65년 1월호)→ 세 번째 국민에게 부르짖는 말(65년 5월호)→ 한국은 어디로 가는가? (65년 7월호)→싸움은 이제부터(65년 10월호)→레지스탕스(66년 3월호)→언론의 게릴라전을 제창한다(67년 1월호)→저항의 철학(67년 2월호)→뜻으로 본 한국의 오늘(67년 7월호)→혁명의 철학(68년 4월호)→ 5·16혁명 공약의 행방(68년 5월호)까지

무려 5년 간을 한결같이, 군인정치와 얼마나 치열하게 싸웠나 하는 것을 알 수 있다. 어느 글도 군인 정치를 겨누지 않은 것이 없다. 글로만이 아니고 강연으로, 성명으로, 단식으로, 기도회로, 행진으로, 데모대의 선두에 서서 싸웠다. 그러자니 연금, 미행, 연행, 거리 봉쇄 등 수를 헤아릴 수 없을 정도였다. 그러나 선생은 어떤 경우에도 한 점 흐트러짐이 없었다.

이런 과정에서 《사상계》에서도 점점 선생의 글을 보지 못하게 되었고, 장준하 사장은 견디다 못해 《사상계》를 포기하고 제7대 국회의원에 진출한다. (장 선생의 국회 진출은 함 선생의 전적인 도움으로 이루었다는 사실은 이미 밝힌 바 있다)

함 선생은 제6대 대통령 선거에서도 군정 종식을 위해 적극 지원 유세를 펼쳤으나, 윤보선 후보는 다시 실패된다. 이어서 군부 세력의 삼선개헌 소리가 나오는 등 영구집권의 저의가 드러나고 있었지만, 어느 잡지나 신문도 선생의 글을 싣기를 두려워하고 있을 때였다.

1970년 4월 19일, 4·19혁명 10주년을 기점으로 하여 개인잡지 월간 《씨ᄋᆞᆯ의소리》를 창간한다. 《씨ᄋᆞᆯ의소리》 창간을 가장 두려워한 곳은 다름 아닌 박 정권이었다. 그것은 창간호를 내고 다음 호를 내자마자 문화공보부장관 이름으로 폐간을 통고한 데서 볼 수 있다. 이유는 등록된 인쇄소가 아닌 다른 인쇄소에서 인쇄했다는 이유였다. 이것은 뒤로 압력을 넣어 인쇄를 못 하게 하고 앞으로 불법이라고 친 것이다. 선생은 13개월의 소송 끝에 대법원에서 승소판결을 받는다.

1971년 8월 15일 해방 26주년을 기해 《씨올의소리》 '복간호'가 발행된다. 이것은 선생의 불의에 대해 물러서지 않고 끝까지 저항하고 싸워 이긴 비폭력적 승리라 할 수 있다. 그러므로 이 앞으로는 《씨올의소리》 발행에 거칠 것이 없을 것처럼 보였다. 그러나 현실은 그렇지 않았다. 내놓고 탄압은 못 했지만 보이지 않는 압력의 손은 끊이지 않았다. 그동안 《씨올의소리》는 군사정부의 눈의 가시로만 보여, 별별 압력과 박해를 견디면서 싸워온 그 이야기를 여기서 다 할 수는 없다. 그러나 1979년 10.26 사태가 일어날 때까지 8년간 《씨올의소리》가 살아있었다는 것은 기적에 가깝다고 해야 한다.

선생이 군인정치와의 싸움에서 최고 정점을 찍을 만한 글은 단연 1971년 10월호(통권 제5호)에 "군인정치 10년을 돌아본다."라는 글이다. 이 책은 4천 부를 발행하고 천여 부를 정기독자에게 보낸 것을 빼고는 3천여 부가 증발해버렸다. 증거는 없지만, 당시 정보부가 몽땅 사갔다는 것이 거의 확실하다. 중정은 왜 그것을 전부 사 갔을까? 군인청치에 잘못에 대해 이처럼 분명하고도 날카롭게 정곡을 찌른 글이 없기 때문이다. 이런 글을 민중이 보는 것을 두려워한 것이다. 그 글의 마지막 구절만 소개하면 이렇다.

> 물러가라! 깨끗이 물러간다던 말 잊었느냐?
> 씨올아, 일어서자! 밤낮 짐승노릇만 하겠느냐?
> 한번 사람답게 죽어보자!

올바른 한국 정치를 위한 싸움

함 선생은 '군인 청치 10년'을 말했지만, 한국정치사에서 군인정치

기간은 30년이라 하는 것이 옳을 것이다. 다른 의견이 있을지 모르나 박정희 18년, 전두환 9년, 노태우 3년으로 정리해 본다.

함 선생의 '군인정치 10년'을 비판한 이후《씨올의소리》탄압은 점점 더 강도가 높아져 갔다. 그러나 그보다도 더 기막힌 일은 박 정권은 삼선개헌도 모자라, 비상계엄령을 선포하고(72년 10월 17일) 국회해산, 헌법 일부 효력정지등을 발표하고, 듣지도 보지도 못한 유신헌법을 만들어, 국민의 선거권 투표권을 박탈하고 선거도 투표도 없는 영구적인 1인 독재체제를 구축해 버렸다.

선생은 기가 막혔다. 다만 한 마디 "내가 그의 끝을 보기 쉽지." 했다. 그 말씀은 그대로 적중했고, 선생은 박 정권 몰락 이후 10년을 더 사셨다. 십 년이 아니라, 오고 오는 세상에 선생의 씨올사상과 정신은 점점 더 살아날 것이고 빛이 날 것이다.

전두환 정권 9년은 암흑 그 자체였다고 해야 한다. 《씨올의소리》를 비롯한 모든 잡지 들을 통폐합하여 단칼에 잘라버리고, 삼청교육대니 무엇이니 하면서 광주사태까지, 상상할 수도 없는 일들을 저질렀다. 곰을 피했더니 더 무서운 사자를 만난 격이었다. 일제가 도산 선생에게 함구령을 내렸듯이, 전 정권은 함 선생의 붓을 꺾고 입을 봉했던 시기였다. 그러나 선생은 기회가 될 때마다 "광주 문제 해결 없이 민족문제 해결 없다." 하며, 전 정권의 만행을 규탄했던 것이다.

마침내 국민운동본부가 결성되고 6·10 평화 대행진 이후, 6·29 항복 선언이 나오게 된다. 그러나 그 후 다시 노태우가 대통령이 되는 기이한 현상이 벌어진다.

노태우는 민주적 선거에 의한 대통령인데, 어찌 군인정치에 들어가느냐 할지 모르나 아니다. 양보 없는 두 김 씨에 의해 노태우는 어부

지리를 얻기는 했지만, 분명 민주적 선거에 의해 대통령이 된 점은 확실하다. 그렇지만 그를 둘러싼 군부세력들의 뿌리가 뽑히는 기간이 적어도 3년은 필요했다고 본다.

 그렇다면, 함 선생은 어떻게 군인정치 30년 동안 그렇게 줄기차게 싸운 까닭이 무엇일까? 그것은 소제목 그대로 '올바른 한국 정치를 위한 싸움'이었다고 볼 수 있다. 그러면 정치가들도 나도 바른 정치를 위해 싸웠다 하겠지만, 함석헌의 싸움과는 근본적으로 목적 자체가 다르다. 정치가들은 '내가 무엇을 얻기 위해' 싸우는 것이지만, 함 선생은 '내가 얻는다.' 는 것이 없다. 오직 옳음을 말하고 참을 실현하는 것이 선생의 목표였기 때문이다.

 함 선생이 정치와 싸우는 목적은 대략 세 가지였다고 보여진다. (1) 선생은 내가 정치와 싸우지만, 더 근본은 '내 죄를 속하기 위한 것'이라 한다. 모든 '근본문제는 내 죄에 있다' 고 선언한다. (전집 17, p.335) (2) 잠자는 민중을 깨우기 위함이다. 민중은 쉽게 잠이 들기 쉽기 때문에 깨우지 않으면 안 된다. (3) 내가 싸우는 것은 '씨을의 자유'를 위해서라고 한다.

> 생명은 싸움입니다. 몸에서는 병과 싸움이요, 정신에서는 악마와 싸움이요, 그리고 생활의 역사에서는 정치와 싸움입니다…. 이 세 가지 싸움 속에 삶이 있고, 그 사는 모습이 자유입니다. (전집 8, p.89)

 선생께 들은 말씀이지만, 마하트마 간디는 이렇게 말한다. "정치가 구렁이처럼 내 몸을 감고 있기 때문에, 나는 이것을 벗겨내기 위해 몸부림칠 수밖에 없다." 함석헌도 그렇게 살았던 것이다.

1965년 8월 15일 함석헌 선생이 국회 앞에서 경찰과 대치하고 있다. 함석헌 선생은 명동 태송빌딩에서 열리는 한일친선에 반대하며 거리시위를 했다.

제2부

함석헌의 씨올정신운동 깊이읽기

씨올정신운동이 세상을 살린다!

세상은 이대로 살아갈 수 있는가?

"씨올정신운동이 세상을 살린다."라는 제목을 보자마자 사람들은 말할 것이다. 이렇게 잘 먹고 잘사는데 무슨 산다, 죽는다, 잠꼬대 같은 소리인가? 옛날에 비한다면 얼마나 부해졌으며 얼마나 편리해졌는가? 4,50년 전 인간의 수명이 60을 넘기기가 어려웠지만, 지금은 평균 수명이 70을 넘기고 있지 않은가? 뭐가 불만인가? 이런 말에 대부분 사람 들은 고개를 끄덕일지 모른다.

그러나 조금만 더 깊이 생각해 본다면 세상이 얼마나 잘못되고 있는지 바로 알게 될 것이다. 옛날보다 잘 먹고 잘사는 것도 사실이고, 인간의 수명이 길어진 것도 사실이다. 그러나 이것은 어느 한 편만 보는 것이고 잘사는 사람들의 착각 속에서 보는 것일 수 있지만, 조금 더 눈을 돌려 전체 세상을 본다면, 옛날과 지금 세상이 얼마나 나빠졌는지 알고도 남을 것이다.

자동차가 땅을 뒤덮고, 비행기는 하늘을 덮고. 배는 바다를 덮고 있지 않은가? 뒤덮고 있는 것이 뭐가 나쁘냐 할지 모르나 그것으로 인해 땅과 하늘과 바다가 얼마나 오염이 되었는지 아는가? 동식물이 멸종되어가는 수가 시간마다 날마다 얼마나 늘어가는가? 사람들은 오솔길이 아스팔트로 변하고 고속도로 바뀐 것이 얼마나 좋으냐 할지 모르지만, 이런 현대 길로 인해 피해 상황은 계산할 수도 없다. 하늘길 바닷길도 문제지만 지상길은 말할 것도 없고, 지하도가 생기고 지하철이 생겨서 얼마나 편리한가 말하지만, 자세히 살펴보면 풀 한 포기 나무한 그루 개미 한 마리 살 수 없는 사로(死路)라는 것을 발견하게 될 것이다. 각종 물길을 끊고 자연 생태계를 죽음의 무덤으로 만든 것이 아닌가? 지하 10, 20, 30 미터 이상 얼마나 많은 돈을 들이고 얼마나 화려하고 번쩍번쩍하는 궁전 같이 만들었는가. 그러나 알고 보면 사람이 사는 동안 편리를 누리고 있기는 하지만, 사람이나 동식물 어느 하나도 살 수 없는 곳이 되어 있는 것이 아닌가?

지금 인간이 잘 먹고 잘살고 수명이 길어졌다 하지만, 수많은 병원에는 환자들로 가득 차 있고, 날마다 시간마다 자동차와 비행기, 배 등등의 사고로 죽고 불구 자가 되어 희망을 잃은 사람들이 얼마인가? 그리고 벌써 징후가 나타나고 있지만, 예상 못 한 폭풍우, 예상 못 한 폭염, 지진으로 인한 그 피해의 크기는 상상할 수도 없다. 지난 주간에 갑작스런 돌풍으로 고목 나무가 쓰러지면서 전기줄이 끊어져 불이 났다는 동해안 경포대 일대를 재 마당으로 만든 화재, 전혀 예상 못 한 일이었다. 앞으로 또 어떤 일이 일어날지 알 수 없다. 날씨는 왜 이렇게 더워지며, 오래 계속되는가?

솔직히 말해서 지구가 오염되고 동식물이 죽어가는데, 누가 오염시키고 누가 동식물을 죽게 만드는가? 문제를 일으키는 존재는 누군가? 인간 아닌가?

나무나 풀이나 각종 동식물은 창조 이후 조금도 변하거나 해를 끼친 일이 없다. 창조 그대로 이어지고 있으나 인간만은 그 반대의 길을 가고있는 것이다.

세상을 이렇게 나쁘게 만든 장본인이라 할까, 가장 큰 원인과 세상을 이렇게 만든 주범을 말한다면 인간 외에는 없다. 인간을 이롭게 하고 편리하게 한다고 하지만, 이것은 잠깐일 뿐 "현대 문명"의 피해는 갈수록 태산임을 느끼게 될 것이다.

옛날부터 오늘에 이르기까지 인간 문명은 끝없이 발달해 왔다. 우리나라 같은 좁은 땅에서도 농촌을 버리고 도시로 몰려들다 보니 올라가는 것은 빌딩뿐이다. 곳곳마다 전에 없던 20층 30층짜리 빌딩은 셀 수 없이 늘어만 간다. 빌딩으로 산을 가리고 하늘을 가리고 성냥갑 같은 집 속에서 천연자연을 외면한 채 어떤 불이익이 오는 줄도 모르고 좋아라고 살고 있다. 지금은 농촌이나 도시나 구분이 없을 정도로 달라지고 있지 않은가?

거기다가 전쟁은 끝일 날이 없고 전쟁 준비를 위해 각종 살상 무기를 만들고, 더 나아가서는 지구상의 모든 생물과 인간까지 영원한 죽음의 세계로 만들 핵무기까지 만들어 서로 위협하고 있지 않은가?

그리고 지금은 태어나는 생명도 줄고 있고, 결혼을 포기하는 사람이 늘어나고 있는 데다, 수많은 생명의 씨가 여성의 태 속에서 살아지지 않는가? 이대로 세상이 흘러간다면 인간도 현대 문명과 함께 최후를 맞을 날이 불을 보듯 뻔하다.

이런 세상을 어떻게 살린다는 말인가?

현재 부딪치고 있는 현실로만 생각하면 어떤 희망의 길도 보이지 않는다. 살릴 길이 없다는 말이다. 어디를 보아도 해결할 실마리조차 감감하다. 그러면 어찌해야 하는가? 이러고 앉아있어야만 하는가?

길을 찾아야 하는데 길이 있는가? 어떤 길도 살길 같지도 않다. 그동안 인간이 저질러 놓은 수많은 사건이 많아서 그것을 바로잡는다는 일이 너무도 어렵기 때문이다.

그러나 이러한 어려움 속에서 생각 있는 사람이라면, 가지 않으면 안 되는 하나의 길이 없는 것은 아니다. 그 길이 무슨 길인가? 그것은 "평화"의 길이다. 평화에 대해서는 너와 나를 위시하여 수없이 들어본 이름이지만 그 평화가 이루어졌느냐 하면 그렇다고 대답할 사람은 없다. 그렇지만 이 땅에 살면서 평화를 말하고 평화를 희망하지 않는 사람은 없을 것이다. 심지어는 전쟁을 하면서도 평화를 위해 한다고 한다.

넓게 세계평화를 말하기에 앞서 한반도의 평화부터 생각해 보자. 해방 이후 우리가 원치 않는 분단으로 말미암아, 6·25라는 3차 세계대전을 방불케 하는 전쟁을 치르고 난 다음, 지금은 전쟁도 평화도 아닌 엉거주춤한 상태로 70년을 넘기고 있다. 이 앞으로 어찌할 것인가? 이제는 남북한을 비롯한 사대 강국 어느 쪽도 속으로는 몰라도 겉으로 전쟁 문제를 입 밖에 내기는 어렵다고 생각한다. 그렇다면 평화의 가능성은 있는가, 없는가?

그동안 북한은 3대 세습으로 이어지고 있지만, 남한은 80년을 지나오는 동안 대통령이 열 사람이 넘게 나왔다. 그들 가운데에서 김대중, 노무현, 문재인 대통령 세 사람이 북한을 다녀왔다. 김대중, 노무현 두 대통령이 북한을 다녀오면서 평화에 대한 노력을 나름대로 했다 할 수 있지만, 큰 성과가 뚜렷하게 나타났다고 보기는 어렵다. 그렇지만 문재인 대통령은 앞의 두 대통령보다는 상당한 성과가 나타나지 않았나 생각된다. 김정은과 도보다리에서 배석자 없이 허심탄회한 대화를 했다든지, 북한 동포들 앞에서 처음으로 연설까지 했다. 문 대통령 재임 시기에 평화의 분위기가 상당한 수준이 이르렀다는 것은 필자만이 말하는 것은 아니다. 그때는 전쟁 분위기가 사라지고 평화가 오는 것이 아닌가 하는 착각에 빠진 일도 있었다. 그러나 지금은 어떤가? 지난 윤석열 정부가 얼마나 잘못하고 있는가를 말하지 않을 수 없다.

북한은 고사하고 야당과 대화도 하지 않았다. 새삼스럽게 한미일 동맹으로 북한과도 멀어만 가지 않는가?

올림픽이나 아시안 게임 같이 함께 어울려 운동을 하는 것은 평화를 위해 바람직한 일이라하겠지만, 그것으로 평화가 이루어질 가능성은 있을 것 같지 않다. 그러나 서로 어울려 각종 운동으로 경쟁하는 것은 그 자체가 평화는 아니지만, 평화를 위해 한 발걸음 내디디는 일이 아닌가 느껴지는 면은 없지 않다.

다음 또 하나 주목할 일은 "교육" 문제이다. 학교 교육이 얼마나 중요하다는 것을 필자는 최근에 알았다. 교육혁명이 일어나지 않고는 세상이 제대로 굴러갈 수 없다는 것을 비로소 느꼈다. 그렇다면 교육이 어디가 문제인가? "경쟁교육"이 문제이다. 우리는 지금까지 경쟁교육 때문에 잘못된 점이 하나둘이 아니다.

필자는 얼마 전 김누리 교수(중앙대)의 TV 강연을 우연히 들은 일이 있다. 그는 독일교육을 예로 들면서 독일은 동서독이 평화스럽게 통일된 일도 놀랍지만, 더 중요한 것은 독일에는 경쟁교육이 없다는 것이다. 입시경쟁도 없고 경쟁하는 교육 자체가 없다는 것이다. 다른 나라 못가도 서독에 가서 경쟁 없는 교육의 현장을 보고 싶다.

거기에 비해볼 때 우리는 어떤가? 한국의 학교 교육은 초등학교에서부터 대학에 이르기까지 경쟁 아닌 것이 있는가? 온 사회가 경쟁에 휘말려 있는 것이 아닌가? 이것부터 고치지 않고서는 정치, 경제, 문화, 사회 어느 것도 제대로 돌아갈 수가 없다고 보인다. 우리는 해방 이후 경쟁교육을 하다 보니 결국은 머리 좋은 사람, 돈 많은 사람, 약삭빠른 사람들이 세상을 지배하고, 그들이 중산층이 되고 그들이 지배계급이 되어 온갖 혜택을 누리면서, 자기도 모르게 경쟁 사회에 물들어있지 않는가?

씨올정신 운동이 시들고 병들어가는 세상을 살린다

위에서 평화문제와 교육문제를 말했지만, 그 문제는 정치가들이나 집권자들의 협조 없이 이루어지기는 쉽지 않다고 보인다. 그에 반해 이제 말하려고 하는 "씨올정신운동"은 순전히 어떤 정치세력이나 권력에 기대는 일 없이 순수한 민간운동이라는 점을 주목하고자 한다. 씨올의 정신, 얼, 혼으로 하는 개혁 운동이요 혁명운동에 관해서다.

이것은 일찍이 함석헌 선생이 생각하고 생각해서 창조해 내신 것이다. 이것은 "씨올의소리"를 창간한 이후 6년이 지난 후 1976년 1월호(통권 50호)에 구체적인 실천사항인 "우리가 내세우는 것"이란 이름으로 발표하셨다. 그 내용은 "씨올의소리"에 계속해서 발표해 왔지만, 다시 한번 그 내용을 주목하며 설명코자 한다.

(우리가 내세우는 것)
씨올의소리는 순수하게 씨올자신의 힘으로 하는 자기교육의 기구입니다.
씨올은 하나의 세계를 믿고 그 실현을 위해 세계 모든 씨올과 손을 잡기를 원합니다.
씨올의소리는 어떤 종교, 종파에도 속해있지 않습니다.
씨올의소리는 어떤 정치세력과도 관계가 없습니다.
씨올은 어떤 형태의 권력숭배도 반대합니다.
씨올은 스스로가 역사의 주체인 것을 믿고, 그 자람과 활동을 방해하는 모든 악과 싸우는 것을 제 사명으로 압니다.
씨올의소리는 같이살기운동을 펴나가려고 힘씁니다.
씨올은 비폭력을 그 사상과 행동의 원리로 삼습니다.

'씨올'이란 말은 민(民), people의 뜻인데, 우리 자신을 모든 역사적 죄악에서 해방시키고 새로운 창조를 위한 자격을 스스로 닦아 내기 위해 일부러 새로 만든 말입니다. 쓸 때는 반드시 '씨올'로 쓰시기 바랍니다. '올'은 발음을 알과 같이하는 수밖에 없으나, 그 표시하는 뜻은 깊습니다.
'ㅇ'은 극대(極大) 혹은 초월적(超越的)인 하늘을 표시하는 것이고, 'ㆍ'는 극소(極小) 혹은 내재적(內在的)인 하늘 곧 자아(自我)를 표시하는 것이며, 'ㄹ'은 활동하는 생명의 표시입니다. 우리 자신을 우선 이렇게 표시해 봅시다. 더 분명하고 깊고 큰 생각이 나시면 알려주시기 바랍니다.
씨올은 선(善)을 혼자서 하려 하지 않습니다.
씨올은 너 나가 있으면서도 너 나가 없습니다.
네 마음 따로 내 마음 따로가 아닌 것이 참 마음입니다.
우리는 전체 안에 있고 전체는 우리 하나하나 속에 다 있습니다.

함 선생은 여기서 중요한 한 이름을 강조하시는 것을 볼 수 있다. 그것은 바로 '씨올'이라는 말이다. '씨알'이란 말은 함 선생이 지은 것도 아니고 유영모 선생이 지은 것도 아니었다. 1956년경 유영모 선생이 YMCA에서 강의하실 때,

"大學之道 在明明德 在親民 在止於至善"을 풀이하시는데, "한 배움길은 밝은 속 알 밝힘에 있으며 씨알 어빔에 있으며 된데 머므름에 있느니라."라고 하셨다. (1970년 《씨올의소리》 창간호)

여기서 민(民)을 씨알이라 번역이 됐는데, 이 씨알이라는 말도 유 선생님 창작이 아니라 이미 세상에서 "씨알머리 없다"는 말을 쓰고 있던 때였다.

함석헌과 류영모

그런데 중요한 것은 함석헌 선생은 씨알→ 씨ᄋᆞᆯ로 처음 쓰셨다는 사실이다. 그동안 세종이 만든 글자는 28자인데, 4자(ㆍ △ ㆆ ㅇ)는 외면한 채 24자만 써 왔던 것이다. 함 선생님은 4자 중에서 'ㆍ'의 중요성을 아시고, 1957년 씨ᄋᆞᆯ농장이라고 하셨고, 1970년 4월 "씨ᄋᆞᆯ의소리"창간호 표제를 친필로 쓰시면서, 아래 아(ㆍ)는 일반화 되고 있는 것이다.

함 선생님은 씨ᄋᆞᆯ이라는 말이 얼마나 중요한지를 설명하시면서, 이 씨ᄋᆞᆯ은 "우리 자신을 모든 역사적 죄악에서 해방시키고, 새로운 창조의 자격을 스스로 닦아 내기 위해 일부러 새로 만든 말"이라고 분명히 하셨다. 여기서 '씨'도 중요하지만 'ᄋᆞᆯ'의 철학을 말씀하였다. 'ㅇ'은 하늘, 'ㆍ'는 자아(나), 'ㄹ'은 활동하는 생명의 표시라고 했다. 말하자면 천(天) 인(人) 지(地)로서 인간의 우주적 인식과 전 지구적 책임의식을 강조했다 할 수 있다.

더욱이 '씨ᄋᆞᆯ의소리와 씨ᄋᆞᆯ의 나아갈 길' 8가지를 제시하셨는데, 그 8가지를 자세히 보면 씨ᄋᆞᆯ정신운동 11가지로 나타나는 것을 알 수 있다.

1) 순수정신 2) 독립정신 3) 자기교육 정신 4) 하나 되는 세계정신
5) 종교초월 정신 6) 정치초월 정신 7) 권력 초월 정신
8) 역사의 주체 정신 9) 악과 투쟁 정신 10) 같이 살기 정신
11) 비폭력 정신이다.

이상에서 주목할 것은 11 가지 중에는 국가나 민족이란 말도 없고, 민, 민중, 국민이란 말도 없다. 그 말 대신 오직 '씨올'을 내세우며 '씨올정신'을 강조하면서 모든 것을 아우르고 있다. 씨올은 국가나 민족을 초월하고 민, 민중, 국민이란 이름보다는 비교할 수 없이 그 뜻이 깊고 넓다는 것을 말한다. "씨올은 선(善)을 혼자 하지 않고, 너 나가 있으면서도 없고, 우리는 전체 안에 있고 전체는 우리 하나하나 속에 다 있다." 하신다.

세계 어느 나라에서 이름 없는 일반 백성을 씨올로 보고, 이렇게 깊고 넓고 크게 말하는 것을 본 일이 있는가?

2019년 통계에 의하면 세계 60개국에서 세종학당 180개가 운영되고 있다 한다. 세계가 한글에 관심을 갖고 배운다는 것은 좋은 소식이다. 거기서 한글을 가르칠 때 씨올도 가르치기를 바라는 마음이다.

따라서 이 씨올정신운동은 한국에서 시작한 운동이지만, 먼저 한국을 살리는 동시에, 나아가서 세계를 살리는 정신운동이요 혼이라는 점이 점차 밝혀지리라고 확신한다.

함석헌의 씨올정신운동이란 무엇인가?

'씨올정신운동'과 얼에 대하여

필자는 학자도 아니고 무슨 연구업적이 있는 사람도 아닌데, 귀한 자리에 참여하게 되어 감사하다. 필자는 다른 것은 몰라도 함석헌 선생님에 관한 이야기라면 참여하고 싶다는 마음이다.

필자는《씨올의소리》가 생기기 전 1958년도 중앙신학교(강남대학 전신) 학생으로서 선생님의 강의를 들었고, 후에 그 학교직원이 되면서 선생님을 자주 뵙게 되었다. 그래서 선생님도 필자를 알고 계셨지만, 필자가《씨올의소리》일을 맡아서 하게 될 줄은 전혀 예상하지 못했다.

그 후 여러 이야기가 많지만 다 생략하고, 함 선생님은 1970년 4월 19일, 4월 혁명 10주년을 기점으로 월간《씨올의소리》를 창간하셨다. 창간호를 낼 때까지도 필자는 관여하지 않았다. 그 후《씨올의소리》제2호가 나오자마자 5·16 군사정부는 계약된 인쇄소에서 인쇄를 안 했다는 이유로《씨올의소리》를 폐간시켰다. 그러나 함 선생님은 이병린 변호사의 도움을 받아 법정투쟁 13개월 만에 대법원에서 승소하게 된다. 당시 무소불위한 독재 시대였지만 법원은 살아있었다. 그때부터 필자는 문대골 님과 함께 함 선생님의 부름을 받고《씨올의소리》일을 하게 되었다. 우리는《씨올의소리》대법원 현장에 가서 승소판결을 지켜본 일이 있다.

그러니까 1971년 8월호(통권 제3호), 복간 호부터 편집 일을 시작했다. 당시 필자는 33세였다. 어느새 이렇게 많은 세월이 흘렀는지 모른다.

　오늘 연구원에서 내게 준 제목은 '함석헌과 씨올사상'이라 했는데, 함 선생님은 '사상'이란 말은 거의 쓰지 않으셨고, 사상 대신 '정신'이란 말을 많이 쓰셨다. 선생님은 무슨 '주의'라는 말도 좋아하지 않았지만 '평화주의'와 '정신주의'만은 좋아하시고 강조하셨다. 그래서 함 선생님을 생각할 때 '씨올사상'보다는 '씨올정신'이나 '씨올의 얼'이라 해야 하지 않나 생각한다. '사상'이라면 뭔가 머리속에 만 있는 것 같고, '정신'이라 하면 머리만이 아니라 몸 전체와 연결되는 것도 같다. 그러므로 오늘 필자는 '함석헌과 씨올사상'보다는 '함석헌과 씨올정신'이란 제목으로 말을 해 보려 한다.

함석헌 씨올정신의 뿌리 찾기

　함석헌 선생이 이 땅에 오셔서 88년의 생애를 사시면서 남기신 것이 무엇인가 할 때, 두말할 것도 없이 '씨올정신' 혹은 '씨올의 얼'이라 할 수 있지 않을까 생각한다. 씨올정신과 얼 혹은 사상은 선생님 20권의 전집 또는 30권, 앞으로 준비하고 있는 40여 권의 전집 속에 담겨져 있는 것은 확실한데, 그것을 찾기는 쉽지 않을 수도 있다. 선생님의 '씨올정신'은 너무도 넓고 깊고 높기 때문에 한두 마디로 '이것이다!' 말하는 것은 거의 불가능하다고 본다.

　그래서 먼저 '함석헌 씨올정신의 뿌리'가 어디서부터 시작이 되었는가? 그것부터 찾아보고자 한다. 함 선생님이 세상에 탄생하신 이래 영향받은 인물들이 많지만, 그 인물들 가운데 십여 분을 선택하여 함 선생님에게 어떤 영향을 주었는지 살펴보겠다.

1. 어머니

함 선생님의 아버님(咸亨澤)은 한의사로 만주와 서울에서까지 환자가 찾아올 정도로 명의였다고 한다. 그러나 함 선생님이 아버님에게 어떤 말씀이나 영향받은 일은 뚜렷하지 않으나, 어머님(金亨道)에게 받은 영향은 뚜렷하게 밝혀져 있다. 중요한 것은 '오이사건'이다. 여기 특별히 '사건'이라 한 것은 함 선생님의 일생일대에 너무도 큰 영향을 주었다고 보기 때문이다. 함 선생님이 7, 8세 되던 때 일이다.

> 어느 늦가을 채마밭에 들어가니 다 늙어가는 넝쿨 밑에 오이 하나가 달렸는데 아직 어려서 며칠 기다렸다 따먹으리라 하고 기다렸다 가 보니 오이가 없다. 우리 집 불문율로 장자인 내가 당연히 내 차지인데 누가 감히 먹었을까? 알아보니 바로 내 밑의 조금 모자란 동생이 있는데, 그 여동생이 따먹었다는 것이다. 나는 동생을 구박했다. 그것은 순전히 나의 장자라는 특권의식에서 나온 횡포였다. 나는 어머니도 당연히 내 편인 줄 알았다. 그런데 아니었다. 뜻밖에도 어머니는 부드럽고도 당연한 목소리로 "얘, 그건 사람 아니냐?" 했다. 나는 부끄러웠다. 지금도 그때 어머니의 모습을 나는 못 잊는다. (전집4 305쪽)

함 선생님은 80세가 넘은 때에도 위와 같은 말씀을 하시며 눈물 흘리는 모습을 보았다. 선생님은 이런 글도 쓰셨다.

> "얘 그건 사람 아니냐?" 그 음성은 늘 살아있어 내 속에 몇 번을 부르짖어졌는지 모릅니다. 나는 이제 자유와 평등사상을 내놓고는 살 수 없습니다. 나는 씨올사상을 부르짖고, 스스로 타고 난 민주주의자라 하기도 합니다마는, 그 밑바닥의 반석은 어머니가 놓아 주셨다고 합니다. (1975년 7월 주부생활 11권 7호에서)

어머님의 영향이 얼마나 큰지를 말해주고 있다.

2. '남강, 도산, 고당'

함 선생님은 민족의식이 싹트기 시작한 것은 1919년 평양고보 3학년 때, 3·1운동에 적극 가담한 때부터라고 생각된다. 물론 숙(叔) 벌되는 함일형과 그의 아들 석규와 석은 형제의 영향이 있었지만, 더 큰 영향은 남강, 도산, 고당이라고 본다. 선생님은 3·1운동 이후 평양고보로 돌아가려면 반성문을 써야 한다는데 단연 거절하고 정주 오산학교에 편입한다.

함 선생님은 오산에 편입하면서 남강 이승훈 선생(南岡 李昇薰 1864~1930)과 도산 안창호 선생(島山 安昌浩 1878~1938), 고당 조만식 선생(古堂 曺晩植 1883~1950)을 알게 된다. 남강은 오산학교를 창립한 사람이고, 도산은 남강보다는 14세나 아래지만 청년 도산의 강연에 감동을 받아 오산학교를 세우게 되었고, 고당은 두 번이나 오산 교장을 지냈다.

그러나 선생님이 학생이었을 때 남강 선생은 3·1운동 중심인물로 체포되어 옥중 수난을 겪고 계셨고, 함 선생님이 남강 선생을 모신 기간은 1928년 동경유학을 마치고 교사가 되어 1930년까지 2년밖에 안된다. 도산을 만나 뵌 일은 도산이 일본의 함구령(緘口令)을 받고 있을 때, 잠깐, 잠깐 두 번이다. 그리고 고당은 함 선생님이 오산에 계실 때는 이미 교장이 아니었다. 그럼에도 불구하고 함 선생님의 마음속에는 이 세 분이 참 스승이었다. 왜 그런가? 그분들이야말로 애국정신과 독립정신, 민족정신, 기독 정신을 소유한 지도자였고, 그 정신이 오산에 배어있었기 때문이다. 오산은 흔히 말하는 미션학교도 아니고 가톨릭과도 아무 관계가 없다. 함 선생님은 말하기를 '오산의 교육을 받지 않았더라면 사람 구실을 못했을 것이다' 한 것은 무슨 지식을 말하는 것이 아니다. 세 지도자가 삶으로 보여준 참 정신을 거기서 배웠다는 말이다.

함 선생님의 "그 사람을 가졌는가?"라는 시가 많이 알려져 있다. 그 시를 자세히 보면 남강을 비롯한 세 분을 그리는 마음이 들어있는 것을 알 수 있다. 몸과 마음과 재산을 오산에 쏟아부은 남강 선생, 오직 지극한 정성으로 나라를 위해 동서양을 뛰어다니던 도산 선생, 김일성 다음 2인 자인 최용건이 19번이나 찾아가 회유하는데도 "아니!" 한마디로 끊어버린 그 만세반석 같은 고당 선생, 이 세 분은 함 선생님의 스승만이 아니다. 나라를 생각하고 민족을 생각하는 사람이라면 이 분들을 잊어서는 안 된다고 생각한다.

3. 예수, 공자와 노자

함 선생님은 4살, 5살 때부터 천자문을 외우고, 삼천재(三遷齋)라는 서당에서 명심보감을 배웠다. 6살부터는 삼천재가 덕일소학교로 바뀌지면서 신식교육을 받게 되었고, 이때 마을에 기독교회가 들어옴으로 함 선생님은 교회에 나가게 된다.

그러니까 함 선생님은 철이 들기 전부터 서당에서 공자님의 가르침을 받았고, 철이 들 때는 교회에 나가서 예수님의 말씀을 듣기 시작했다. 선생님은 9살 때 교회에서 세례받기 전 예식으로 '학습'을 서셨다. 보통은 12살 이하는 학습을 서는 일이 없는데, 선생님은 착실한 어린이로 인정받은 것 같다. 결국, 아버님 어머님도 선생님 때문에 교회를 나가게 되어 장로와 권사까지 되었다.

함 선생님의 독서량은 동서양 고전을 총망라한다. 특별히 웰스

(H.G Wells)의 『세계문화사 대계』를 읽고 '나의 인생관을 지어가는 데 큰 영향을 준 것'이라는 말씀이 있으나, 그것만이 아니라 유명한 고전은 거의 다 섭렵하신 것으로 알려져 있다. 섭렵하신 것 중에 공자, 맹자도 있지만, 결정적인 것은 성서와 노자, 장자라고 생각한다. 그중에서 가장 많이 읽고 연구하고 강의한 것은 성경이 첫째이고, 다음이 노자의 도덕경이라고 본다. 함 선생님은 평생 성경책을 손에서 놓으신 일이 없고, 노자, 장자 강의는 1971년에 시작한 이래 17년 동안 계속하였다.

따라서 선생님에게 결정적인 영향을 준 인물을 말한다면 첫째가 예수이고 둘째는 공자, 셋째가 노자(老子)라 할 수 있다. 여기 공자를 두 번째라 한 것은 그럴만한 이유가 있다. 함 선생님의 생활 전체를 자세히 살펴보면 이해되고도 남는다. 이은선 교수의 "인(仁)의 사도 함석헌 선생님"(함석헌 연구 4집)이란 논문에 잘 나타나 있지만, 선생님의 삶의 자세, 대인관계, 심지어 옷차림까지도 '인의 사도'다운 면모를 보이고 있다. 함 선생님은 공자를 말씀할 때는 언제나 '공자님'이라 하시고 '님'자를 빼신 일은 한 번도 없었다.

4. 마하트마 간디
(Mahatma Gandhi Mohandas 1869.10.2.~1948.1.30.)

함 선생님이 영향받은 인물 첫째가 예수, 다음이 공자, 노자로 이어지는 것으로 위에서 말했지만, 전체를 놓고 본다면 첫째가 예수, 다음은 마하트마 간디라고 하는 것이 옳은 것 같다. 선생님이 존경하는 인물이 많지만 가장 많이 강조하고 글을 쓴 인물은 마하트마 간디이다. 선생님은 간디 자서전을 사위 되는 장기홍 교수와 공저로 되어있지만, 선생님은 다른 유명 인사처럼 이름만 올려놓지 않았다. 꼼꼼히 한 문장 한 문장을 다 점검한 것으로 알려졌다. 친히 간디에 대한 글도 '간디의 길', '간디의 참모습', '새 인도와 간디', '마하트마 간디', '현대사 조명탄 간디' 등 10여 개에 이르고, 간디 추모강연도 《씨올의소리》 주최로 계속했다. 여기에 대해 장준하 선생은 "선생님은 왜 간디만 생각하시고, 김구 선생은 생각 안 하시는지 모르겠다." 하신 말을 들은 일이 있다.

이처럼 함 선생님은 마하트마 간디에 대한 관심은 보통수준을 넘어선다. 함 선생님의 씨올사상이나 정신을 말할 때 마하트마 간디의 사상과 정신을 그대로 가감하지 않고 수용되었다고 보인다.

선생님은 1961년 2월 4·19혁명이 성공하고 민주당 정권이 들어선 때다. 선생님은 다음과 같이 탄식하는 말씀과 아울러 우리의 나갈 길은 '간디를 배우는 길'밖에 없다고 역설하신 글이 있다.

> 나는 이제 우리의 나갈 길은 간디를 배우는 것밖에 없다고 생각한다. 왜 그런가? 우리는 이제 우리의 금새가 뻔해졌기 때문에 이 이상 더 스스로 속일 수가 없어졌다. 이대로 무슨 재주를 부려도, 몇번 되풀이를 해 봐도, 언제까지 기다려도, 살길이 열리지 못할 것이 분명해졌다…. 간디의 길이란 어떤 것인가? 그와 그를 따르는 사람들이 스스로 부른 대로 그것은 '사티아그라하'다. 진리파지(眞理把持)다. 참을 지킴이다. 또 세상이 보통 일컫는 대로 비폭력운동이다. (전집 7권 p9, p11 간디의 길에서)

함 선생님의 비폭력 저항운동은 마하트마 간디의 진리파지, 참을 지키고 참을 붙잡는다는 그 진리를 그대로 배우고 그대로 받았다고 본다.

함 선생님과 가장 가까운 분으로 알려진 안병무 박사(安炳茂

1922~1996.10.19.)는 말하기를, 함 선생님의 정신적 원천은 팔레스틴과 인도라고 하면서, "그는 팔레스틴에서 예수에게 세례를 받고 인도에서 간디의 지팡이를 받았다"고 했다.(현존 1971. 17호 51쪽) 필자는 여기에 조금 덧붙여서 "팔레스틴에서 예수에게 세례를 받고, 인도에서 간디의 지팡이를 받아들이고, 중국에 들려 공자와 노자를 만나고, 한국에서 살고있는 이"라고 말하고 싶다.

5. 내촌감삼(內村鑑三, 1861~1930)과
다석 유영모(多夕 柳永模, 1890~1981)

함 선생님이 우치무라 간조(내촌감삼)의 성서연구집회에 나간 것은 친구 김교신의 소개로 1924년 동경 고사 학생시절이었다. 아마 그 집회에 수년간 충실하게 나가는 동안 청년 함석헌은 내촌에게 성경에 대한 새로운 해석에 큰 감동을 받은 것은 사실 같다. 함 선생님은 그 감동을 표현하기를 '일제의 36년과도 바꿀 정도'였다 한 일이 있으나, 이런 말은 한 번 이상 되풀이하지는 않았다. 내촌의 성서해석은 훌륭할지 몰라도, 일본이 한국을 강점하고 제1차 세계대전을 일으킨 데 대하여, 내촌은 한 마디도 잘못을 지적하지 않았다는 점은 실망스러운 면이었다.

다석 유영모 선생은 함 선생님이 오산학교 3학년 학생 시절 (1921년)에 만났다. 얼마 되지 않아 교장 자격 문제로 유 선생은 학교를 떠나게 된다. 그 후 함 선생님은 1947년 월남 이후 1960년대 초반까지는 다석 선생과의 관계가 좋았다고 본다.

그러나 60년대 후반부터 다석은 함 선생님을 비판하기 시작했다. 비판의 내용을 보면 "너는 네 자신을 고치지도 못하면서 무슨 세상을 고치려고 하느냐?" 거기까지는 유 선생님이 틀렸다고 할 수는 없다. 스승으로서 할 수 있는 말이라고 생각되지만, 다석은 스승으로서 비판의 선을 너무 넘었다고 생각된다. 그러나 함 선생님은 "나는 선생님과는 역사관이 다르다." 는 말씀 외에는 다석 선생에 대해 어떤 비판도 하신 일이 없다.

그렇지만 다석 유영모 선생은 한문에 박학하시고 한글에도 추종을 불허할 정도로 깊이를 갖고 계셨고, 민(民)을 "씨알"로 처음 번역하셨다는 것은 높이 평가되어야 한다고 본다. 그러나 그 씨알을 "씨 ㅇ‍ㄹ"로 새롭게 바꾸고, 그 씨ㅇ‍ㄹ을 철학 화하고 씨ㅇ‍ㄹ의 정신을 불어넣은 분은 함석헌 선생이 아니면 할 수 없는 일이라고 생각된다.

그리고 함 선생님은 성서조선 사건으로 서대문형무소에 1년간 옥중에 계실 때 불교경전을 여러 권 읽으신 일이 있다. 무량수경(無量壽經), 반야경(般若經), 법화경(法華經), 열반경(涅槃經), 금강경(金剛經) 등을 읽은 다음, "불교와 기독교는 근본에서 다를 것이 없다." 하셨다. (전집4 196쪽) 그리고 함 선생님의 고전강의 시간에 고대 중국 삼성의 하나인 한산(寒山)의 시를 여러 편 인용하시고,《씨ㅇ‍ㄹ의소리》에 보명선사의 목우십도송(牧牛十圖頌, 소 길들이기)을 소개하신 일이 있다. 그리고 효봉 스님(曉峰1,888-1966), 탄허 스님(呑虛,1913-1983), 법정 스님(法頂, 1932-2010)을 가까이하셨지만, 불교를 이해하는 수준을 넘어서지는 않았다고 본다.

함석헌의 씨ㅇ‍ㄹ정신에 관하여

함 선생님의 씨ㅇ‍ㄹ정신이나 사상을 한마디로 말할 수는 없다고 위에서 말했다. 그것은 너무 높고 깊고 넓기 때문이다. 그래서 필자는 함 선생님의 "씨올정신"에 관하여 5대 정신, 다섯 가지 큰 얼(참 / 1자 / 같이살기/ 비폭력저항 / 절대 평화)로 나누어서 말해 보고자 한다.

1. 참 정신

함 선생님만큼 '참'과 '진리'란 말을 많이 한 사람도 없을 것이다. 1930년《성서조선》에서 '참 구세주'를 시작으로 해서 1953년 '참'(시), 1963년 해외 여행하시다가 돌아와서 시민회관에서 강연하실 때 첫마디가 "나는 참을 말하려 왔습니다." 했다. 그리고 1976년 3월《씨올의 소리》에 '누가 이 참의 바통을 받을 것인가?'라는 글도 쓰셨다. 그리고 그보다 앞서 1956년 10월호《사상계》에 '진리에의 향수'라는 글을 발표했다. 여기서 선생님의 '참'이라는 시를 집중으로 인용하시면서 글을 쓰신다. 이 시는 1961년 '수평선 너머' 시집이 나올 때는 조금 수정되었다. 그 내용을 보면 시조형식으로 된 시인데 다음과 같다.

> 참 찾아 예는 길에 한 참, 두 참 쉬지 마라
> 참참이 참아 가서 영원한 참 갈 것이니
> 참든 맘 참 참을 보면 가득 참을 얻으리.

이 시는 선생님이 이 땅에서 어떤 삶을 살고 어떤 길을 갈 것인지, 그 삶의 길을 '참'이란 글자 한 자를 통해 보여주고 있다. 이 시조에는 '참'이란 말이 11번이나 나온다. 그리고 참에 대해 6가지로 설명하신다. 1.찾음이 참이다. 2. 길(道)이 참이다. 3. 참은 참(站 쉬는 곳)이다. 4. 참은 참음(忍)이다. 5. 참은 참(滿)이다. 6. 참은 하 나(我)다.

예수의 사랑(愛), 공자의 인(仁), 석가의 자비(慈悲)라면, 함석헌은 참(眞理)이라 할 수 있다. 그런데 함석헌의 '참' 속에는 사랑과 인과 자비가 다 있고, 간디의 사티아그라하(眞理把持)까지도 들어있다고 생각된다. 그리고 함 선생님이 창세로부터 내려오는 그 바통을 받았다 하시고, 그 바통을 들고 뛰시다가 우리에게 넘겨주시려던, 그 바통은 바로 "참의 바통"이 된다. 이 '참의 바통'이 바로 "참 정신"이요 '참 얼'이 되는 것이다. 앞에서 말한 '살림살이' 12가지와 '우리가 내세우는 것' 8가지 등을 한마디로 말한다면 '참 정신'이요 '참'이라 할 수 있다.

2. 1자 정신

1자 정신은 함 선생님의 '살림살이'와 '우리가 내세우는 것'에서 비롯된다. '살림살이'에서 중요한 것은 1번과 2번이다. "늘 하늘을 우러러보자", "몸은 언제나 꼿꼿이 가지자"가 그것이다. 하늘을 우러러보고 몸의 등뼈를 꼿꼿이 가지는 모습은 그 자체가 1자의 모습이다.

1자 정신은 굽거나 구부러졌거나 휘어지는 것을 거부한다. 올바르고 똑바르게, 일어서서 정신을 바짝 차린 모습을 말한다. 지구상에 수많은 식물이 있지만 그중 1자로 서서 올라가는 것은 나무라 할 수 있고, 동물 중에서 1자로 서는 동물은 사람이다. 사람 외에는 1자로 서서 활동하는 동물은 인간밖에는 없다.

그리고 씨올이란 말 중에서 '씨'도 중요하지만 더 중요한 것은 '올'이다. 다석 선생이 민(民)을 씨알로 번역한 것을 함석헌은 '씨올'로 바꾸었고 이 말을 철학 화하고 정신화했다. 특히 그 '올'에 대하여 'ㅇ'은 하늘(天), 'ㆍ'은 나(人, 自我), 'ㄹ'은 땅(地, 활동하는 생명)으로 설명하고, 그 하늘, 사람, 만물(天人地)이 하나가 되어 '1자 정신'을 나타낸다. 그래서 '씨올은 곧 너 나가 있으면서도 없고,' '우리는 전체 안에 있고 전체는 우리 하나하나 속에 다 있다'는 것이다. 이것은 곧 우주의 중심이 '나'이며, 이 '나'가 바로 '스스로 하는 얼(자유정신)'이요, '스스로 서는 얼(독립정신)'라는 말이다. 다음 글을 주목하기 바란다.

> 민중이 뭐냐? 씨올이 뭐냐? 곧 나다. 나대로 있는 사람이다. 모든 옷을 벗은 사람, 곧 올사람이다. 올은 실(實), 참 , real이다. 임금도 대통령도 장관도 학자도 목사도 신부도 군인도 관리도 문사도 장사꾼도 죄수도 다 올은 아니다. … 그런 것은 우주 간에 없다. 정말 있는 것은, 올은 한 올 뿐이다. 그것이 올 혹은 얼이다. 그 한 올이 이 끝에서는 나로 알려져 있고, 저 끝에서는 하나님, 하늘, 브라만으로 알려져 있다. … 이 올 사람, 올 생명은 없어지는 날이 없다. 올 사람, 곧 난대로 있는 나는 한 사람만 있어도 전체다.
> (전집 4, 씨올의 설움, 66쪽)

3. 같이 살기 정신

이 같이살기 정신에 대하여는 함 선생님이 1972년 4월호《씨올의 소리》에 '같이 살기운동을 일으키자'는 글을 처음 발표하셨다. 그 글 끝에 동기를 말씀하면서 '1964년 정월 남가좌동의 어떤 불쌍한 아버지가 생활고에 쪼들리다 못해 비관하여, 제 손으로 제 어린 자녀를 빵에 독약을 넣어 독살하고, 자기도 산에 가서 나뭇가지에 목을 매 죽은 사건'을 보고 큰 충격을 받고, 조선일보에 "3천만 앞에 또 한 번 부르짖는 말씀"을 발표하실 때 '같이살기'라는 말이 그때 처음 나왔다고 한다. 그때 사회의 반응도 컸고 같이 살기운동을 힘 있게 일으키자는 이들도 있었지만, 그때는 자신의 정성이 모자랐다고 고백한다.

그러나 지금 다시 같이 살기운동을 부르짖는 이유 4가지를 다음과 같이 밝힌다.

1) 지금 우리를 못살게 구는 안과 밖의 정치세력의 악이 그 끝장에 올라서 지금까지와 마찬가지의 싸움방법으로는 도저히 당해낼 수 없기 때문이다.
2) 우리가 이 운동을 일으키는 이유는 민족의 성격을 바로잡기 위해서다.
3) 지금 시들고 숨 막혀 거의 죽게 된 정신을 살려내기 위해서다.
4) 마지막으로, 우리가 이 운동을 부르짖는 것은 이것이 우리만이 아니라 세계 전체 구원의 길임을 확신하기 때문이다. (전집14 같이 살기운동을 일으키자 11~21쪽)

1972년 당시 함 선생님이 '같이 살기운동을 일으키자.'는 글이 나왔을 때, 5·16 군사정부에서는 '새마을 운동'을 시작하던 때이다. 군사정부는 같이 살기운동은 새마을 운동을 반대하는 운동이라고 규정하고 같이 살기운동 논문모집조차도 못하게 막았다. 그때 선생님은 "새마을 운동은 소낙비 운동이고 같이 살기운동은 보슬비 운동"이라고 말했다. 이 말씀은 단순이 새마을 운동을 반대하는 입장에서만 말씀한 것이 아니다. 같이 살기운동은 사람만의 같이 살기가 아니다. 소낙비 속에는 홍수가 나고 자연이 파괴되고 온갖 동식물이 피해를 보지만, 보슬비 속에는 모든 생명들이 살아난다. 동물, 식물, 지구상에 사는 모든 산 생명, 나아가서는 무생물까지도 다 함께 사는 운동이 같이 살기운동이다. 선생님이 같이 살기운동을 부르짖는 이유에서 '민족의 성격을 바로잡기', '죽게 된 정신을 살려내기', '우리만이 아니라 세계전체 구원의 길임을 확신'한다는 말씀에서 더욱 분명해진다.

선생님은 1970년 4월 《씨올의소리》 창간호에서 《씨올의소리》를 내는 목적 두 가지를 말씀한다. 첫째는 "한 사람이 죽는 일이다." 하시면서, 죽을 각오를 하고 말을 해야 한다 하셨다. 두 번째는 거기 따라오는 것이라 하시면서, 유기적인 하나의 생활공동체가 생겨야 한다고 강조셨다. 이 생활공동체는 같이 살기운동의 구체적 실천 운동이라 할 수 있다. 요즘 각 곳에서 생활공동체 운동이 일어나는 것은 같이 살기운동의 좋은 본보기가 아닌가 생각된다.

4. 비폭력 저항정신;

'비폭력'이라는 말은 마하트마 간디로부터 왔다 할 수 있으나, 우리나라에 간디가 처음 소개될 때는 '무저항주의자'라고 했다. 이것을 보고 함석헌은 무저항이 뭐냐? 철저한 저항이다 하시고, 그것을 '비폭력 저항'이라고 고친 이는 함 선생이었다. 비폭력이란 폭력을 안 쓰는 것뿐이지 철저한 저항을 뜻한다. 함 선생님은 이 비폭력저항이란 '이겨놓고 싸우는 정신'이라 했다.

간디가 저항할 때 바늘 하나라도 들어서는 안 된다는 것처럼, 함석헌도 불의와 싸우는데 있어서 어떤 폭력도 써서는 안된다는 입장이다. 몽둥이나 돌이나 심지어 주먹을 쓰는 것도 거부한다. 때리면 맞고 상처가 나거나, 심지어 생명을 잃는 경우라도 폭력으로는 결코 악을 이길 수 없다는 입장이다. 악과 싸움에 있어서 폭력은 그 자체가 악이기 때문에, 설령 폭력으로 악을 이겼다 하더라도 결코 이긴 것이 아니라 오히려 진 것으로 본다는 사실이다.

함 선생의 이런 입장 때문에 한때 민주화운동 과정에서 외면당한 일이 있지만, 결코 선생은 흔들리지 않았다. 선생님은 '비폭력 혁명'이란 글에서 이렇게 말한다.

> 우리 나갈 길은 오직 한길밖에 없습니다. 비폭력 혁명의 길입니다. 그것은 참입니다. 누구나, 어떤 일에서나, 지켜야할 진리입니다. 영원한 진리가

> 이 시대의 나갈 길로 우리 앞에 나타난 것이 곧 이 비폭력의 길입니다. 이 날까지 이 역사를 이끌어온 것은 폭력주의였습니다. 그 결과 세계는 오늘에 보는 것 같이 이렇게 어지럽게 참혹하게 되었습니다. (전집 2, 54쪽)

'저항의 철학'이란 글에는 이런 말씀도 있다.

> 사람은 저항하는 거다. 저항하는 것이 곧 인간이다. 저항할 줄 모르는 것은 사람이 아니다. 왜 그런가? 사람은 인격이요 생명이기 때문이다…. 저항! 얼마나 좋은 말인가? 모든 말이 다 늙어버려 노망을 하다가 죽게 된다 해도, 아마 이 저항이라는 말만은 새파랗게 살아나고 또 살아나 영원의 젊은이로 남을 것이다. (전집 2, 173, 177쪽)

함 선생님은 revolt, resist 란 말이 없다면 영어를 안 배우겠는 말씀까지 하신 일이 있다.

함 선생님의 일생을 생각해 본다면 일제 강점기간에서 부터 해방 후 공산치하, 이승만 독재, 5·16 군사독재, 전두환으로 이어지는 폭력과 독재치하 속에서, 계훈제 선생이 일찍이 말씀한 것처럼, 함 선생님의 일생을 한마디로 말한다면 '저항'이라 할 수 있다. 그 저항은 곧 철저한 '비폭력저항'이었다. 그 저항의 방법은 글로, 말로, 데모로, 단식으로, 옥살이를 마다하지 않았던 던 것이다. 저항이란 말 대신 '악과 싸움'으로 말씀하기도 했다.(우리가 내세우는 것 7번)

그렇다면 이 '악'이란 구체적으로 무엇인가? 함 선생님은 '국가 지상주의'를 악으로 보았다. 소수의 독재자들이 국가라는 이름으로 수많은 씨올들을 무시하고 핍박하기 때문이다. 선생님은 '내 대적은 국가주의'라고 여러 차례 강조하신 말씀하신 것을 기억한다.

5. 절대 평화주의 정신

함석헌 선생의 '평화주의 정신'에는 '절대'라는 말을 붙여야 한다고 생각한다. 그것은 선생의 평화에 대한 글을 보면 바로 알 수 있다.

> 평화는 할 수 있으면 하고 할 수 없으면 말 문제가 아니다, 가능해도 하고 불가능해도 가야하는 길이다. 이것은 역사의 절대명령이다. 평화가 아니면 생명의 멸망이 있을 뿐이다. (전집14권 29쪽)

우리나라만이 아니라 세계사도 겉으로는 평화를 위해 싸운다 했지만, 사실은 전쟁의 역사였다. 그것을 쉬운 말로 하면 '사람 죽이는 역사'였다. 1차 세계대전은 1914년에 일어나 4년간 싸움에서 연합국과 동맹국에서 1천 8백만 명의 사망 실종자가 났고, 양쪽 부상자만도 2천만 명에 이른다. (전쟁사 6) 2차 세계대전은 1차와는 비교가 안 될 정도로 엄청났다. 1939년에 일어나서 6년간 전쟁에서 전사자 2,700만 명, 민간인 희생자도 2,500만 명에 이른다. (한국근대사사전) 이어서 1950년 6·25 한국전쟁 3년간 사망, 실종, 부상자가 630만 명 이상이 된다. (지식백과)

만일 앞으로 3차 세계대전이 일어난다면 어떻게 되겠는가? 함 선생님 말씀대로 지구파멸과 함께 인간을 포함한 생물의 멸종이 있을 뿐인데, 과연 이런 자멸의 길로 갈 것인가? 그 가능성이 상당히 있다고 선생님은 보셨다.

그러므로 함석헌 선생은 '우리의 할 일은 평화운동밖에 없다.', '이것은 절대 명령이다.' 라고 하신다. 선생은 이 땅을 떠나시기 4개월 전 1988년 9월 12일 서울올림픽평화대회 위원장을 수락하시고 그 대회 현장에 불편한 몸을 이끌고 나가셨다. 이것을 두고 측근에서도 '평화위원장을 수락해서는 안 된다, 수락해야 한다.' 등 의견이 갈리다가 수락하신 다음에는, '선생의 정신이 온전치 않다' 느니, '정권의 들놀이를 섰다.' 느니 말이 많았다. 그러나 필자가 보기에는 선생의 생각은 불변했다. "평화를 위해서는 이러고저러고 따질 것 없다." 하시고 그 대회에 나가셨고, '평화로운 새 세계의 초대'라는 글을 서영훈 부위원장이 대신 읽기는 하였지만, 거기에는 이런 말씀이 있다.

> 20세기 새벽에 태어나서 한 세기가 저물어가는 것을 보게 되어, 길다면 긴 세월을 살아본 체험에서 내가 이 말을 할 수 있습니다…. 평화는 가능해도 하고 불가능해도 해야 하는 생명체의 꿈틀거림입니다. 역사의 절대명령입니다. (씨올의소리 2016년 3, 4월호, 243호, 85쪽)

필자의 판단으로는 선생님은 누구의 권유에 의해 움직이거나 정권의 찬반차원이 아니라, 선생님 스스로 생의 마지막으로 '평화'에 종지부를 찍고 돌아가셨다고 생각한다. 이 평화는 '역사의 절대명령'이라는 사실이다. 이것은 곧 신이 인간에게 주는 마지막 명령이라는 말이다.

'함석헌 평화상' 제정의 의미

끝으로 함석헌 평화상 문제를 말하고 싶다. 함석헌 평화상에 대하여 몇 차례 이야기가 있었고 상금 문제도 나왔지만, 아직 어떤 것도 구체화 된 것은 없다. 그렇지만 이것은 반드시 해야 할 일이라고 생각한다. 지금 우리나라에 수많은 상이 있고, 세계적으로도 많은 상이 있지만, 그중에 제일 큰 상은 '노벨 평화상'일 것이다. 상금으로도 최고이고 명예로도 최고라는 생각이 든다.

그러나 노벨(Alfred Bernhard Nobel 1833~1896)이라는 사람을 생각하면 별로 존경할 마음이 없어진다. "사람을 더 많이 더 빨리 죽이는 방법을 개발해 부자가 된 인물"이라고 폄하하는 기사도 있고, 군수물자와 다이너마이트 발명으로 세계적 갑부가 되었고, 그것을 반성하는 뜻으로 노벨상을 제정했다는 말도 있다.

거기에 비해 '함석헌 평화상'이 만일 제정이 된다면 그 가치는 세상의 어떤 상과도 비교할 수 없다고 생각된다. 상금의 가치가 아니라 정신의 가치이기 때문이다. 생각하는 이들의 관심과 뜻이 모아지기를 기대한다.

2024년, 필자가 교장을 맡았던 씨올학교 참여자들과 함께

천지를 뚫어비추는 씨울정신
- 씨울의 '1자 정신'을 찾는다.-

나는 '씨올'에 대해 너무 몰랐다.

1989년 2월 4일은 함석헌 선생의 서거 날이다. 어느새 35년이 지났다. 많은 세월이 흘렀지만 함 선생님의 삶은 마치 어제 일같이 생생하다. 그것은 그만큼 선생님의 삶은 치열했고, 말씀과 글과 삶 자체가 지금도 여전히 생명력을 발산하기 때문일 것이다.

선생은 이 땅에 88년을 사시면서 많은 말씀과 글을 남겼다. 20권의 전집, 나중에 30권이 되기도 했지만, 아직도 고전 강좌라든가, 강연 강의 등 활자화가 안 된 말씀이 많다. 그것을 풀어내고 활자화하는 것도 중요하지만, 그보다도 더 중요한 것은 선생님의 말씀을 깨닫고 실천하는 일이 될 것이다. 그러나 깨닫고 실천하는 일이 어느 하루 아침에 될 일도 아니기 때문에, 먼저 이해부터 하는 것이 옳을지도 모른다. 선생님의 말씀은 쉽게 이해되는 말씀도 있지만, 본격적인 말씀에 들어가 보면 너무 높고 깊고 넓어서, 다른 사람은 어떤지는 몰라도, 필자에게는 대단히 어렵다는 생각을 지울 수가 없다.

솔직히 말해서 나는 선생님 돌아가신 지 10년이 지나도록 '씨올'에 대한 확신이 없었다. 그저 일반이 아는 대로 민(民)을 유영모 선생이 '씨알'로 번역한 것을, 함석헌 선생은 '씨올'로 쓰시면서, 그 '올'자를 상당히 고집하셨다는 정도 이상을 알지 못했다. 함 선생님과 10여 년 《씨울의소리》 심부름을 한 사람으로서 부끄럽기 짝이 없다.

다만 내가 짐작하는 것이 있다면 선생님의 아호는 선생님이 직접 쓰신 '신천옹(信天翁)'이나 '바보새' 만이 아니라, '작은 씨울'이라든 가, '늙은 씨울', '씨울'이라는 말을 아호 비슷하게 사용하셨다는 것을 알았다. 그래서 나는 선생님의 호를 말한다면 "씨울"이라 주장한 일이 있다. 왜냐하면 '씨울'은 함 선생님을 가장 잘 대변하는 말일 뿐 아니라, 선생의 삶 자체가 '씨울'이라는 생각 때문이다.

그러던 중 나는 20세기가 거의 끝나가는 때 중국을 드나들기 시작했다. 중국에 간 이유는 중국 학생들에게 한국어를 가르치는 기회가 주어진 까닭이다. 한글을 가르치면서 느낀 일도 많지만, 주로 산동성 웨이팡(山東省 濰坊)이라는 도시에 머물면서, 나는 틈나는 대로 공자님의 묘가 있는 곡부(曲阜)를 여러 차례 방문했다. 공묘를 다녀오면서 내 생각이 조금씩 달라지기 시작했다. 뭔가 희미했던 것이 조금씩 밝아오는 것을 느꼈다. 그것은 함 선생님에 관한 생각이었다.

공묘의 크기는 상상을 초월했다. 공묘는 중국의 어느 황제의 묘보다도 컸다. 황제가 일곱 명이나 다녀가면서 그렇게 커졌다고도 한다. 거기에 비하면 한국의 함석헌 선생의 묘는 초라하기 짝이 없다. 어디에 모셔졌는지 아는 사람도 많지 않다. 아니, 그런 함석헌과 감히 공자를 비교할 수 있느냐? 할지 모르나, 내 생각은 다르다.

그래서 나는 중국에 있으면서 "씨울정신 운동의 뿌리"(2003년 1.2월호 통권170호)라는 글을 썼다. 그 글에서 나는 씨울정신 운동이 나타난 역사적 배경을 찾는 것이 중심이었지만, 나는 서문에서 감히 다음과 같은 말을 했다.

"나의 옅은 생각이라 할지 몰라도, 공자님은 큰 인물이다. 그러나 함석헌은 더 큰 인물이라고 나는 생각한다. 좀 더 분명하게 말한다면, 함석헌의 울타리 안에 공자를 수용할 수는 있어도 공자의 울타리 안에 함석헌을 수용할 수는 없다고 생각한다."

그 후 나는 한국에 돌아와서 "씨올의 때가 오고 있다"(2004년 1.2월호 통권 176호)는 글을 또 쓰게 되었다. 내가 이런 제목으로 글을 쓰게 된 동기를 말한다면, 한국 월드컵에 대한 감동이 계기였다고 할 수 있다. 우리 역사에서 해방이나 4·19의 감격도 크고, 최근 세계사에서 1991년 소련이 총 한 방 쏘지 않고 소리 없이 무너지고, 위성 국가들이 독립하여 민주화로 돌아서는 일은 꿈같은 일이었다. 그렇지만 나를 더 놀라게 한 일은 2002년 월드컵이었다. 우리나라 선수가 전혀 예상 밖으로 4강 신화를 일으키면서, 한국의 전 민중을 이렇게 감동시켰던 일은 일찍이 없었다. 감동의 도가니였다. 거의 혁명적이라 할 수도 있다.

함 선생님의 말씀대로 하면, 어떤 '끓는 용광로 같은 일'이 우리나라에서 일어났던 것이다. 그렇다면 우리는 뭔가 새롭게 달라지는 일이 일어나야 하는데, 뭐가 달라졌는가? 얼른 보면 아무것도 달라지는 것이 없는 것도 같았다. 겉으로 나타나는 것만으로는 더 나빠지는 것처럼 보이기도 했지만, 아니었다. 젊은이들은 기성세대를 매도하고, 예의도 없고, 된 소리 안 된 소리, 욕지거리로 막 나가는 것 같았으나, 사실은 아니었다. 젊은이들이 문제가 아니라 기성세대가 더 문제였다. 정치의 타락, 교육의 오염, 종교의 변질로 가고 있는 것을 어찌할 것인가? 그 문제점을 다 지적한다면 치밀어 오르는 무엇이 있어서 글을 이어가기도 힘들 것 같다.

그러나 마음을 가라앉히고 조용히 세상을 들여다보면, 어떤 소리 없는 움직임들이 다가오는 듯한 느낌을 받는다. 젊은이들의 꿈틀거림, 이름 모를 노래 팀들이 일어나고, 한국의 드라마, K팝, 한국의 판소리까지, 한류 열풍을 타고 세계를 열광시키는 일이 생겼다. 운동에서도 축구만이 아니라 야구, 양궁, 골프, 쇼트렉 및 기능올림픽 등등 기성세대는 상상도 못 할 일들이 젊은이들을 통하여 일어났고, 지금도 계속되고 있다. 기업은 기업대로, 좁은 한국 땅 안에서만이 아니라 세계를 무대로 뛰고 있는 것을 볼 때, 나는 그 속에서 엄청난 그 무엇이 밀려오고 있는 것을 감지할 수가 있었다.

나는 뭔가 밀려오는 그 물결의 배후에, '이름 모를 씨올들의 거대한 꿈틀거림'이 따라 움직이고 있다고 생각했다. 그래서 기다리고 기다린 끝에 나는 주제넘게도 뒤늦게 쓴 글이, '씨올정신주의로 가자!'(《씨올의소리》 통권 237호, 2014년 11.12월호)였다.

두 가지 바통 발견

필자가 "씨올정신 주의로 가자!"를 말하게 된 동기는, 함 선생님의 시집 '수평선 너머'의 '살림살이'를 다시 읽으면서부터였다. 선생님은 그 살림살이 중 첫 번째로 '늘 하늘을 우러러보자' 하시면서, "우리의 할 일이 무엇인가? 얼 힘(精神力)을 키우는 데 있다." 선언하셨다. (전집2) 나는 이 말씀을 묵상하면서, 이 말씀이 얼마나 중요한지를 나름대로 파악한 것을 발표했던 것이다.

이번에 나의 글 제목은 "천지를 뚫어 비추는 씨올정신"이라 했다. 이런 제목을 붙이게 된 이유도 역시 선생님의 '살림살이' 두 번째, '몸은 언제나 꼿꼿이 가지자'는 말씀에 근거한 것이다. 이 말씀에 관해서 본론으로 들어가기 전에 '두 가지 바통'에 관해 먼저 말하지 않을 수 없다.

2015년 3월로 기억된다. 3월 13일 선생님의 114회 탄신 일을 앞에 놓고, 이 생각 저 생각을 하는 동안에 내 머릿속을 번뜻 지나가는 말씀이 있었다. 전에도 한 번 언급한 일이 있지만, 이런 말씀이다.

> 너희가 바통을 받다가 받지 못하고 땅에 떨어뜨렸다면, 너희 주변 어디에 있지 멀리 가지 않았을 것이다. 그러니 반드시 바통을 찾아 가지고 뛰어야지 그냥 뛰면 소용없잖아?

이 말씀은 어디에도 활자화가 된 것 같지 않다. 그러나 나는 분명히 들었다. 여시아문(如是我聞)이다. 그렇지만 나는 그 바통이 이렇게 가까이 있는 줄은 새까맣게 몰랐다. 그러다가 '이것이 바통이다!' 하는 생각을 한 것은 최근이다. 그것은《씨올의소리》에 항상 실어왔던 '우리가 내세우는 것' 이것이, 바로 그 '바통'이라는 사실이다. 나는 놀라지 않을 수 없었다. 이렇게 멍청할 수가 있는가. 등잔 밑이 어둡듯이 바로 코앞에 바통을 두고 다른 곳에 가서 헤맸던 것이다.

《씨올의소리》를 찾아보니 선생님은 1976년 1월호에 '우리의 내세우는 것'을 실었고, 그해 4월호에 "누가 이 참의 바통을 받을 것인가?"를 발표하셨다. 필자는 그 말씀을 녹음하여 풀고 실으면서도 바통이 무엇인지, '우리가 내세우는 것'이 무엇인지 아무것도 모르고 세월만 보냈던 것이다. 두말할 것도 없이 이것은 함 선생님이 우리에게 넘겨주신 첫째 바통이 틀림없다. 다시 한번 그 여덟 가지를 보자.

1) 《씨올의소리》는 순수하게 씨올 자신의 힘으로 하는 자기 교육의 기구입니다.
2) 씨올은 하나의 세계를 믿고 그 실현을 위해 세계 모든 씨올과 손을 잡기를 힘씁니다.
3) 《씨올의소리》는 어떤 종교, 종파에도 속해 있지 않습니다.

4) 《씨올의소리》는 어떤 정치세력과도 관계가 없습니다.
5) 씨올은 어떤 형태의 권력숭배도 반대합니다.
6) 씨올은 스스로가 역사의 주체인 것을 믿고, 그 자람과 활동을 방해하는 모든 악과 싸우는 것을 제 사명으로 압니다.
7) 《씨올의소리》는 같이살기 운동을 펴 나가려고 힘씁니다.
8) 씨올은 비폭력을 그 사상과 행동의 원리로 삼습니다.

필자는 이상 여덟 가지 말씀 속에는 《씨올의소리》에 4가지, '씨 올'에 4가지로 되어 있지만, 여기에는 여덟 가지 정신이 들어있다고 본다.
1) 순수정신, 2) 독립정신, 3) 자기 교육 정신 4) 하나 되는 세계정신, 5) 종교 초월정신, 6) 정치초월 7) 권력 초월 정신 8) 악과 싸우는 정신 9) 같이 살기 정신, 10) 비폭력 저항정신이 그것이다. 이 정신은 곧 씨올의 나아갈 길이며, 동시에 사상과 정신이며, 실천할 목표라고 생각한다.
그래서 '우리가 내세우는 것'이 첫째 바통이라면, 나는 또 하나의 바통을 발견했다고 감히 말한다. 그것은 앞에서 언급했지만, 1953년으로 올라간다. 함 선생님 유일의 시집 '수평선 너머' 속에 들어있는 '살림살이'가 바로 두 번째 바통이라고 나는 본다. 이것은 12가지로 되어 있다.

1) 늘 하늘을 우러러보자 2) 몸은 언제나 꼿꼿이 가지자
3) 닭 울기에 일어나 하루 살림 준비하자 4) 내 몸 거둠을 내가 하자
5) 먹고 입음을 간단히 하자 6) 술 담배를 마시지 말자
7) 하루 한 번 땀을 흘리자 8) 날마다 글 읽기를 잊지 말자
9) 때때로 산과 바다에 가자 10) 산 물건을 죽이지 말자
11) 빚을 지지 말자 12) 시골을 지키자

선생님은 처음에 이것을 시로 쓰셨지만, 후에는 이것을 중심으로 여러 차례 강연도 하시고 글도 쓰셨다. 일찍이 그 중요성을 강조하신 것이다. 그래서 선생님이 우리에게 넘겨주신 바통은 두 가지가 된다. 첫째는 '우리가 내세우는 것', 둘째는 '살림살이'가 그것이다. 순서가 바뀔 수도 있다. 첫째가 둘째가 되고 둘째가 첫째가 되어도 무방하다. 첫째가 씨올의 외적 바통이라면 둘째는 씨올의 내적 바통이다. 하나가 밖으로 나가는 목표라면 하나는 안으로 들어가는 목표이다. 하나가 씨올의 내적 수련이라면 하나는 씨올의 외적 실천이 될 것이다.

씨올의 '1자 정신'을 찾는다.

나는 위와 같은 두 가지 바통에 근거를 두고, 그 하나하나에 담겨있는 씨올정신이 과연 어떤 것인지 찾고자 한다. 선생님은 씨올을 설명하시면서 "더 분명하고 깊고 큰 생각이 나시면 알려주시기 바랍니다." 하셨기 때문에 감히 '큰 생각'이라 할 수는 없지만, 한 번 생각해 보자는 것이다.

오늘 나는 씨올의 '1자 정신'을 찾는다고 했다. 이것은 나의 말이 아니다. 선생님의 '살림살이' 두 번째 "몸은 언제나 꼿꼿이 가지자"에 근거한 말이다. 특별히 그 '꼿꼿이'라는 말을 주목한다. '꼿꼿이'는 등뼈를 꼿꼿이 하고, 몸을 꼿꼿이 가지는 것이 건강을 위해서도 좋은 일이 지만, 그 '꼿꼿이'를 나는 '1자 정신'이라고 하고 싶다. 1자는 옆으로 누운 1자(一)도 있지만, 서있거나 누웠거나 다 똑같은 1자라고 할 때, 여기 1자에는 세 가지 씨올정신이 들어있다고 나는 생각한다.

1) 씨올의 '1자 정신'은 올바른 정신이다. 휘거나 꼬불꼬불한 정신이 아니다. 똑바름과 올곧음과 바른 정신을 가지는 일이다. 지조(志

操)라든지, 절개(節槪)나 일편단심(一片丹心)이라 할 수도 있다.

　이 지구상에 모든 살아있는 생물은 일어서는 것을 목표로 하고 있다. 땅에다 뿌리를 박고 일어서는 식물이 그렇고, 모든 움직이는 길짐승 날짐승까지도 태어나자마자 일어서거나 하늘로 오르자는 것이 그렇다. 그중에서도 중요한 것은 나무이다. 모든 나무들은 땅에다 뿌리를 박고 하늘 높이 1자로 오르는 모습은 신비하기 짝이 없다.

　그러나 신비한 것을 말한다면 나무보다 더 신비한 것은 사람이다. 사람이 어떻게 두 발로 일어서서 1자로 걸어 다니느냐 그 말이다. 원숭이가 가끔 두 발로 걷고, 곰이나 개도 두 발로 일어서는 때가 가끔 있지만, 인간에 비하면 어림없는 일이다. 그런 면에서 본다면 이 지구상에 두 발로 일어서서 걸어 다니고 뛰어다니면서 손을 자유롭게 쓰는 동물은 오직 인간 외에는 없다. 창조자는 왜 인간만을 두 발로 일어서서 1자로 걷게 했을까? 손을 자유롭게 쓰게 하자는 것이 목적인가? 그것만이 결코 아니다. 여기에는 어떤 깊은 뜻이 있을 것이 분명하다.

　선생님도 "다른 것은 그만두더라도 사람이 두 발로 꼿꼿이 서게 생겼다는 것만은 깊이 생각하지 않으면 안 된다." 하시면서, 어떤 "목적하는 것이 있기때문에, 무리를 하면서도. 그리 내몬 것이다." 그 "목적이란 무엇인가? 다른 것이 아니고 두골의 발달이란 것"이라고 분명히 하셨다.(전집2 p310)

　그렇다면 두골을 왜 발달시키려고 하였을까? 선생님의 말씀을 종합을 해보면 역시 '생각하는 백성, 생각하는 씨올'이 되게 하자는 것이 아닌가 보여진다. 그런데 여기에 필자가 하나 더 덧붙이고 싶은 것이 있다. 그것은 앞에서 말한 대로, 그 생각이란 '옳음'과, '곧음'과, '바름'을 지나 어떤 통일된 하나(전체)를 이루자는 것이 최종목적이 아니었을까?

2) 씨올의 '1자 정신'은 '하나 됨'의 정신이다. 함 선생님은 씨올을 설명하면서, "'ㅇ'은 극대 혹은 초월적인 하늘을 표시하는 것이고, '·'는 극소 혹은 내재적인 하늘 곧 자아(自我)를 표시하는 것이며, 'ㄹ'은 활동하는 생명의 표시입니다." 하시고 마지막에 "우리는 전체 안에 있고 전체는 우리 하나하나 속에 있습니다." 하셨다. (우리가 내세우는 것)

이 말씀을 보면, 씨올이라는 말 속에는 하늘, 사람, 땅(ㅇ·ㄹ=天人地)이 '하나 됨'을 이루고 있다. 그리고 "우리는 전체 안에, 전체는 우리 하나하나 속에 있다"는 말씀은 '나+전체=하나'라는 공식이 성립한다. 여기에는 어느 한 개인이나 한 나라의 구원을 넘어 세계를 구원하고도 남는다는 정신이 들어있다고 생각한다.

그러나 오늘의 세계를 보면 '하나 됨'은 고사하고 분열을 지나 씻을 수 없는 죄를 짓고 있다. 세계는 지금 두 가지 큰 죄악을 저지르거나 저지를 준비를 하고 있다. 첫째는 전쟁이고 둘째는 자연파괴이다. 옛날에도 전쟁이 있었지만, 지금과 같이 이렇게 큰 위험에 직면하지는 않았다. 오늘날은 대량살상 무기 만이 아니라 핵무장 속에 핵전쟁만을 앞에 놓고 있다. 이대로 그냥 놔둔다면 인류가 망하는 것은 불을 보듯 빤한 일이다. 더구나 IS로 대표되는 자살폭탄이나 불특정 다수에게 무차별 공격하는, 상상하기조차 싫은 끔찍한 일들이 우리 눈앞에서 벌어지고 있다. 자연파괴도 이미 도를 넘었다. 함 선생은 일찍이 "문명은 병이다!" 하신대로 세계는 문명병으로 그 최후를 재촉하고 있지 않은가? 자연은 파괴될 대로 되고, 오염이 될 대로 되어서, 자연의 분노는 극에 달했다. 처처에 지진, 화산폭발, 기상이변 등, 이상하게도 엘리뇨

(아기예수) 현상으로 가뭄, 홍수, 토네이도, 산사태 등등, 앞으로 어떤 일이 일어날지 예측할 수도 없는 세상이 되었다.

본회퍼의 말대로 미친 운전사가 질주하는 버스에 함께 타고 있는 우리의 이 현실을 어찌할 것인가? 그러므로 이제는 위험을 무릅쓰고라도 그 운전사를 내동댕이치고 급브레이크부터 밟아야 한다. 그래서 핵무기를 포함한 모든 살상 무기를 내려놓고 전쟁의 방향을 평화산업으로 돌려야 한다. 그래서 일대변화(一大變化)를 일으켜서, 나와 너와 우리와 세계를 살리는 '하나 됨'의 길로 가지 않으면 안 되는, 절체절명의 처지 앞에 서 있다.

3) 씨올의 1자 정신은 '뚫어 통하는 정신'이다. 말하자면 소통(疏通)의 정신이다. 막히지 않고 뚫리는 정신이다. 관통(貫通)이다. 꿰뚫음이다. 공자의 일이관지(一以貫之)다. 하나의 이치로써 모든 것을 꿰뚫는 일이다. 석가의 천상천하유아독존(天上天下唯我獨尊)이다. 하늘 위와 하늘 아래 오직 내가 홀로 존중받는다는 것은, 나만이 잘났다고 뽐내는 일이 아니다. 하늘과 땅 위에서 홀로 일어서서 모든 만물과 서로 소통하는 정신적 깨달음을 말하는 것이 아닌가. 함 선생님의 말씀을 하나 더 주목해 보자.

> 스스로 서지 못하는 것은 사람이 아니다. 하늘 땅 사이에 '나는 나다.'라고 서야만 사람이다. 자주독립이다. 사람이란 하늘, 땅을 연락을 시키잔 것이다. 그러므로 땅의 힘이 내 발로 올라와 머리를 통해 저 까만 하늘에 뻗는다 하는 마음으로 서야 한다. 그래 1만 5천 리 지구 중심까지 울림이 내려가도록 힘 있게 디디고 서자는 것이다. (전집 2, p.310-311)

천지를 뚫어 비추는 씨올정신

부산의 성자로 알려진 장기려 박사는 돌아가시기 전, 함석헌 선생을 가리켜 말하기를 "그 분은 5백 년 후에 빛이 날 분"이라고 했다 한다. 필자는 그 말씀을 직접들은 것이 아니고 전해들은 말씀이기에, 어떤 생각을 갖고 말씀을 하셨는지 자세히는 모른다. 그렇지만 그 5백 년이라는 시간이 너무 길다는 생각을 잠깐 했지만, 아니었다. 그 5백 년이라는 시간은 산술적 시간이 아니다. 영의 세계와 정신의 세계에서는 "하루가 천년 같고 천년이 하루 같기" 때문이다. 그리고 그 '빛이 날 분'이라고 했는데, 무슨 빛이 난다는 말씀일까? 필자의 생각으로는 그 빛은 함석헌 선생의 '씨올사상'과 '정신'을 가리켰다고 본다.

그래서 나는 이 글을 쓰기 전 '씨올'에 관하여 다시 한번 생각해 보았다. 씨올에서 '씨'도 중요하고 '올'도 중요하지만 더 중요한 것은 ㅇ과 ㄹ 사이에 있는 아래아(·)라고 생각한다. '·'를 함 선생님은 보통 'ㅏ'라고 발음을 하지만 ㅓㅗㅜ를 넣어서 얼, 올, 울 할 수도 있다고 했다.(전집2 p328) 그런 면에서 생각하면 ㅏㅓㅗㅜ는 '1자'를 중심으로 좌우상하를 자유자재로 소통(疏通)할 뿐 아니라, 하늘로 통하고(ㅗ) 땅으로 통하고(ㅜ) 오른쪽으로 통하고(ㅏ) 왼쪽으로 통하는 것(ㅓ)이 아닌가. 이것은 자아(自我)즉 '나'를 말하는 것이고, 내가 우주의 중심에 섰다는 것을 뜻한다. 나(·)는 하늘(ㅇ=해달별)과 땅(ㄹ=산 생물)의 중심에 서서 하늘, 땅을 연결하는 주체로서의 '올'이다. 함 선생님은 이런 말씀도 하신다.

> 정말 있는 것은, 올은 한 올 뿐이다. 그것이 올 혹은 얼이다. 그 한 올이 이 끝에서는 나로 알려져 있고, 저 끝에서는 하나님, 하늘, 부라만으로 알려

져 있다…. 씨올은 하늘 말씀이 내려 온 것이요, 씨올의 운동은 곧 하늘로 올라가는 운동이다. (전집 4, p.66-67)

　선생님의 씨올에 대한 사랑은 끝이 없다. 씨올은 처음이요 나중이며 알파요 오메가다. 세상에서 모든 존재가 다 없어진다 해도 씨올은 결코 없어질 존재가 아니다. 씨올은 마지막 세상을 건질 희망의 빛이다. 씨올은 마침내 어둠의 세력을 몰아내고, 이 잘못된 세상을 온전히 바로잡을 정신세계의 참 빛이 될 것이다.
　성경에는 하나님을 '햇빛보다 더 밝은 빛'으로 표현했지만, 씨올의 빛은 햇빛 이상의 빛을 바라지는 않는다. 햇빛으로 족하다. '날마다 뜨는 저 태양'은 보아도, 보아도 싫지 않고, 받아도, 받아도 넘치지 않는 해요 햇빛이다. 모든 만물을 포용하고, 끊임없이 주며, 모든 생명을 살리는 해가 온 세상을 비추듯이, 우리의 '씨올사상'과 '정신'도 해처럼 빛날 때가 반드시 오리라고 믿는다.

　　해야 솟아라, 해야 솟아라.
　　말갛게 씻은 얼굴 고운 해야 솟아라.
　　산 넘어 산 넘어서 어둠을 살라먹고,
　　산 넘어서 밤새도록 어둠을 살라먹고,
　　이글이글 애 띤 얼굴 고운 해야 솟아라.

　　　- (시인 박두진의 '해'에서)

함석헌, 씨올정신의 역사
- 씨올의 바른 길을 찾아서-

"씨올은 곧 함석헌이며 함석헌은 곧 씨올이다!"
이 명제는 필자가 주제넘게도 오랫동안 생각을 거듭한 끝에 내린 결론이라면 사람들은 어떻게 생각할까? 물론 옳다, 맞다 하는 이도 있을 것이고, 틀렸다, 아니다, 반대하는 이도 있을 것이다. 그러나 옳다, 그르다, 찬성이다, 반대다 를 막론하고, 거기에 상관하거나 구애받지 않고 필자는 필자 나름대로 평소에 생각하던 것을 한 번 주장해보고, 그 생각을 펼쳐보겠다는 것이 이글의 목적이람 목적이다.

1990년 2월 4일 함석헌 선생 서거 1주년 추도식 날이었다. 필자는 선생님 추도식 순서지를 준비하면서 특별한 생각 없이 "씨올 함석헌 선생 1주기 추도식 순"이라는 말을 자연스럽게 썼다. 당시 함 선생님과 가까이 계셨던 장기려 박사나 안병무 박사를 비롯하여 여러 조객들이 "씨올 함석헌"이란 말에 주변에서 한두 분이 함 선생의 호가 씨올이 아니라는 주장을 제가 한 일은 있다. 필자도 그것이 함 선생님이 직접 말씀하신 호가 아니라는 것을 모르고 쓴 것은 아니었다. 함 선생의 호는 "신천옹(信天翁)"이라든가 "바보새"라는 호를 알고 있었고, 어느 때 선생님이 그호에 대해서 설명하시는 것을 들은 일도 있다. 선생님의 삶과 상당히 일치하는 뜻이 들어있구나, 하는 것을 느끼기도 했다. 그러나 왠지 모르게 필자는 선생님의 이름 석 자 앞에 선생님을 상징하는 호 아닌 호를 말한다면, 씨올 이란 말을 붙여드리고 싶었다. 왜냐하면 선생님에게는 씨올이 가장 어울리고 씨올이 가장 적당한 호 이상이 될 수 있다고 생각했기 때문이다.

2001년 함 선생님 탄신 100주년 때의 일이다. 그때 탄신기념행사 가운데 선생님의 유품전시회를 국립중앙도서관에서 연 일이 있다. 유품전시회에는 선생님의 사진과 친필 글씨도 모아서 함께 전시회를 가졌던 일을 기억한다. 그런데 그 전시회를 준비하는 중에 함 선생님과 관계된 이들이 소장하고 있던 친필 글씨를 기꺼이 보내준 이들이 의외로 많았다. 그중에서 지금도 잊혀지지 않는 일은 함 선생님이 쓰신 글 중에 선생님의 호로서 "신천옹"이나 "바보새"를 쓰시지 않고, "늙은 씨올" 또는 "작은 씨올"이나 "씨올"을 호 대신 분명히 쓰신 사실을 발견했다. 이것은 직접 보신 이들이 있고, 찍어둔 비디오를 통해 얼마든지 확인해 볼 수도 있다.

씨올의 시작에 관하여

따라서 "씨올 함석헌"이라고 부르는 일은 너무나도 자연스러운 일이라고 생각한다. 자연스러울 뿐만이 아니라 가장 함 선생님을 정확하게 알리는 일이 될 것이다. 그리고 더 나아가서 우리가 잊어서는 안 되는 또 하나 분명한 일이 있다.

"씨올의 시작은 함석헌으로부터이다!"라는 사실이다. 필자의 이 말에 대하여 "아니, 그게 무슨 소리냐? 씨올의 시작은 유영모이지 어찌 함석헌인가?" 하고 버럭 화를 낼지도 모른다. 그러나 아니다! 결코, 아니다. 씨올의 시작은 함석헌으로부터 시작되었다. 이것은 사실이요 진실이다. 그 이유와 까닭을 말하리라.

이미 함석헌 선생이 친히 밝힌 대로, '씨알'이란 말은 6·25 이후 YMCA 목요강좌에서 다석의 대학(大學)강의 중에 나온 것은 사실이다. 다석이 민(民)을 '씨알'로 옮김으로 시작되었다는 말도 맞다.

그러나 주의해 볼 일이 있다. 다석이 민을 '씨알'로 번역한 일은 사실이지만, 그 '씨알'이란 말이 다석의 독창적인 것인가? 그것은 아니라는 말이다. 씨알이란 말은 다석 이전에도 있었다. '씨'니 '알'이니 하는 말이 있었고, '씨알', '씨알머리'란 말도 이미 존재하고 있었다. 그렇다고 해서 다석이 옮긴 '씨알'이란 번역에 대하여 폄훼하거나 부정할 마음은 추호도 없다.

그렇지만 우리가 주목할 일이 있다. 그것은 함석헌 선생이 그 '씨알'을 택하여 쓰셨다는 점이다. 민중, 백성, 국민이니 하는 낡은 말을 대신하여 썼다는 사실이다. 묻혀버릴 수도 있었던 '씨올'을 발굴하여 내고, 그것을 세상에 알리는 일은 함석헌으로부터 시작되었다는데 이의를 달 사람이 있을까? 함 선생은 57년 3월 충남 천안에서 농장을 시작하면서 이름을 친필로 "씨올농장"이라 썼고, 강원도 고성군 진부령 산속에서 개간사업을 하면서도 그 이름을 "안반덕 씨올농장"이라 불렀다.

함석헌 선생은 당시 《사상계》지에 56년부터 글을 발표하기 시작하면서도 씨알이란 말을 썼다. 함석헌의 글에는 순 우리 말 사용이 많았다. 그중에서 가장 많이 사용한 말을 든다면 씨알이 될 것이다. 당시 함석헌의 글이 세상을 얼마나 놀라게 하고 감동을 주고 세인의 주목을 받았는지는 오늘의 젊은이들은 짐작 못 할 것이다. 당시 언론들은 선생을 가리켜 "혜성 같이 나타난 존재"이니, "황야의 예언자"란 표현까지 썼다. 세례자 요한처럼 세상의 회개를 외치고 권력자들의 부정부패에 대해 사자후를 토함으로, 당시 어느 유명 정치인과도 비길 수 없이, 함 선생의 말을 들으려고 구름 같은 청중이 모여들던 일은 생각만 해도 가슴 벅차다.

1959년 12월호《사상계》에 함 선생은 "씨알의 설움"이란 글을 발표했다. 여기에는 천안 씨올농장 이야기도 나온다. 씨올농장에서 호미를 들고 일을 나가기 전 집필을 끝내신 것은 유명하다. 이처럼 함 선생의 씨올 이야기는 선생이 집필하는 어떤 글에도 안 나오는 때가 없을 정도였다.

그런데 우리가 기억할 일이 또 하나 있다.

그것은 함 선생이 1970년 4월 19일, 4·19 혁명 십 주년 기념일에 맞추어 월간《씨올의소리》를 창간한 일이다. 여기서 함 선생은 "씨알"을 "씨올"로 바꿔 쓰셨다.《씨올의소리》라고 친필 글씨로 써서 씨알이 아닌 씨올로 쓰시고, 그 다음부터는 함 선생의 모든 글에는 반드시 씨올로 쓰셨다는 사실이다. 따라서 '씨올'은 함석헌 선생으로부터 시작되었다. 이점을 우리는 주목하고 관심을 가질 필요가 있다.

씨올의 철학, 씨올의 소리

함석헌이《씨올의소리》를 '씨알'의소리가 아닌 '씨올'의소리로 했다는 것은 단순한 글자의 바꿈이 아니다. 이것은 함석헌의 새롭고도 독창적인 일이다. 거기에는 철학이 있고 사상이 있고 정신이 있다고 생각한다. 그것을 씨올철학, 씨올사상, 씨올정신이라 해도 좋다.

함석헌은 월간《씨올의소리》를 창간하면서 씨올에 대한 여러 가지 글을 발표했다.

"씨올", "썩어지는 씨올이라야 산다", "씨올의 울음"(창간호)
"씨올의 설 자리", "씨올의소리". "왜 나는 '알'을 '올'로 쓰는가?"(제2호)

위의 글 중에서 함 선생의 분명하고도 깊은 뜻이 담긴 말씀 몇 마디를 인용해 본다.

씨올 보다 더 좋은 말이 있거든 고칠 셈치고 우선은 써 봅니다. 민(民)대로 좋지만 민 보다는 좀 더 나아가기 위해서, 민은 봉건시대를 표시하지만 씨올은 민주주의 시대를 표시합니다. 아닙니다. 영원한 미래가 거기 압축되어 있습니다. 우리는 한 씨올입니다!(창간호 씨올에서)

'올'을 왜 '알'로 쓰지 않고 '올'로 썼나? 물론 지금 맞춤법에는 들어맞지 않습니다. 그러나 본래는 있던 것입니다. "ㆍ"를 혹 마지막 ㅏ라 해서 ㅏ와 같이 보려하나 그것은 모르는 말입니다. 또 지금은 쓰지 않으니 버리는 것이 마땅하다 하는 의견도 있으나, 지금도 잘 구별을 하지 않아 그렇지 살아있습니다. 그런 것은 음보다 그 뜻을 위해 될수록 살려 쓰는 것이 좋습니다. 어학의 전문연구가 없으니 말할 자격은 없습니다마는 한글에는 본래 그 만들던 이들에서부터 그저 지음만이 아니고 하나의 철학이 들어있습니다.

ㅏㅓㅗㅜ―ㅣ를 보면 그 음이 깊은 데로부터 옅은 데로 차례로 되어 있습니다. "ㆍ"는 끝에 올 것이 아니라 머리에 와야 할 것 아닐까? 모든 모음의 밑이 되는 가장 깊은 데서 나오는 소리 아닐까? 하늘은 어떤 때는 하날, 어떤 때는 하눌, 하는 것을 보면 본래는 하눌이라 썼어야 할 것입니다. 올도 그런 의미에서 알 얼 올 하는 음이 다 나오는 기본 되는 것으로 생각하고 올이라 쓰는 것이 좋을 것입니다. (제2호 올에서)

위의 글만이 아니라 함 선생은 《씨올의소리》 창간 이후 "씨올에게 보내는 편지"를 매호 쓰셨다. 강연이나 강의를 하시고 좌담을 하시거나 말씀을 하실 때, 씨올을 잊어버리거나 빼놓으신 일은 없다. 선생님 자신이 말씀하신 것처럼 "씨올이 모든 삶의 밑뿌리이면서도 무시를 당해 거의 잊어버려졌던 데서 다시 제 모습을 찾아 제소리를 내자는, 하나의 씸볼"이었다. 그래서 씨올은 곧 함석헌의 씸볼이며 상징이 되는 것이다.

1976년 1,2월호 때의 일이다. 함 선생은 다음과 같은 "우리의 내세우는 것"이란 제목으로 8가지 씨올의 갈 길을 발표하였다. 이것은《씨올의소리》가 창간 6주년을 앞두고 있던 때이다. 이미 많이 알려졌지만 다시 한번 주목해 보자.

(1)《씨올의소리》는 순수하게 씨올 자신의 힘으로 하는 자기 교육의 기구 입니다.
(3)《씨올의소리》는 어떤 종교, 종파에도 속해 있지 않습니다.
(4)《씨올의소리》는 어떤 정치세력과도 관계가 없습니다.
(7)《씨올의소리》는 같이 살기 운동을 펴나가려고 힘씁니다.

(2) 씨올은 하나의 세계를 믿고 그 실현을 위해 세계 모든 씨올과 손을 잡기를 힘씁니다.
(5) 씨올은 어떤 형태의 권력숭배도 반대합니다.
(6) 씨올은 스스로가 역사의 주체인 것을 믿고, 그 자람과 활동을 방해하는 모든 악과 싸우는 것을 제 사명으로 압니다.
(8) 씨올은 비폭력을 그 사상과 행동의 원리로 삼습니다.

이처럼 씨올과《씨올의소리》에 대한 방향을 명확하게 밝히신 일은 처음이다. 위의 여덟 가지를 자세히 보면《씨올의소리》에 대한 네 가지 길과 씨올에 대한 네 가지 나아갈 방향이 제시되어 있다. 이것은 함 선생님이 남기신 씨올의 헌장 같은 말씀이다. 씨올철학과 씨올사상이 어떤 것인가를 우리에게 제시하신 씨울정신의 알짬이라 할 수 있다.

여기에서 또 한 가지 분명하게 집고 넘어가야 할 내용이 있다. 앞에서 다석 선생이 민을 씨알로 옮겼다는 말을 했지만, 분명한 것은 다석의 번역에는 "씨알"은 있어도 "씨울"은 없다는 사실이다. 다석 일지에도 없고, 다석의 유일한 번역인 노자(老子)에도 씨알은 있으나 씨울은 없다는 사실이 드러났다. 다석의 강의 중에 씨알 이야기가 나왔음 직하지만 씨알에 대한 다석의 어떤 글도 찾아 볼 수 없다.

그러면 사람들이 혹 생각하기를 씨알과 씨울의 차이가 무엇인가? 같은 말이 아닌가 할 수도 있지만 그렇지 않다. 씨알이라 할 때에는 단순히 민의 번역 이상으로 나아갈 수 없지만, 씨울이라 할 때에는 거기 함석헌의 철학이 있고 사상이 있고 씨울정신이 들어있기 때문이다. 함석헌은 위에서 말한 8가지 외에도 특별히 "울"에 대한 깊은 뜻을 추가했다.

"ㅇ"은 극대 혹은 초월적인 하늘을 표시하는 것이고,
"·"는 극소 혹은 내재적인 하늘 곧 자아를 표시하는 것이며,
"ㄹ"은 활동하는 생명의 표시입니다.

여기서 씨울 독자의 이해를 돕기 위하여 드릴 말씀이 있다. 《씨울의 소리》 창간호나 그 후 《씨울의소리》에 실린 함석헌 선생의 글 중에서 씨울이 씨울로 되지 않고, "씨알"로 나온 것이 있다. 이것은 함 선생이 그렇게 쓰신 것이 아니다. 인쇄소가 그렇게 한 것이다. 70년대 당시에는 인쇄소에 "울"자가 없었다. 나중에 울 자를 특별히 주조해서 만들어 넣기는 했지만, 그렇게 되기까지 얼마나 많은 수난이 있었는가를 알아야 한다. 군사독재정권 아래서 미행, 연금, 압수, 검열, 폐간 등 수 없는

탄압을 받아가며, 기관원을 피해서 비밀 인쇄를 하고, 뺏고 빼앗기면서 《씨올의소리》가 나왔다는 사실을 독자는 기억해주기 바란다.

함석헌 씨올정신의 역사

이미 여러 차례 씨올철학이니 씨올사상이란 말이 나왔지만, 이런 말은 함 선생 자신이 한 말은 아니다. 남들이 그렇게 말하고 그렇게 붙인 것이지 함석헌 자신은 그런 말을 스스로 하지는 않았다. 그러나 씨올정신이란 말은 쓰셨다. 평화주의나 정신주의라는 말을 즐겨 쓰셨다. 이러한 말씀으로 미루어 생각해 볼 때, 함석헌의 씨올정신이란 아득히 먼 옛날까지 거슬러 올라가서 맥을 잇고 있다는 것이 필자의 생각이다.

이러한 생각은 필자 혼자만이 하는 생각은 아니었다. 일찍이 안병무 박사도 그 비슷한 말씀을 한 일이 있다. 지금은 기억이 희미하지만, 안 박사가 내던 "현존(現存)"이라는 잡지가 있었다. 거기에 함 선생의 '74년의 생애'에 대한 글을 쓰시면서 이렇게 평했다.

"함석헌은 팔레스타인에서 예수에게 세례를 받고, 인도에서 간디의 지팡이를 짚고, 한국에 와서 살고 있는 이"라는 말이 나온다. 물론 이 말은 비유이다.

그러나 필자는 안 박사의 이 평을 기회 있을 때마다 되뇌는 일이 많았다. 되뇌면서 필자에게도 의문이 없지 않았다. 함 선생이 예수에게 세례를 받고 간디의 지팡이를 짚고 한국에 와서 산다면 공자, 맹자는 어떻게 되고 노자, 장자는 어떻게 될까? 또는 함 선생의 유일의 스승으로 알려진 다석은 어떻게 되며, 일본의 내촌(內村)은 어떻게 될까? 필자의 생각은 잘 정리되지 않았다.

그래서 혼자서 이렇게도 생각해 보았다. 함 선생님은 팔레스타인에서 세례를 받고 인도에 들려 간디에게서 지팡이를 선물로 받아들고, 중국에 와서 공맹과 노장을 만나 악수하고 한국에 와서 사는 분이 아닌가? 그러나 이것은 틀렸다는 것을 알았다. 한동안 필자의 머리의 한계를 느끼며 헷갈리고 있었지만, 이제는 어느 정도 확실하게 알았다! 안병무 박사의 평이 너무도 옳다는 것을 알았다. 공맹도 훌륭하고 노장도 훌륭하지만, 다석도 좋고 내촌도 좋지만, 함석헌의 씨올정신의 역사에 그분들이 들어갈 자리는 없다. 물론 그분들에게서 어릴 때, 청년의 때, 또는 서당에서 감옥에서 배우고 가르침을 받고 영향을 안 받았다 할 수는 없다. 선생님 자신이 그분들을 존경하고 남이 알지 못하는 여러 가지 내용이 있을 수 있다. 그러나 그분들에게는 대단히 죄송한 얘기가 되겠지만, 함석헌의 씨올정신의 역사 맥은 따로 있다고 생각한다.

지난 4월 12일이었다. 서울역 대우재단 빌딩에서 함석헌 새로 읽기 모임이 열렸다. 한 삼십여 명이 모여서 대화를 하는 중에, 함 선생님의 육촌 동생이 되시는 함석조 선생의 말씀도 있었다. 선생의 몇 가지 말씀 중에 오산학교 시절 함석헌 선생은 자신의 담임이었다는 말씀도 하면서, 어느 시간에 두 분이 있을 때 질문하기를 "선생님은 한국역사에서 존경하시는 인물이 누구입니까?" 의외로 선생님은 "포은 정몽주"라고 대답했다는 것이다.

필자는 그 말씀을 듣는 순간 "과연 그렇구나!" 하는 새로운 해답을 얻게 되었다. 한국역사에서 가장 존경하는 인물이 정몽주인 함석헌! 그의 씨올정신의 맥은 정 포은에 가 닿는다고 확신한다. 포은 선생이 함석헌의 맥이라면 조선왕조로 넘어와서는 자연 성삼문, 김시습으로 대표되는 사육신 생육신으로 이어질 것이다.

이야기를 조금 바꿔서 함석헌 선생은 《사상계》지에 59년 6월호에 "남강 도산 조만식"이란 글을 쓰셨다. 오래 전에 읽은 기억은 있으나 이제는 다 잊어버렸다. 다만 한 마디 잊혀지지 않는 말씀이 있다. 그것은 "스면!" 이다. 그 "스면"이 무슨 말인가? 함 선생님의 자서전이라 할 수 있는 "죽을 때까지 이 걸음으로"를 다시 찾아보았다. 이런 말씀이다.

> 오늘날 남강 선생이 계셨으면!
> 오늘날 도산 선생이 계셨으면!
> 오늘날 조 선생이 계셨으면!

민족학교 오산을 창립한 남강 이승훈 선생님, 오직 지극한 정성으로 대한 독립을 위해 헌신한 도산 안창호 선생님, 김일성의 세력 자가 19번이나 찾아와 설득을 해도 "아니!" 한 고당 조만식 선생님, 그분들을 그리는 함 선생의 마음이 얼마나 지극하신가를 보여주는 대목이다.

여기까지 이야기만 살펴봐도 함석헌이 어떤 사람이고 씨울정신이 과연 어떤 정신인지? 어떤 역사적 맥을 잇고 있는가를 알 수 있을 것이다.

그 순수함, 자유 평화 정의 인도 교육을 위해, 어떤 정치와 종교에 치우치지 않고, 어떤 형태의 권력숭배나 정치세력을 배격하고, 추호의 흔들림이 없이, 비폭력 평화주의로, 같이 살고 함께 사는 일에 일신을 다 바친 어른들, 그야말로 국경을 초월해 존경을 받고, 씨울의 손을 잡을 수 있는, 오고 오는 세대에 씨울들의 사표가 아닌가?

글을 마치면서

70년대 어느 때라고 기억한다. 다석 선생이 원효로 4가 70번지 함 선생 댁을 찾아오셨다. 필자는 아무 것도 모르던 때였다. 그러나 분명히 지금도 생각나는 일은 다석 선생의 노기 띤 얼굴이다. 나중 안 일이지만 함 선생님을 책망하시러 오신 것이다. 그런데 무슨 말씀을 하셨는지 자세히 듣지는 못했지만, 마치 초등학생이 선생님 앞에 벌 받는 듯, 함 선생님은 두 무릎을 꿇고 계셨는데 아주 평온해 보였다. 필자는 그 모습이 30년이 지난 오늘까지도 기억에 새롭다. 다석 선생을 대하는 함 선생의 모습이다. 우리가 아는 대로 다석은 함 선생을 비판하는 소리가 선을 넘었다는 말까지 들려왔다. 그러나 함 선생님은 다석에 대한 어떤 말씀도 없었다. 눈물겹도록 참고 인내하는 모습이었다. 우리는 여기서 함 선생님의 그 자세를 배워야 하지 않을까 생각한다.

다음 한 가지는 89년 2월 3일 함석헌 선생을 마지막 떠나 보내드리는 장례식 하루 전날이었다. 저녁 7시 입관식이 이루어질 때 필자의 놀라움과 감동은 지금까지도 생생하다. 입관 예배, 다음날 발인예배, 장례식, 하관식까지 여러 저명 인사들의 말씀이 다 잊지 못할 중요한 내용이 많았다. 하지만 필자는 그 말씀 이상의 감동을 잊을 수 없다. 그것은 "씨올 함석헌의 널"라는 명정을 보는 순간이었다. 함석헌은 이 세상을 마지막으로 떠나실 때 "씨올 함석헌의 널"이라는 관보를 덥고 떠나셨다. 말하자면 함석헌은 이 땅에 씨올로 와서 씨올로 살다 씨올로 묻혔다. "한 알의 밀알이 땅에 떨어져 죽지 않으면 한 알 그대로 있고 죽으면 많은 열매를 맺느니라." 그렇다! 함석헌은 죽었다. 그러나 죽지 않았다. 함석헌은 이제 수많은 씨올로 반드시 다시 살아날 것이기 때문이다.

이번 호로《씨올의소리》200호가 된다. 보통 정상적으로 한다면 200호가 되기까지는 20년이면 되고도 남는다. 그러나《씨올의소리》는 38년이 걸렸다. 그것은 무엇을 말하는가? 씨올의 역사는 상처의 역사였다. 무수한 상처를 입고 몇 번을 죽었다, 살았다를 반복한 역사이다. 용케도 죽지 않고 여기까지 왔다. 이렇게 산 것이 과연 산 것인가? 살았다고 할 수 있는가? 의문도 없지 않다.

이미 함석헌 서거 35 주기가 지났다. 함석헌 없는 씨올이 과연 살아날 것인가? 불가능할 것이다 하는 사람들이 많지만, 기적은 일어나고 있다. 이상하게도 여기저기 예상치 않았던 곳에서 씨올 이야기가 펼쳐지고 있는 것은 고무적이다. 그러나 우려도 있다. 큰 고기 나오기 전 망둥이가 뛴다는 말도 있지만, 우후죽순처럼 씨올이라 이름하고 일어난다면 걱정도 된다.

그러므로 우리는 정신을 차려야 한다. 어느 길이 씨올의 바른길인가를 바로 찾아야 한다. 만일 정신 바짝 차리지 않고 있다가는, 오히려 미로를 헤맬 가능성도 있으니 말이다.

(《씨올의소리》2008년 200호 기념으로)

씨올정신주의로 가자!
- 오고 있는 씨올의 때를 위하여

가까이 온 씨올의 때

'씨올의 때'가 오고 있다! 가까이 오고 있다. '밤이 깊고 낮이 가까 웠으니 어두움의 일을 벗고 빛의 갑옷을 입자(롬13:12)'는 말씀이 새롭게 들리는 시간이다. 캄캄함이 더하면 더할수록 여명의 빛이 눈앞에 왔듯이, '씨올의 때'도 우리 앞에 바짝 다가온 것이 분명하다. 이것은 자연의 이치인 동시에 역사의 이치이다.

낙엽은 다떨어져 앙상한 나뭇가지 끝에 삭풍이 몰아치는 지금, 가고 있는 가을의 뒤통수를 치기라도 하는 듯, 때아닌 폭설이 쏟아지고 서울이 영하 13도, 대관령과 철원은 영하 20도까지 내려가고 있다. 예상되는 것은 무서운 엄동설한이지만, 이 겨울이 오래가지 못할 것도 분명하다. 생명의 아우성소리가 천지를 진동하는 봄이 반드시 오는 것처럼, 씨올의 때도 반드시 올 것이기 때문이다.

아무리 비바람이 몰아치고 파도가 거세고 천둥 번개가 번쩍이며 태풍이 몰려온다 해도, 두려워할 필요는 없다. 오히려 기다리고 기다리던 '그때 그날'을 예비하라는 천상의 다른 목소리일지도 모른다.

이렇게 오고 있는 씨올의 때를 그저 앉아서 기다리기만 할 것인가? 결코, 그래서는 안 된다. 준비해야 한다. 슬기로운 다섯 처녀가 신랑을 맞이하기 위해 등을 준비하고 기름을 준비하듯이(마 25장), 준비해야 한다. 그리고 깨어있어야 한다. 그래서 꿈에 그리던 '님'을 만나듯이, 우리는 씨올의 때를 만나야 한다. 그러므로 지금은 잠에서 깰 때요, 깨어 일어날 때다. 몸을 단정히 하고 정신을 바짝 차려야 할 때다.

그런데 왜 아직도 잠에 취해 깨어나지 못하는 사람은 누구이며, 씨올이 무엇인지? 정신이 뭔지? 생소하게만 생각하고 비틀거리는 사람은 누구인가? 어찌하여 마음을 안정시키지 못하고 불안해만 하는가? 왜 이렇게 삶의 의욕이 없고 생을 포기하려는 사람들이 많은가? 생을 포기하려는 그런 용기가 있거든, 그런 용기를 가지고 그 방향을 한 번 틀어보라! 오고 있는 그 날을 그대가 먼저 볼지도 모른다. 그런데 그대는 왜 삶의 뜻을 찾지 못하고 희망을 갖지 못하는가? 도대체 그 까닭이 무엇인가? 그 원인이 어디 있는가?

단적으로 말한다. 알맹이가 빠졌다. 자신이 '씨올'이라는 자각을 하지도 못하거니와, 씨올 자체가 빠져 쭉정이처럼 살고 있기 때문이다. 정신이 빠졌다는 말이다. 얼이 나가고 혼이 나갔다는 증거다. 겉으로만 화려하면 뭘 하며, 지식이 넘치면 뭘 하고, 돈이 많으면 뭘 하는가? 알이 빠지고 얼이 빠지고 넋이 나갔는데, 무슨 일을 어떻게 한다는 말인가?

그러나 분명히 기억할 것은, 씨올의 때가 소리 없이 오고 있다는 사실이다. 겨울 속에 봄이 잉태되고, 어두움 속에 아침이 밝아 오듯이, 씨올의 때가 우리 앞에 성큼성큼 닥아오고 있다. 그래서 오고 있는 씨올의 때를 대비하기 위해, 씨올을 말하고 그 정신을 한번 불러일으켜 보자는 것이 이글의 목적이라면 목적이다.

씨올을 말하고 정신을 일으키기 위해서는 우리는 먼저 한 사람을 주목하지 않을 수 없다. 그 한 분은 1901년에 이 땅에 태어나 88년을 사시다가, 1989년에 2월 4일 이 땅을 떠나신 함석헌 선생이다. 선생의 육신은 떠나가셨지만, 선생의 팔팔한 정신이 떠나간 것은 아니다. 그 정신은 우리가 알게 모르게 우리 속에서 꿈틀거리고 있는 것이 분명하다. 선생이 제창하고 본을 보여준 씨ᄋᆞᆯ 정신은 지금은 미약한 듯 희미하게 보일지 모르지만, 그것은 하나의 작은 씨앗이 자라고 자라서 울창한 숲을 이루듯이, 하나의 작은 샘물이 모이고 모여서 강이 되고 바다가 되듯이, 마침내 씨ᄋᆞᆯ정신은 온 세상에 충만하게 될 것이다.

선생은 씨ᄋᆞᆯ과 정신주의라는 말을 제일 먼저 주창하였고, 그것을 제일 먼저 우리에게 알려준 분이다. 선생은 말만 하고 글만 쓴 분이 아니다. 삶과 행동으로 그것을 보여주었다. 함석헌 선생은 누가 뭐래도 최초로 씨ᄋᆞᆯ철학과 사상과 정신을 우리에게 온몸으로 보여준 첫 번째 씨ᄋᆞᆯ이다. 씨ᄋᆞᆯ이 어떤 존재이며 씨ᄋᆞᆯ의 참모습이 어떤 모습인가를 처음으로 우리에게 보여준 분이다. 선생의 88년의 생애는 하나의 씨앗이 되고 낱알이 되어, 하나의 씨ᄋᆞᆯ로 이 땅에 묻혔다.

그러므로 "한 알의 밀이 땅에 떨어져 죽지 아니하면 한 알 그대로 있고 죽으면 많은 열매를 맺는다.(요 12:24)"한 것처럼, 이제 앞으로 씨ᄋᆞᆯ의 싹이 나고 줄기가 생기고 잎이 피고 꽃이 피고 수많은 열매를 맺어, 울창한 숲을 이루는 날이 반드시 올 것임을 믿는다.

선생은 말하기를 '모든 주의는 다 배격하지만, 평화주의와 정신주의만은 좋다. 했다. 오늘 여기서는 평화주의에 대해서는 다음으로 넘기고, '씨ᄋᆞᆯ 정신주의'에 대하여 한번 생각해보기로 한다.

씨ᄋᆞᆯ이란 무엇인가?

씨ᄋᆞᆯ이란 말은 유영모(柳永模) 선생으로부터 나온 것은 사실이다. 선생은 1950년대 어느 날 YMCA강당에서 대학(大學)을 강의하면서 민(民)을 '씨알'이라 번역을 하였다. 그러나 그 씨알을 세상에 알린 이는 함석헌 선생이다. 함 선생이 아니면 우리가 씨알이란 말을 우리는 알 수도 없고, 씨올에 관심을 가질 수도 없었던 이름이다. 번역은 유 선생이 했지만, 씨알이란 말을 콕 집어내어, 그것을 철학 화하고 대중 화한 이는 함 선생이다. 특히 함 선생은 씨알을 '씨올'로 쓰셨다. 월간 "씨올의소리"를 창간하여 그 '씨올'을 세상에 선포하고, 그 의미를 깊게 하고 그 뜻을 새로이 정리했다. 더 나아가서는 선생 스스로가 하나의 씨올이 되어 친히 말씀한대로 씨올로서 인생의 동그라미를 마주 그렸던 것이다.

'올'을 왜 '알'로 쓰지 않고 '올'로 썼나? 물론 지금 맞춤법에는 들어있지 않습니다. 그러나 본래는 있던 것입니다. 혹 마지막 ㅏ라 해서 ㅏ와 같이 보려하나 그것은 모르는 말입니다. 또 지금은 쓰지 않으니 버리는 것이 마땅하다 하는 의견도 있으나, 지금도 잘 구별하지 않아 그렇지 살아있습니다. 그런 것은 음보다 그 뜻을 위해 될수록 살려 쓰는 것이 좋습니다. 어학의 전문연구가 없으니 말할 자격은 없습니다마는, 한글에는 본래 그 만들던 이들에게서부터 그저 음만이 아니고 하나의 철학이 들어있습니다…
(왜 나는 '알'을 '올'로 쓰는가? "씨올의소리" 통권제2호, 1970.5)

씨올이란 말은 민(民), people인데, 우리 자신을 모든 역사적 죄악에서 해방시키고 새로운 창조를 위한 자격을 스스로 닦아 내기위해 일부러 만든 말입니다. 쓸 때는 반드시 '씨올'로 쓰시기 바랍니다. '올'은 발음을 '알'과 같이 하는 수밖에 없으나, 그 표시하는 뜻은 깊습니다.
'ㅇ'은 극대(極大) 혹은 초월적(超越的)인 하늘을 표시하는 것이고,
'ㆍ'는 극소(極小) 혹은 내재적(內在的)인 하늘 곧 자아(自我)를 표시하는 것이며,
'ㄹ'은 활동하는 생명의 표시입니다.
(우리가 내세우는 것, 《씨올의소리》)

씨알이나, 씨갈, 씨앗 등은 예전부터 있는 말이지만, "씨울"이란 말은 예전부터 있던 말이 아니다. 함 선생이 씨알의 '알'을 '울'로 바꾸어 '씨울'의 의미를 부여한 말이다. 그동안 우리가 민(民)을 말할 때는 백성, 국민, 인민, 시민, 평민, 대중, 민중이란 여러 말을 써왔다. 그러나 그런 말은 왕조시대나 독재주의, 전체주의 시대를 배경으로 하고 나온 말이다. 민을 업신여기고 종처럼 부리던 때의 말이다. 민이라는 말은 이미 때가 묻을 대로 묻었고 오염이 될 대로 되었다. 이런 때 '씨울'이란 말이 나왔다는 것은 그 의미가 보통 큰 것이 아니다. 우리 역사에서는 더욱 그렇다. 씨울은 오염되지 않고, 어떤 역사적 때가 묻지 않은 순수한 사람을 가리킨다. 그래서 씨울은 '난대로의 사람'이요, '맨 사람'이라 하는 것이다.

이런 사람은 한국에만 있는 것도 아니다. 세계 어느 나라 어느 민족에게도 다 있다. 씨울은 잘났다 못 났다가 없다. 높고 낮음도 없고 유식 무식도 없다. 네 민족 내 민족도 없고 네 나라 내 나라도 없다. 그러므로 하늘 아래 땅 위에 인간으로 존재하는 원초적 존재가 씨울이다. 그러므로 씨울은 얼굴이 다르고 이름이 다르고 성이 다르고, 말이 다르고 글자가 달라도 그것과는 전혀 상관없이 하나가 될 수 있다. 까닭은 모두가 씨울이기 때문이다. 창조된 그대로의 씨울이기 때문이다.

따라서 씨울의 '씨'는 하늘에서 내려온 것 같고, '울'은 땅에서 올라온 것 같으나 아니다.

씨도 울도 다 하늘에서 왔고, 씨와 울은 둘이 아니라 하나다. 씨가 울이요, 울이 씨다. '씨'는 주는 것 같고 '울'은 받는 것 같으나 아니다. '씨'는 하늘을 대표하고 '울'은 땅을 대표하는 것 같으나 그것도 아니다. 하나는 남성적이고 하나는 여성적이다, 할 수도 없다. 씨와 울은 하나이면서 둘이고 둘이면서 하나다.

그러나 하늘과 땅과 바람과 물이 하나로 만나듯, 아니 만나는듯하면서도 하나로 어울리듯이, 남과 여가 하나의 씨올로 만나 하나가 될 때, 거기 씨올이 잉태되어 순수한 하나의 씨올로 탄생하여 이어지는 것이 아닌가?

그러므로 이 땅에 태어나는 모든 아기는 다 씨올이다. 맑고 밝고 때 묻지 않은 순수한 어린이, 그 모습 그 자체가 씨올이다. "너희가 마음을 돌이켜 어린아이들과 같이 되지 아니하면 결단코 하늘나라에 들어가지 못하리라." (마18:3) 한 그 말씀이 바로 하늘의 소리요, 씨올의 소리이다. 따라서 이 땅에 출생하는 모든 씨올은 그 하나하나가 다 독특한 자기 사명을 가졌다. 하나도 똑같은 씨올이 아니라는 것이 그것을 말한다. 그러므로 천하보다도 더 귀한 존재요, 생명의 씨올이 되는 것이다.

새 시대를 향한 방향 전환

하지만 인간이 처음 태어날 때는 누구나 순수하고 깨끗한 씨올로 태어나지만, 그 씨올도 어쩔 수 없이 동물의 속성을 갖고 태어나는 것은 숨길 수 없는 사실이다. 지상에서 삶을 똑같이 개척한다는 점으로 볼 때, 오히려 길짐승 날짐승보다도 인간은 많은 약점을 가지고 있다. 발은 둘밖에 없고 손을 자유롭게 사용할 수 있지만, 날개가 없다. 그러니 다른 동물보다 두 발만으로는 빨리 달릴 수도 없고, 날개가 없으니 새처럼 하늘을 나는 것은 전혀 불가능하다. 신은 왜 인간의 발을 둘밖에 주지 않았을까? 왜 인간을 그 불안한 두 발로 일어서게 하였을까?

왜 '소는 다섯 살만 되면 새끼가 많고, 까치는 다섯 살만 되면 손자도 많은데,'(서정주의 시) 인간은 동물보다 사배 오배를 넘게 살아도 제구실을 못하는 이유가 무엇인가? 그 까닭이 어디 있는가?

여기에는 깊은 의미가 들어있음을 주목할 필요가 있다. 인간을 두 발로 일어서게 한 것은 두 손을 자유롭게 쓸 수 있게 한 것도 있지만, 그것보다도 더 중요한 것은 머리를 보호하고 발전시키자는데 가장 큰 뜻이 있다. 인간이 태어나서 자라나는 역사를 보면, 두 발로 일어서기까지 얼마나 많이 쓰러지고 넘어지면서, 얼마나 많은 시행착오를 겪는가? 그리고 두 발로 일어서기만 했다고 다 되는 것도 아니다. 20년이 넘도록 오랜 시간 자라게 하는 목적이 무엇인가? 사람의 모습을 주목해 보고 있노라면 신비하기 짝이 없다. 생각하면 생각할수록 감탄하지 않을 수 없는 곳이 하나둘이 아니다.

자세히 보면 인간은 세 구조로 되어있다. 허리의 잘록함을 지나 목의 잘록함까지, 왜 이렇게 두 번씩이나 잘록하게 한 까닭이 무엇인가? 인간을 세 등분으로 구분하는 데도 의미가 있지만, 그보다 더 큰 의미는 '오직 머리 하나를 보호하자는 것 외에 다른 이유가 없다'는 말은 옳은 말씀이다. 머리 하나를 보호할 뿐 아니라, 그 머리를 자라게 하고 생각하게 하고 그 정신이 올바르게 하기 위한 부단한 배려와 노력이 있다는 것을 잊어서는 안 될 것이다.

그렇다면 머리를 보호해서 무엇을 하겠다는 것인가? 여기에 인간 존재의 깊은 뜻이 들어있다. 첫째 기억할 것은 인간은 어디까지나 정신적 존재로, '생각하는 사람'이라는 것을 의미한다. 신이 만물을 다 창조하고 나서 마지막에 인간을 자기 형상대로 지었다는 말씀의 의미도 그렇지만, 인간을 다른 동물과 달리 정신적 존재로 창조하기 위하여, 오랜 시간을 두고 '생각하는 씨올'로 지으심을 계속한다는 것이 얼마나 놀라운 일인가를 새삼 발견하게 된다.

그러나 이러한 씨올들이 세상에 나오자마자, 부모를 포함한 기성세대의 영향 아래 압도당하면서, 현대문명에 물들고, 세상 죄악에 물들어버림으로써, 자기 정체성을 잃어버리고 말게 된다. 초기에는 그래도 어느 정도 정신적인 것이 강조된 점도 없지 않았지만, 시간이 가고 세월이 지날수록 인간의 의식주생활은 끊임없이 발달해 왔지만, 정신은 고갈할 대로 고갈되어가는 역사가 되어버렸다. 역사 이래 지금처럼 정신이 이렇게 메말라버린 때는 일찍이 없었다. 정신이 메말랐기 때문에 인물이 메말라 버린 것이다. 지금은 어디를 돌아봐도 인물을 볼 수가 없다는 것이 바로 그것이다. 그래서 지금은 인물의 가능성조차 찾기가 어려운 시대가 되어버렸다.

사대 성인이 모두 기원전에 나왔다는 것이 그것을 증명하지 않는가? 21세기에 접어들면서 물질문명과 과학기술의 발달은 인간의 머리가 발달하고 정신적으로 자라서 된 것처럼 생각하기 쉽지만, 그것이 아니다. 오히려 정신을 외면한 물질적인 것들만 발달의 발달을 거듭하여 여기까지 온 것이다.

그래서 오늘날은 어디를 돌아봐도 정신 문제를 강조하는 사람도 없고, 정신에 관심을 가지는 사람도 찾기가 어렵다. 보는 것이 물질이요 듣는 것이 돈 벌어 부자 되어 평안히 살자는 것이다. 더 나아가서는 고작 생각한다는 것이 어떻게 하면 권력에 줄을 댈까? 출세를 할까? 부귀영화를 누릴까? 쉽게 말해서 '잘 먹고 잘 입고 잘 살자'는 욕심만이 인간의 머릿속을 지배해버렸다. 그 결과 인간 세상은 하늘로 올라가기보다는 땅바닥에 떨어져 붙어버리고, 맘몬이라는 신의 울타리 안에 갇혀버린 신세가 된 것이다.

여기 특별히 '갇혀 버렸다.'고 강조하는 것은, 인간이 더 이상 나갈 길이 없다는 것을 말한다. 동시에, '가서는 안 되는 길을 갔다.'는 것을 뜻한다. '가서는 안 되는 길'이란 자연을 파괴한다든지 산업의 발달로 각종 공해를 일으키는 것도 문제가 심각하지만, 그것보다 한 걸음 더 나아가서, 생명의 근원이라 할 수 있는 호르몬에 손을 대 버렸다. 복제동물을 만들고 인간복제까지, 또는 각종 생물들의 유전자를 조작하고, 더 나아가서 원자 핵무기를 만들어 내어 인간파멸만이 아니라 지구파멸의 지경까지 왔다. 이것은 심각 단계만이 아니라, 위기단계도 지나 말기단계에 접어든 느낌이다. 이것은 분명히 인간이 가서는 안 될 길을 갔다고 아니할 수 없다.

이제는 우리 보통사람의 눈으로 봐도 인간은 더 이상 나갈 길이 없는 벼랑 끝에 서 있는 처지가 되었고, 지구는 더 이상 탈출할 길도 없는 감옥이 되어버렸다.

그렇다면 이렇게 갇혀버린 인간은 그대로 굳어져 종말을 고하고 말 것인가? 거기서 탈출할 길은 있는가? 없는가? 희망은 있는가? 없는가?

길이 없는 것은 아니다. 길은 분명히 있다. 그 길은 어떤 길인가? 그 길이 어떤 길인가를 알기 전에, 우리의 들떠있는 마음부터 가라앉히는 것이 중요하다. 그래서 조용히 자기반성을 한다면 누구나 그 길이 어떤 길인가를 알게 될 것이다.

조용히 생각해보면, 지금까지 물질이라는 방향을 향해 매진해 가던 길을 중단하고, 과감하게 그 길을 바꾸지 않으면 안 된다는 것을 알게 될 것이다. 그래서 두말할 것 없이 돌이켜야 한다. 방향을 바꾸고 돌이키는 일 외에 다른 길은 있을 수 없다. 그래서 그 길은 "우로 돌아 앞으로!"(함석헌)가 될 것이다.

그러므로 그 길은 바로 앞에서 지적한 정신의 길이다. 정신의 길이란 창조자가 지은 인간의 원상태인 씨올로 돌아가는 것이다. 뒤돌아볼 것도 없다. 하늘로 향한 머리 그대로, 물질에서 정신으로 일대 혁명적 변화를 일으키는 일이다.

씨올의 때가 차고 가까웠다는 것은 이러한 변화의 때가 왔다는 것을 말한다. 뒤늦게나마 정신의 중요성을 깨닫고, 물질에서 정신으로 방향을 돌리는 일대 변화를 일으키게만 된다면, 그동안 굳게 닫혀있던 새 시대 새 희망의 문은 드디어 열리게 될 것이다. 그리하여 마침내 새 시대가 도래하게 될 것이요, 인간은 마침내 씨올의 때를 맞이하게 될 것이다.

얼 힘(精神力) 키우는 일

일찍이 함석헌 선생은 '살림살이 12가지'를 말하는 가운데, 제일 먼저 "늘 하늘을 우러러보자" 하면서, "우리의 할 일이 무엇이냐? 얼 힘(精神力)을 키우는 데 있다." 선언한 바 있다.

필자는 이 말씀을 일찍이 읽으면서 훌륭한 말씀임을 느꼈지만 깊이 생각하지 못했다. 사정없는 세월을 지나, 오늘 다시 주목하고 읽어 볼 때, 이 말씀이 얼마나 놀라운 말씀인가! 무릎을 치지 않을 수 없다. 선생님의 말씀을 늦게나마 깨닫게 되면서, 깊고도 높으신 지혜의 말씀에 감탄하지 않을 수 없고, 머리 숙여 감사하지 않을 수 없다.

선생님은 왜 "늘 하늘을 우러러보자." 하시면서, '우리의 첫 번째 할 일은 얼 힘(정신력)을 키우는 데 있다' 하였는가? 그것은 우리의 정신력은 하늘을 우러러보지 않고서는 키울 수가 없기 때문이다. 우리의 정신을 일으키고 정신을 튼튼히 하기 위해서는 하늘을 닮고 하늘을 배우지 않고는 안 된다. 땅에서 나는 것으로 우리의 육신을 살린다면, 하늘을 통해서는 우리 정신을 살린다. 우리의 정신은 늘 하늘을 바라보고 하늘을 우러르지 않으면 안 되기 때문이다. 하늘의 넓음에서 우리의 마음의 넓음을, 하늘의 깊음에서 우리 뜻의 깊음을, 하늘의 높음에서 우리 정신의 높음을 배우는 것이다.

지금까지 인간이 이 땅에서 지향하는 가치를 말한다면, 프랑스혁명의 구호에서 드러났듯이, 자유 · 평등 · 사랑 이상이 없을 것이다. 요즘은 이것보다도 '행복'이란 말이 더 귀한 것처럼 말하지만, 아닐 것이다. 자유 · 평등 · 사랑이 이루어지면 다른 것은 부차적으로 따라오는 것이지 그것이 우선일 수는 없다.

이러한 인간의 가치를 인간이 생각해 낸 것처럼 말하는 것은 어리석은 일이다. 조금만 깊이 생각해본다면 자유 · 평등 · 사랑은 인간이 만들어낸 것이 아니라 하늘에서 온 것임을 알 수 있다. 하늘의 자유, 하늘의 평등, 하늘의 사랑을 보고 우리의 선각자들이 먼저 깨닫고 가르쳐 준 것이다.

일찍이 맹자(孟子 BC 372~289)는 진심장에서 '그 마음을 다하는 자는 바탈을 알고 바탈을 안즉 하늘을 안다.(盡其心者 知其性也 知其性則知天矣)'했고, '만물이 다 내 안에 갖추어져 있다.(萬物皆備於我矣)' 했다. 말하자면 하늘의 해와 달과 별들이 내 안에도 있고 그 질서 그 화합 그 평화와 사랑이 내 안에 있다. 그것은 하늘에서 온 것이다. 그래서 그것들이 서로 교감하면서 천체가 돌아가는 것처럼, 내 안에서도 돌아간다는 사실이다. 따라서 하늘이 내 안에, 내가 하늘 안에 있다. 하늘과 나는 하나다. 그러므로 나는 하늘에서 왔고 하늘로 돌아갈 존재라는 것이 그것을 말한다.

그런데 답답한 것은, 하늘은 예나 이제나 변함없이 움직이고 정확하게 돌아가고 있으나, 인간은 이러한 본 바탈을 망각한 채, 그 모든 것이 깨지고 혼란을 일으켜서 제 길을 가지 못하고 있다는데 큰 문제가 있다.

앞에서 지적했듯이 인간은 마침내 '가서는 안 될 길'을 갔고, 아름다운 지구를 인간이 살 수 없는 최악의 지구로 만들고 있는 것이 도처에 드러나고 있다. 자연파괴가 그것이고 인간성 파괴가 그것이다. 그 구체적인 증거를 멀리 가서 볼 것도 없다. 오늘의 한반도 현실이 그것을 증명하고도 남는다.

한국전쟁이 일어난 지 75년이 지나도록 통일은커녕 끝없는 남북대치만이 계속되고 있고, 급기야는 긴장과 불안을 넘어 북 핵 위협과 생화학무기 위협에까지 이르고 있다. 남북회담이니 6자회담이니 아무리 해봐야 어떤 해결의 실마리도 풀릴 기미가 안 보인다.

불행인지 다행인지 모르나 지형적으로도 우리는 나갈 길이 막혀있다. 지도를 자세히 보면 동남쪽은 우리를 식민지화했던 일본이 가로막고 있고, 서북쪽은 우리를 시시때때로 괴롭혀왔던 중국, 러시아가 둘러싸고 있다. 삼면이 바다라고 하지만 바닷길이 시원하게 뚫린 상태도 아니고, 북쪽은 그야말로 꽉 막혀있다. 도대체 어디로 나가야 한다는 말인가?

이것은 어찌 보면 우리만의 고통인 것 같으나 아니다. 일본은 일본대로, 중국은 중국대로, 러시아는 러시아대로, 미국은 미국대로, 우리 이상의 고통과 고민이 없다 할 수 없다. 따라서 우리의 이 답답함, 이 고통, 이 고민은 어느 한 나라의 문제가 아니고 세계적 문제요 전 지구적 문제가 되어있음을 본다.

그렇다면 인간은 이제 정말 나갈 길이 없다는 말인가? 아니다. 절망할 필요는 없다. 인간이 나아갈 길은 아직 남아 있다. 오직 한 길이 남아있다. 그 한길이야말로 인간구원의 마지막 길이 될 것이다. 그 길은 바로 하늘길이다. 하늘길은 곧 정신의 길이다.

하늘길도 제공권이라 해서 비행기를 띠우고 야단을 치지만 어림없는 일이다. 제아무리 현대 첨단 무기를 가진다 할지라도 하늘을 막을 재주는 없다. 땅이 막히고 바다는 막힐지는 몰라도 하늘을 막을 자는 없고 막을 나라도 없다. 오직 하늘만은 끝없이 한없이 활짝 열려있다는 것은 인간에게 희망을 주는 마지막 길이라 할 수 있다.

하늘이 활짝 열려있다는 사실은 천도 알고 만도 알지만, 그 하늘을 바라보며 하늘을 배울 생각을 못하는 것 같다. 하늘은 하나이며 하나됨의 하늘이다. 하늘에는 땅에서처럼 갈라져 싸우거나 먹고 먹히는 세계가 아니다. 거기는 네 것 내 것도 없고, 네 나라 내 나라도 없다. 거기는 자유 평등 평화 사랑의 질서가 한 점 변화도 없이 이어져 오는 한 나라, 곧 하늘나라가 있을 뿐이다.

따라서 인간이 제정신을 차리고 마지막으로 바라보고 배우고 따라가야 할 길은 하늘에 있지 땅에 있지 않다. '끝없이 나아감, 한없이 올라감', 시작도 없고 끝도 없고, 알파와 오메가요 처음과 나중인 하늘, 한없이 크고 한없이 넓고 한없이 높고 한없이 깊은 하늘, 있고 없음을 넘어서서, 영원에서 영원까지, 모든 것을 안고 모든 것을 하나 되게 하는 한 길, 그것이 하늘이다. 하늘은 우리의 정신의 교과서이다. 지상의 어떤 책을 뒤져서 얻을 것이 아니다. 하늘만이 우리의 정신력을 키우고 배워야 할 거룩한 책이다. 거기에 참이 있고 씨올이 가야 할 정신의 길이 있다. 나가자! 씨올정신주의로!

3·1운동 100주년과 씨올정신 운동

100년이 지나도 가슴 뛰는 3·1운동

3·1운동 100주년이 지났다. 10년이면 강산이 변한다지만, 3.1절은 십 년이 아니라 백 년이 지나는데도 변함이 없다. 필자는 탄생하기도 전이지만 3·1운동은 생각만 해도 가슴 벅차고, 그때 그 현장을 보지 못했지만 본 것처럼 생생하고, 그때 천지를 진동했던 만세 소리가, 아니, 지금도 그때 그 우렁찬 만세 소리가 한국의 하늘에 울려 퍼지는 것 같다. 3·1운동은 생각만 해도 가슴이 뛴다. 왜 그런가? 한 마디로 설명하기도 어렵다.

그러나 조용히 생각해 보면 몇 가지 생각이 떠올라 깜짝 놀라게 된다.

1) 3·1운동은 일제에 대한 전 조선 민중의 저항을 일으킨 사건이다. 기록에 의하면 1919년 '일제 측 통계는 3월~5월 1,542회 202만 명으로 보여주고 있지만, 2,000여 회나 되는 집회에 1년간 1천만 명이 넘었다는 증언도 있다. 사망자 7,509명, 부상자 4만5,562명, 피검자 4만9,811명, 가옥소실 724채, 교회당소실 59채, 학교소실 2개'(이만열 2019. 2. 1 한겨레)였다니, 얼마나 큰 희생이며 저항이었던가? 이런 일제의 만행 속에서도 남녀노소, 빈부귀천을 가릴 것 없이 한국인이면 누구나 그냥 앉아있을 수 없었다. 당시 우리나라 인구가 2천만이라 할 때, 어린이와 연로한 노인을 빼면 전 국민이 참가한 운동이 된다. 이런 사건은 세계 어디에도 찾아볼 수가 없고, 우리 역사상에도 이런 거족적 민중운동은 처음이었다. 그전까지 많은 운동이 있었지만 3·1운동에다 비길만한 운동은 없다.

2) 3·1운동은 어떤 지도자도 없는 자발적으로 일어난 비폭력 운동이었다. 33인의 지도자가 있지 않느냐? 하지만, 그들은 그때 민중 앞에 나아가 지도한 일이 없다. 물론 당시 천도교, 기독교, 불교 지도자들이 함께 모여 일치된 뜻으로 비밀리에 독립선언서를 전국에 돌리게 한 점은 있지만, 실제로 탑골공원에 수많이 모인 학생들과 민중들 앞에는 어떤 지도자도 나타나지 않았다. 33인 중 29명이 모인 태화관에 가서 독립선언서를 읽어달라는 학생들의 요청에 '우리는 우리 대로 한다.'라는 말만 되풀이했다. 결국 탑골공원에서는 기다리다 못해 군중의 하나인 경신학교 졸업생 정재용(鄭在鎔)이 독립선언서를 읽고 만세운동에 들어갔던 것이다.

그러므로 3.1만세운동은 누가 누구를 지도해서 일어난 운동이 아니다. 자발적이었다. 그리고 더 중요한 것은 어떤 폭력도 없는 비폭력 운동이었다는 점이다. 그 당시 인도에서 마하트마 간디라는 지도자가 중심이 되어 비폭력 시민 불복종 운동을 일으켰지만, 그것이 우리에게 어떤 영향을 주었다는 증거는 없다. 우리의 3·1운동은 우리 국민 스스로가 잠을 깨고 일어난 운동이지, 누가 지도했다든가 어떤 영향을 받아서 된 일이 아니었다는데 놀라지 않을 수 없다.

씨올이 잠을 깨고 일어난 일대 혁명

3) 3·1운동은 조선 민중이, 한국의 씨올(民)이 잠을 깨고 일어난 일대 혁명이었다. 그렇다면 3·1운동 이전에는 국민이 잠자고 있었던가? 물론 국민 전체가 잠든 것은 아니지만, 그때 대부분 민중은 아직 깨지 못하고 임금을 하늘같이 믿고 있었고, 지도자가 나타나서 지도해주기만을 고대하던 때였다. 그때 앞서 1894년 동학혁명으로 민중은 잠을

깨고 일어나 세상을 바꾸는 듯했으나, 다 쓰러져가던 조선 정부는 신식무기로 무장한 일본군을 끌어드려 동학군을 섬멸하는 데 앞장을 섰다. 이것은 망하는 전조였다. 이어서 청일전쟁에서 일본이 이김으로 조선 정부는 일본의 손아귀에 들어가 허수아비가 되고 만다. 이런 현실에 접한 민중은 낙심하다 못해 기력을 잃고 캄캄한 세상, 잠에 빠져든 사이, 일본은 조선을 마음대로 요리하게 된 것이다.

그 후 1895년 8월 민비가 경복궁 안에서 일본군에 의해 살해되고, 일본이 무서워 고종은 세자를 데리고 노국 공사관으로 피신하는 등 나라는 이미 그 기능을 잃어버린 상태였다. 1905년 제2차 한일협약이 강제 체결됨으로 조선은 외교권을 빼앗기고 일본의 보호국이 되었을 때, 조병세, 민영익, 홍만식 등은 자결을 했지만, 누구 하나 슬퍼하는 사람도 없었다. 이어서 1906년 3월 초대 조선 통감에 이토 히로부미(伊藤博文)가 취임함으로, 조선군은 공식 해산되고 만다.

그러나 여기서 우리는 조선의 '씨올이 잠을 깨고 일어나는 계기'가 된 몇 가지 사실을 주목할 필요가 있다. 1) 안중근을 비롯한 조선의 독립을 위해 몸을 내던진 의사, 열사들의 행동이다. 특히 1909년 10월 한 일 합병의 원흉, 이토 히로부미를 할빈역에서 사살한 사건은 국민을 놀라게 하고 세계를 놀라게 했다. 2) 쓰러져가는 나라를 구하겠다고 깊은 산속에서 갖은 고생하던 의병들, 만주벌판으로 뛰어나가 풍찬노숙하며 일본군과 대결하던 독립군들 3) 국민을 각성시키고 주인 정신을 불어넣고자 동분서주하던 도산 안창호 선생을 비롯한 독립지사들을 잊을 수 없다. 아니 잊어서도 안 된다.

그리고 하나 더 말한다면, 1919년 2월 22일 고종의 붕어(崩御) 소식이다. 68세 로 멀쩡하던 임금이 '2월 21일 중병이 걸려 다음날 돌아갔다.'는 발표가 났지만 믿어지지 않았다. 일본의 독살설이 퍼지기 시작했다. 이 소식을 들은 조선 민중은 두 가지 생각을 함께하게 된다. 첫째는 일본에 대한 강한 적개심이 그 하나요, 또 하나는 이제 임금의 시대가 갔으니 이 나라를 지킬 사람이 누군가? 독립을 쟁취할 사람은 누군가? 그 주인공은 '바로 나'라는 인식을 하게 되었다는 점이다. 두 번째가 얼마나 중요한지 모른다.

3·1운동은 이름 없는 민중, 씨올이 잠을 깨고 일어난, 전에는 상상도 못 했던 일대 혁명이었던 것이다. 안병무 선생의 증언에 의하면 3·1운동 당시 만세를 부르던 이름 없는 어떤 아주머니가 일본경찰에 끌려가 취조를 받았다.

  일 경 : "독립만세를 부르라고 누가 시키더냐? 대라!"
  아주머니: "누가 시켜서 만세를 부른 것이 아니라, 내가 부르고 싶어 불렀다!"

얼마나 놀라운 대답인가? 잠을 깨고 일어난 민중, 씨올의 모습이었다. 독립선언서 공약 3장에 있는 대로 "최후의 1인까지 최후의 1각까지 민족의 정당한 의사를 쾌히 발표"한 조선 민중혁명이요 3·1운동이었다.

탄압 속에 자라난 씨올운동

세월은 흘러 1945년 8월 15일 해방은 갑자기 '도둑'같이 왔다. 일본은 패망하고 해방이 와서 기쁘기는 했으나 그 기쁨은 오래가지 않았다. 우리 힘으로 일본을 물리치지 않았기 때문이다. 결국, 북에는 소련군, 남에는 미군이 주인처럼 들어왔다. 그들은 우리 민중, 씨올들을 철저히 배제한 채 북에는 김씨 세습체제, 남에는 이승만 독재체제를 구축하는 데 일조를 했다.

그 후 1950년 6·25라는 그 참혹했던 동족상잔의 부끄러운 이야기는 다시 거론하고 싶지도 않다. 그 전쟁 후 역사만 보더라도 남북한에서 얼마나 많은 씨올들이 탄압을 받고 희생이 되었던가? 북쪽은 세습 독재로 이어지는 탄압, 남쪽에도 일인 독재로 이어지는 탄압이었다. 북쪽은 거론할 여지도 없지만, 남쪽의 독재자들을 한번 주목할 필요가 있다. 그들은 이름만 민주주의를 내 걸고 민중을 탄압하고 씨올의 새 시대가 열리는 것을 철저히 막은 인물들이다.

이승만 12년, 박정희 18년, 전두환 8년, 40년에 가까운 이 시기를 '1인 독재 시대'라 규정한다 해서 결코 틀린 말이 아니다. 이승만은 초대대통령으로 대한민국 건국에 공로가 있고, 박정희는 새마을운동이나 산업발전에 공이 있다고 하지만, 그들은 '나 아니면 안 된다.'는 독재적 사고를 가진 인물이었다. 더 나아가서 씨올을 탄압하고 국민을 무시하고 민주주의에 역행하는 행동은 결코 용서가 되지않는다. 이승만이 재선을 위해 '발췌개헌안'을 통과시킨 일까지는 어느 정도 이해할 수도 있다. 그러나 그는 '사사오입(四捨五入-반올림)개헌'을 밀어붙이고, '3·15부정선거'까지 자행한 것이라든지, 박정희가 '삼선개헌'을 한 것도 문제인데, 아예 투표도 선거도 없는 '유신헌법'을 만들고 그대로 주저앉아 영구집권으로 들어간 일은 분노를 넘어 천인공노할 일이었다.

이러한 독재체제 속에서도 씨올운동은 자라고 있었다. 1960년 4·19혁명은 우리나라 역사에서 최초로 승리한 민중혁명이요 씨올혁명이었다. 그 뿌리는 1919년 3·1운동과 맥을 같이한다. 3·1운동이 없었다면 4·19는 결코 성공할 수 없다. 그러나 4·19혁명이 성공하고 민주당 정부가 들어선 지 1년도 못 되어 5·16 군사쿠데타는 역사의 역행이었다. 그때 만일 5·16이 일어나지 않고 4·19혁명 정신이 그대로 이어져 나아갔다면 어떻게 되었을까? 5·16 그룹들이 말하는 대로 나라가 못살고 혼란에 빠졌을까? 결코 그렇지 않을 것이다. 경제가 나빠질 리도 없고, 남북교류도 이렇게 오래 걸리지 않았을 가능성도 크다.

박 정권 18년은 자유당 독재와는 비길 수 없는 무서운 독재였다. 중앙정보부가 생기고 군 보안사가 생기면서 국민을 감시하고, 학생을 감시하고, 불법연행, 가택수색, 가택연금, 집회방해 등등 수많은 탈법과 수단 방법을 가리지 않고 체제유지를 철통같이 했다.

그러나 그 속에서도 국민은 깨어나고 있었고 씨올운동은 커가고 있었다. 마침내 박 정권의 종말이 왔다. 1979년 10.26이었다. 가장 가까운 정보부장의 총탄에 박정희가 쓰러진 것은 내부반란처럼 보이지만, 조금 더 깊이 보면 박 정권의 죄가 하늘에 닿아서 하늘이 심판했다는 것이 더 맞을지도 모른다.

그래서 이제는 '서울의 봄이 온다.'고 언론들이 떠들었으나 아니었다. 성경에 "나갔던 마귀가 일곱 마귀를 데리고 들어왔다." 는 말씀처럼 전두환 신군부가 나타났다. 세상에 이렇게 무서웠던 시대는 또 없었다. 신군부의 민중탄압은 상상을 초월했다. 삼청교육대가 어떠했는지 밝혀진 것만 봐도 기막힐 정도다.

그러나 그때도 광주민주화운을 비롯하여 씨올은 저항하고 있었고, 씨올운동은 전개되고 있었다. 최고조는 6·10대행진이다. 전두환은 6·29선언은 자기가 했다지만 그것을 믿는 사람은 아무도 없다. 그 후 민주적 선거에 의하여 정권이 바뀌면서 이제는 씨올의 시대가 열리는

가 했으나 이번에도 아니었다.

이명박근혜가 등장하면서 다 죽은 듯 잠잠했던 친일세력과 군부세력이 다시 활개 치는 세상을 보고 놀라지 않을 수 없었다. 그렇지만 민은 살아있고, 씨올은 죽지 않았다는 것이 만천하에 드러났다. 광화문 촛불 혁명이었다. 필자는 2017년 4월 신문에 보도되는 내용을 보면서 다음과 같은 글을 쓴 일이 있다.

지난 해 10월 29일 저녁 광화문에서 2만여 촛불이 켜지기 시작하더니, 십만, 100만, 200만으로 이어졌다. 12월 3일 드디어 촛불은 전국적으로 연인원 1000만 여명이 넘어가면서 촛불은 횃불이 되고, 혁명의 불꽃이 되어 이 땅의 역사를 바꿨다. 우물쭈물하던 국회는 12월 9일 234표라는 압도적인 표차로 대통령을 탄핵함으로 말미암아, 그렇게 끈질기게 버티며 변명과 모르쇠로 일관하던 박근혜는, 대통령 자격을 잃고 청와대에 유폐되더니, 드디어 3월 10일 헌재에서 역사적 파면 결정에 이르렀다. (씨올이야기 1호, 2017.4)

씨올정신운동의 길

3·1운동 100주년을 맞아 이제는 '씨올정신운동'을 일으킬 때가 왔다고 본다. 이런 정신운동을 생각할 때, 먼저 기억되는 분은 함석헌 선생이다. 이분은 30년 전에 돌아가셨지만, 그 남기신 말씀 속에서 지금도 말씀하고 있고, 씨올정신은 생생하게 살아 움직이고 있다. 이미 선생을 숙지한 이들도 많고, 선생의 저서를 읽고 연구하는 이들이 늘어가고 있다. 하지만 선생을 전혀 모르는 이들이 많은 오늘이기에, 선생의 사상이나 정신을 알리고 가르치는 일은 어떤 것보다도 중요하다고 생각한다.

함석헌 선생은 어떤 분인가? 필자는 선생을 생전에 모신 바 있고 오늘까지도 선생의 그 정신을 추구하는 입장에 있지만, 알기 쉽게 선생을 한 마디로 "이런 사람이다" 말하기는 쉽지 않다. 선생은 교사였고 농부라고 스스로 말하기도 하셨지만, 그것만이 아니라 문필가, 언론인, 역사가, 시인, 종교인 등등 많은 표현 들이 있을 정도로 다양하다. 그렇지만 그 모든 것을 감안 하면서도 선생에게 해당하는 확실한 한마디 말이 있다.

그것은 '씨올'이란 말이다. 선생은 순수한 하나의 씨올이었다. 선생은 88년을 이 땅에 사시면서 '씨올의 참모습'을 우리에게 보여주셨다. 씨올이란 말이 어려운 듯 보이나 결코 어려운 말이 아니다. 선생을 보고 선생을 생각하면 바로 알 수 있는 말이다.

그리고 선생은 우리나라 최초로 '씨올 정신주의'를 내세운 분이었다. 선생은 '주의'라는 말을 좋아하지 않았으나 '정신주의'와 '평화주의'만은 좋아하셨다. 평화주의는 강조한 이들이 많지만 '씨올 정신주의'를 강조한 이는 선생이 처음이다.

선생은 1950년대 초에 '살림살이'라는 시를 쓰시면서 "우리 할 일이 무엇이냐? 얼 힘(精神力)을 키우는 데 있다." 선언한 일이 있다.

> 먹고 입고 자고 깨고 아들 딸 낳고, 직업을 갖고 지식을 캐고 성격을 다듬고 예술을 지어내며, 나라를 하고 세계문화를 쌓고 덕을 행하고 종교를 믿어서, 결국 얻는 것은 얼 힘(精神力)을 키워간다는 하나뿐이다. (전집 2, 303쪽)

선생이 강조한 대로 우리가 이 땅에서 하는 모든 일의 최종목적은 '얼 힘, 곧 정신력'을 키우는 그 하나뿐이라고 하신다. 선생은 이것을 말만하신 것이 아니라, 직접 그 정신력을 일으키기 위해 실천하신 일이 세 가지가 있다. 첫째는 《사상계》라는 언론을 통해 잠자던 민중, 씨올을 깨우쳤고, 둘째는 천안 씨올농장에서 김을 매고 풀을 뽑으면서 하는 실천 운동이었고, 셋째로는 월간 《씨올의소리》 발행 운동이었다. 그 세 가지 운동의 최종목적을 말한다면 오직 '씨올의 정신력'을 키우는 운동이라 할 수 있다.

특히 선생이 주목하고 강조하신 것은 "씨올"(民)이었다. '씨'도 중요하지만, 그 '올'이 더 중요하다고 보았다. 우리가 아는 대로 '씨알'이란 말은 선생님의 스승되는 유영모 선생으로부터 나왔다. 그러나 유 선생은 민(民)을 '씨알'로 번역했을 뿐, 아래아자 '씨올'의 '올'은 함석헌 선생의 창작품이다. 아래 아자 '씨올'이란 말은 선생이 고집하고 《씨올의소리》가 아니었다면 지금까지도 사람들은 까맣게 모르고 있을 것이다. 그렇다면 선생은 왜 그 '올'자를 그처럼 고집하셨는가? 그 "올"자 속에 씨올정신이 들어있기 때문이다. 선생은 '올'에 대하여 다음과 같이 말씀한다.

> 'ㅇ'은 극대 혹은 초월적 하늘을 표시하는 것이고, '.'는 극소 혹은 내재적 하늘 곧 자아를 표시하는 것이며, 'ㄹ'은 활동하는 생명의 표시입니다.(《씨올의소리》 표4)

이것은 곧 하늘정신, 자아(나)정신, 생명정신이 들어있다. 늘 하늘을 우러르며, 곧고 바른 자세로 우주의 중심에 서서 죽어가는 세상을 살리는 생명이 곧 씨올의 '올'이다.

선생은 또 아래와 같은 말씀도 하셨다.

"씨올이란 말은 민(民) 즉, people 의 뜻 인데, 우리 자신을 모든 역사적 죄악에서 해방시키고 새로운 창조를 위한 자격을 스스로 닦아내기위해 일부러 새로 만든 말입니다."(상동)

씨올은 '우리 자신을 모든 역사적 죄악에서 해방시킨다.' 했고, '새로운 창조를 위한 자격을 스스로 닦아낸다.' 했다. 이를 위해 새로 만든 말이 바로 '씨올'이라는 것이다. 생각하면 이것처럼 놀라운 말씀은 없다. 이것은 우리 자신이 먼저 모든 죄악에서 해방됨으로써 씨올로서 우뚝 서는 일이 첫째 일이고, 다음은 '새로운 창조의 자격'을 연마해서 세상을 새롭게 바꾸는 일이다. 이 일은 한국의 씨올들에게만 해당하는 말씀은 결코 아니다. 세계 곳곳의 압제받는 씨올들, 자라나는 씨올들에게, 전 지구적이고 우주적 차원으로까지 나아가는 씨올정신운동이라 할 수 있다.

한글정신과 씨올정신

《씨올의소리》창간의 역사적 배경

영국시인 T.S 엘리어트(1888-1965)는 '4월을 잔인한 달'이라 했지만, 그가 말한 '잔인'이란 역사적 잔인성을 말하는 것은 아닌 듯하다. 그에 비해 우리 한국의 4월은 1948년 4.3 제주 양민 학살사건을 비롯하여 1960년 4·19혁명이 성공은 채 자리도 잡기 전에, 곧바로 일어난 5·16에 의해 무참히 짓밟혔다. 잔인도 이런 잔인이 없다. 더구나 최근에 와서 2014년 4월 16일 세월호 사건은 4년이 지난 지금까지도 많은 씨올들의 가슴을 울린다. 4월로부터 5·16, 5.18, 6·10, 6·25로 이어지는 한국의 역사적 잔인성은 하늘을 찔렀다 해도 과언이 아닐 것이다.

《씨올의소리》창간은 1970년 4·19혁명 10주년이 되는 바로 그날이다. 여기에는 실로 역사적 의미가 들어있다. 4·19혁명이 일어나기 직전 상황을 생각할 때, "《사상계》의 장준하와 함석헌"이라는 두 분을 빼놓고는 이야기가 안 될 것이다. 그때 대학생들은 《사상계》를 몸에 지니고 다니는 것을 자랑으로 알았고, 《사상계》를 통해 폭포수처럼 쏟아지는 함석헌의 글이 얼마나 큰 파동을 쳤는 지 모른다. 4·19혁명은 함 선생의 글에서부터 촉발되었다 해도 결코 틀린 말이 아닐 것이다.

4·19혁명은 오천년 우리 민중운동 역사의 첫 성공이었다. 우리 역사에서 민중운동이 한 번도 성공한 적이 없다. 3·1운동이나 동학혁명이 거족적으로 일어나서 그 역사적 의미가 큰 것은 사실이지만, 그것이 성공했다고 보기는 어렵다. 그러나 4·19는 누가 뭐라 해도 완전한 성공이다. 그때 만들어진 헌법은 지금 보아도 최고의 헌법이었다. 그

러나 불행하게도 4·19혁명은 5·16 군사쿠데타의 기습을 당해버린 것이다. 이것은 명백한 역사의 반역이었다.

이때 함석헌은 1961년 7월호 《사상계》에 '5·16을 어떻게 볼까?'라는 글을 발표했다. 당시는 서슬 퍼런 총칼 앞에 누구도 말 못 하던 때 함석헌은 말했다.

> 학생이 잎이라면 군인은 꽃이다. 5월은 꽃의 달 아닌가? 5·16은 꽃 한 번 핀 것이다. 꽃은 찬란하기가 잎의 유가 아니다…. 그러나 잎은 영원히 남아야 하는 것이지만 꽃은 활짝 피었다가는 깨끗이 뚝 떨어져야 한다…. 꽃은 떨어져야 열매를 맺는다. 5·16은 빨리 그 사명을 다하고 잊혀 져야 한다. … 군인정신이란 '깨끗'이란 한 말에 다 된다. 필 때는 천지가 눈부시게 피었다가도 수정이 된 다음에는 깨끗이 떨어져야 꽃의 값이 있다. 진 후에도 떨어지기 싫다는 듯 시들시들 지적지적 붙어있는 꽃은 참 더럽다. 그러므로 할 일다 한 후는 곧 정권을 민간에게 물려주고 본래의 자리로 물러간다, 선언한 것은 참 군인다운 말이다.

윗 글로 봐서 함 선생은 5·16이 일어난 것은 근본적으로 잘못된 일이지만, 현실적으로는 그들이 말한 혁명공약대로 정권을 이양하기만 한다면 좋을 수도 있겠다는 생각이었다. 그러나 차츰차츰 그들의 행동하는 꼴이 전혀 혁명공약과는 다르게 움직이는 것을 보면서 보통 방법으로는 안 되겠다는 생각을 하신 것 같다.

결국은 5·16은 장준하의 《사상계》를 탄압하여 문을 닫게 만들고, 박정희는 소장, 중장, 대장이 되더니 옷을 민간인으로 갈아입고 자기가 자기에게 정권을 이양했던 것이다. 장준하는 견디다 못해 함 선생의 전적인 지원을 받아 국회로 진출을 하였지만, 함 선생의 강연은 곳곳에서 탄압을 받아 무산되기에 이르렀고, 글 쓸 잡지는 아예 없었다.

이런 때 함석헌 선생은 4·19혁명 10년이 되는 바로 그날 월간《씨올의소리》발간을 시작 한다. 《씨올의소리》라는 그 내세운 이름 자체만 보아도 한글 정신이 얼마나 뚜렷한가를 알 수 있다.

한글의 탄생과 그 정신

필자는 1957년 3월호《사상계》지에 함석헌의 '할 말이 있다'는 글이 한글이 아니었다면, 《사상계》란 책을 읽을 생각도 못했을 것이고, 함석헌이란 인물을 알 수도 없고 감히 접근도 못했을 것이다. 이 한 가지 사실만으로도 한글은 필자를 포함한 이름 없는 민중, 무시당하고 천대받던 씨올들이 얼마나 기다렸던 글인가를 다시 깨닫게 된다.

그러나 한글의 역사를 보면 1443년 세종대왕이 한글을 창제하시고 3년 뒤 1446년에 '훈민정음'(訓民正音)이라 해서 반포를 하였지만, 한글이 한문주의자들을 통하여 천대받고 얼마나 무시당해 왔는지 모른다. 그 무시당한 역사가 주시경(周時經1876-1914)이 등장할 때까지 450년이나 계속되었다는 사실에 놀랄 것이다. 한문은 진서(眞書-참글)라하고 한글은 언문(諺文-상글)이라 했다. 심지어는 한글을 '암클'(여성들이 배우는 글),또는 '아햇 글'(아이들이 배우는 글)이라 해서 그 격을 낮추었다.

'한글날'도 처음부터 한글날이 아니었다. 1928년 조선어연구회에서 음력 9월 29일을 양력으로 환산하여 10월 28일을 '가갸날'로 했다가 나중에 '한글날'로 고쳐 불렀다. 그 후 한글반포 날이 음력 9월 상순으로 기록된 것을 알고 양력으로 환산하여 10월 9일로 확정된 것이다. 1946년 일제로부터 해방이후 공휴일로 지정되었으나 1990년 공휴일

축소방침에 따라 한글날이 공휴일에서 제외되었다가, 다시 2006년 국경일로 환원되었지만, 공휴일은 아니었다.

신문도 1988년 한겨레신문이 한글 전용신문으로 나오기 전까지는 대학을 졸업해도 신문을 읽지 못 할 정도로 한문투성이었다. 오늘날에 와서까지도 한글전용은 위헌이라는 소송까지 나왔다. 다행히 대법원에서 한글전용은 합헌이라는 판결은 나왔지만, 그 반대 입장도 상당히 거세다는 느낌도 없지 않다. 그러나 거기에 밀려서는 결코 안 된다고 생각한다. 한자나 영어를 배우지 말자는 이야기가 아니다. 한자나 영어로 인해 한글이 침해당하는 것을 막자는 것이다.

한글정신은 먼저 두 가지를 말하고 싶다. 1)민주(民主)정신이요, 2)천인지(天人地)조화정신이다. 민주정신이란 백성이 나라의 주인이고 보통사람 씨올이 역사의 주체가 되듯이, 말과 글자도 그들이 사용하고 쉽게 알 수 있도록 하는 것은 너무나도 당연하다. 그리고 한글의 천인지 조화정신을 보자.

- 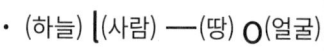(하늘) ㅣ(사람) ㅡ(땅) ㅇ(얼굴)  한국인의 얼굴에 나타나는 자음

모음(ㆍ ㅣ ㅡ)은 하늘과 사람과 땅의 조화를 나타낸다. 이 조화의 중심에 사람이 서서 그 책임을 다해야 한다는 뜻이 들어있다. 자음 14자는 한국인의 얼굴에 드러나면서 그 조화가 재미있다.

세종이 한글을 창제할 당시는 28자였다. 그 후 모음 10자(ㅏㅑㅓㅕㅗㅛㅜㅠㅡㅣ), 자음 14자(ㄱㄴㄷㄹㅁㅂㅅㅇㅈㅊㅋㅌㅍㅎ)만 쓰고 4자(ㆍㅿㆆㆁ)는 쓰지 않았다. 그런데 함석헌 선생이《씨올의소리》를 창간하면서 'ㆍ'를 쓰기 시작했다. 이 아래아 자는 함 선생의 고집으로 지켜져서 지금은 일반화된 것은 천만 다행이라는 생각이다.

아직도 국한문 혼용을 주장하는 사람들이 있지만, 인터넷상이나 스마트폰에서 얼마나 한글이 빛나고 있다는 사실을 안다면 아마 그들의 주장도 수그러들 것이 예상된다. 한글은 이미 드러난 대로 지구상의 모든 소리를 그대로 표현할 수 있는 유일한 글자이다. 물소리, 바람소리, 온갖 새소리, 온갖 동물소리 등 지구상의 어떤 소리도 그대로 옮길 수 있는 글자는 한글밖에 없다. 외국어를 배우는데도 한글을 이용하면 더 빨리 배울 수 있다. 외국어의 발음을 정확하게 한글로 옮겨서 배워보면 알 것이다.

영국 옥스퍼드대사전에도 '한글은 합리성과 과학성과 독창성의 글'이라했고, 일본학자들까지도 한글은 '언어의 기적'이라고 하고 있다. 1886년 호머 헐버트(1863-1949)선교사는 한국에 와서 4일 만에 한글을 깨우치고, "한글과 견줄 문자는 세계 어디에도 없다."고 말했다. 미국의 인류문명 학자 제럴드 다이아몬드 교수는 '디스커버리'잡지에 "세계에서 가장 미개하고 불편한 나라는 한자와 가나를 혼용한 일본이고, 가장 편리한 말글살이를 하는 나라는 과학글자인 한글만으로 말글살이를 하는 북한"이라 했다. 우리도 그동안 한글이 한자에 침해당해 오다가 이제는 영어에 점령당하는 것 같아서 안타깝기 짝이 없다. 어서 빨리 이 현실에서 벗어나야 한다.

한글정신과 씨올정신

사람들은 말하기를 한자는 뜻글이고 한글은 소리글이라고 한다. 그러나 조금만 더 생각해 본다면 한글은 소리글이기도 하지만 뜻글이기도 하다. 우선 '씨올'이라는 말을 볼 때 얼마나 깊은 뜻이 거기에 담겨져 있는가?

함석헌 선생의 88년 생애를 한마디로 말하기는 어렵지만, '함석헌은 씨울의 참모습을 우리에게 보여주고 씨울정신을 우리에게 넘겨주셨다'고 생각된다. 함 선생의 씨울정신이 어떤 것인가는 다음 세 가지로 말씀 속에 들어있다고 본다. 1) 살림살이, 2) 우리가 내세우는 것, 3) 함석헌 전집이 그것이다. 이 세 가지는 함 선생이 우리에게 넘겨주시는 '참의 바통'이라 할 수 있다. 이것은 너무도 중요하기 때문에 씨울이라면 그 제목만이라도 외울 정도에 이르러야 한다고 생각한다. 쉽게 외우기 위하여 앞글자만 따 보았다.

* 살림살이(12가지) : 늘몸닭내먹술하날때산빛시(늘 하늘을 우러러보자/ 몸은 언제나 꼿꼿이 가지자/ 닭 울기에 일어나 하루살림 준비하자/내 몸 거둠을 내가 하자/먹고 입음을 간단히 하자/술 담배를 마시지 말자/하루 한번 땀을 흘리자/날마다 글 읽기를 잊지 말자/때때로 산과 바다에 가자/ 산 물건을 죽이지 말자/빚을 지지 말자/시골을 지키자)

* 우리가 내세우는 것(8가지) : 소리,올,소리,소리,올,올,소리,올(씨울의소리는 순수하게 씨울자신의 힘으로 하는 자기 교육의 기구입니다./ 씨울은 하나의 세계를 믿고 그 실현을 위해 세계의 모든 씨울과 손을 잡기를 힘씁니다./《씨울의소리》는 어떤 종교 종파에도 속해 있지 않습니다./《씨울의소리》는 어떤 정치세력과도 관계가 없습니다./씨울은 어떤 형태의 권력숭배도 반대합니다./씨울은 스스로가 역사의 주체인 것을 믿고, 그 자람과 활동을 방해하는 모든 악과 싸우는 것을 제 사명으로 압니다./씨울의소리는 같이살기 운동을 펴 나가려고 힘씁니다./씨울은 비폭력을 그 사상과 행동의 원리로 삼습니다.)

* 함석헌전집(20권) : 뜻인한죽서수간씨역달두육바생말사민진영씨(뜻으로 본 한국역사/ 인간혁명의 철학/한국기독교는 무엇을 하려는가?/죽을 때까지 이 걸음으로/서풍의 노래/수평선너머/간디자서전/씨울에게 보내

는 편지/역사와 민족/달라지는 세계의 한길 위에서/두려워말고 외치라/ 육천만 민족 앞에 부르짖는 말씀/바가바드기타/생각하는 백성이라야 산 다/말씀, 퀘이커 삼백년/사람의 아들 예수, 예언자/민족통일의 길/진실을 찾는 벗들에게/영원의 뱃길/씨올의 옛글 풀이

끝으로 덧붙이는 말

끝으로 주목하고 싶은 것은 '우리가 내세우는 것' 8가지 아래, 함 선생님은 씨올에 대한 분명한 내용을 결론적으로 강조하는 말씀이 있다. 이 말씀을 눈여겨 보자.

> 씨올이란 우리 자신을 모든 역사적 죄악에서 해방시키고, 새로운 창조를 위한 자격을 스스로 닦아 내기 위해 일부러 새로 만든 말이다.
> 'ㅇ'은 극대 혹은 초월적인 하늘
> '·'는 극소 혹은 내재적인 하늘 곧 자아(自我)
> 'ㄹ'은 활동하는 생명
> 씨올은 선(善)을 혼자하려하지 않는다.
> 씨올은 너 나가 있으면서도 너 나가 없다.
> 네 마음 따로 내 마음 따로가 아닌 것이 참 마음이다.
> 우리는 전체 안에 있고 전체는 우리 하나하나 속에 다 있다.

'씨올이란 우리를 모든 역사적 죄악에서 해방'시킨다는 말이 무슨 말인가? 여기에는 씨올의 자유정신이 들어있다. 그리고 놀라운 것은 우리가 지금까지 살아온 역사를 '죄악의 역사'로 보았다는 점이다. 여기서 탈출하지 못하면 해방도 없고 자유도 없는 종이 된다는 것이다. 그리고 '새로운 창조를 위한 자격을 스스로 닦아낸다.'는 말은 또 무엇

인가? 이것은 '인간혁명'을 말한다고 본다. 함석헌은 다른 혁명을 아무리 해봐야 소용없고, 인간혁명이 이루어지지 않고서는 아무것도 할 수 없다고 본 것이다. 그 혁명의 핵심으로 '올'이란 글자를 내세운다. 이 '올' 자는 순수하고 때가 묻지 않고, 원초적인 창조 그대로 인간의 모습을 보이고 있다.

올 ▸ 1 ― (하 나)

이 '올' 자를 자세히 보면 사람이 서서 움직이는 모양이지만 '1'자의 모습을 하고 있다. 사람이 걸어 다니는 모양을 보라. 모든 인간은 '1'자의 모습이다. 이 지구상에 '1'자로 일어나서 움직이는 동물은 인간 외에는 없다. 두 발로 일어나서 머리를 하늘로 두고 '1'자로 움직이는 사람의 모습을 보노라면 신기하기 짝이 없다. 함석헌 선생이 '하늘을 우러러보자', '몸을 꼿꼿이 가지자' 하는 것은 '1'자 정신을 강조한 것이다. 인간은 일어서도 '1'자지만 누워도 '―'자이다. 이것은 곧 생(生)과 사(死)를 뛰어넘는 '하 나'의 정신이다. 하 나는 '하늘로부터 온 나'이다. 하늘, 땅, 이 우주 가운데 '나'라는 존재는 함 선생의 말씀대로 전체인 동시에 하나, 하나인 동시에 전체가 된다.

"씨올은 선을 혼자하지 않는다, 너 나가 있으면서도 너 나가 없다, 네 마음 따로 내 마음 따로가 아닌 것이 참마음이다, 우리는 전체 안에 있고 전체는 우리 하나하나 안에 다 있다."는 말씀에는 '같이 살기정신', '참(眞實)을 찾는 정신', '전일(全一)정신'이 들어있다.

(《씨올의소리》 창간 48주년 기념강연 2018.4·19.)

제3부

씨올과 비폭력 혁명

씨올정신운동 깊이읽기

참과 사랑과 희망의 씨울
- 미사일, 태풍, 폭우, 폭염 속에서

한반도의 칠월과 지구촌 비상

한반도의 칠월은 너무도 어둡고 괴로운 칠월이었다. 북쪽 하늘에 이상한 먹구름이 모이더니, 드디어 동해상에 북 미사일이 일곱 발이나 발사되었다. 이어서 태풍 에위니아가 상륙하여 한바탕 휩쓸고 지나가더니, 장마전선이 형성되어 남북을 오르내리며 마치 무슨 군사작전이라도 하듯이 물 폭탄을 퍼부었다. 6·25 전쟁 이래 처음 겪는 전쟁을 방불케 했다.

남한이 반대하고 세계가 반대한 미사일 발사를 북한은 아랑곳도 하지 않고, 미사일 800기를 남쪽으로 전진 배치하면서, 실전에 들어가듯 실행에 옮겨 버렸다. 국민의 정부 5년간 3조 5천 8백억 원, 참여정부가 3년 반 동안 3조 6천 8백억 원, 민간 지원도 6천 2백억 원이 넘는 돈(7/20 동아)을 북한에 쏟아부었건만, 돌아온 것은 미사일 발사와 전쟁공포 분위기였다. 그동안 주위의 반대와 비판을 무릅쓰고 일관되게 진행해온 "햇볕 정책"이 빛을 잃고 어두워지는 순간이었다. 이어서 일본의 이지스함은 동해에, 미 핵 항공모함은 남해에 진입하면서 미사일 방어체제 가동에 들어갔고, 일본은 북한에 대한 선제공격론까지 폈다.

장마전선에서 쏟아내는 물 폭탄은 아주, 주도면밀했다. 한 시간에 5, 60미리나 되는 집중호우는 먼저 교통통신망을 분쇄하고, 국가의 기간 동맥인 영동고속도로를 파괴하고, 차례로 국도와 지방도로를 끊어버렸다. 특히 강원도 산간 마을을 초토화시키는 데는 오랜 시간이 걸리지도 않았다. 산 마을은 충청도 경상도 전라도도 마찬가지였다. 피해입기는 북한지방도 예외가 아니었다. 사천여 명의 사망자가 나고, 백만여 명의 이재민이 나는 등 북한 전역에 막대한 피해가 난 것으로 알려져 있다.

이러한 피해는 한반도만이 아니었다. 중국도 울고 일본도 괴로워하고 있다. 후난, 푸젠, 광동, 저지앙 성 등에 최악의 폭우가 쏟아졌다. 최소한 180여 명 사망, 140여 명 실종, 1200백만의 이재민을 냈다.(7/18 문화/동아) 재해예산 80퍼센트 이상을 예방대책에 사용한다는 일본에 내린 폭우는 예상을 뒤엎었다. 5일 동안 1,200 미리의 집중호우로 12만 명의 이재민이 발생했다고 전한다.

지구촌을 돌아보면 수해만이 아니다. 섭씨 40도가 넘는 폭염으로 사망자가 속출하고 있다. 미국 캘리포니아에서만 섭씨 50도에 이르는 폭염으로 150여 명의 사망자를 냈고, 뉴욕에서는 폭염 비상사태를 선포했다. 미 서남부 지방과 프랑스 영국 스페인 등 구라파 각국은 100년 만에 찾아온 더위와 가뭄으로 몸살을 앓고 있다. 프랑스에서는 2003년 폭염으로 일만 오천 명이 목숨을 잃은 사태가 다시 발생하지 않도록 비상체제에 돌입했다 한다.

이와 같은 지구촌 피해는 수해 폭염에 이어 지진으로까지 나타나고 있다. 인도네시아, 중국, 파키스탄 등 아시아 지역에서 리히터 규모 5.1에서 7.7에 이르는 강진이 연쇄적으로 발생했다.(2006/7/20 동아)

이것만인가? 이라크에서는 연쇄 자살테러로 하루에 100명씩 숨져 가고 있고, 수니파와 시아파 간의 극에 달한 피의 보복은 그칠 기미가 보이지 않는다. 이스라엘과 헤즈블라의 전쟁은 유엔의 중재 노력에도 불구하고 제이 중동전으로 확대될 가능성이 높아 가고 있다. 그래서 이미 3차 세계대전이 시작됐다는 얘기도 나온다. 양측에서 벌이는 무차별 공격은 그 도를 넘은 지 오래고, 헤즈블라 뒤에는 이란이, 이스라엘 뒤에는 미국이 전쟁을 부추기고 있다. 이제는 성현의 말씀에 의하지 않고서도 우리는 지금 세기말적인 징조와 지구촌이 맞고 있는 일대 위기를 직접 목격하기에 이르렀다.

까닭 찾기와 맥 짚어보기

이와 같은 수해, 폭염, 지진, 전쟁 등 안팎으로 몰려오는 지구촌 위기는 도대체 그 까닭이 어디에 있는가? 그 까닭을 찾아보고 그 맥을 짚어보는 것은 새삼스러운 일은 아니다. 이미 사계의 권위자, 전문가들의 진단과 처방이 있고, 그 방면의 단체들이 문제의 심각성을 지적하고 운동을 벌이고 있기 때문에, 조금만 눈을 돌려 살펴보면 쉽게 알 수도 있는 문제이다. 다만 전문가들의 진단이나 단체들의 지적이 얼마나 받아드려져 고쳐지고 있는가 할 때, 전혀 아니라는 데 큰 문제가 있다. 아니다. 이제는 받아드리고 고치려 해도 이미 화살이 시위를 떠났듯이, 브레이크 없는 자동차가 고개를 넘어 내리달리 듯이, 아무도 그 힘을 막을 재주가 없다는데 크나큰 문제를 안고 있다.

필자는 이 방면에 한 문외한의 입장이지만, 이 땅에 사는 작은 씨울의 하나로서 최근 이곳, 저곳에서 일어난 물난리 불 난리를 보면서, 그 심각성을 강조하는 의미로, 까닭 몇 가지를 찾아보고자 한다.

(1) 자연파괴 문제이다. 이번 수해를 겪은 후 도하신문에서는 환경단체들의 주장에 밀려서 필요한 댐건설을 못 했기 때문에 많은 피해가 난 것처럼 보도된 적이 있다. 그러나 자세한 토론과정을 지켜본 필자의 심정은 환경단체의 주장에 손을 들어주고 싶은 생각이 들었다. 수

해의 근본 까닭이 어디 있는가? 물론 필요한 댐건설을 하지 못한 이유가 전혀 없다 할 수는 없을 것이다. 그러나 그보다도 중요한 피해의 근본 원인은 자연파괴에 있었다는 사실이다. 산을 깎고, 물길을 막고, 아스팔트를 깔고, 굴을 뚫고, 별장 펜션을 짓고, 골프장을 건설하고, 골짜기마다 각종 위락시설이 들어서는 등 마구잡이 개발을 하면서, 백두대간을 파괴한 데 원인이 있다는 것을 부인할 수 있을 것인가?

자연파괴는 우리나라만이 아니다. 중국을 비롯한 개발도상국에서는 문명이니 개발이니 하면서 상상할 수도 없는 자연훼손이 일어나고 있다. "지구의 폐" 역할을 한다는 아마존의 열대우림도 채광산업, 대규모 방목, 간선 도로건설 등 개발계획으로 심각한 감소를 초래하고 있다는 소식은 들은 지도 오래다. 매년 상당량의 열대우림이 사라지고 동식물이 멸종되어가는 이 현실을 어찌할 것인가?

(2) 지구 온난화 문제이다. "지구 온난화는 여기서 중단돼야 한다"(Global Warming Stops Here) 이것은 미국 고등학생들이 수도 워싱톤 의사당 앞에서 지구 온난화 대책을 촉구하며

시위하는 플래카드 내용이다. (워싱톤=신화연합뉴스) 미국에서도 온난화가 얼마나 심각한가를 보여주는 한 단면이다.

한국기상연구소에서는 오늘날 기상이변과 온난화의 근본 원인으로서 "주로 화석 에너지 사용과 각종 온실기체 및 인공 화학물질 무제한 사용에 기인한다." 규정한 바 있다. 화석 에너지란 석유와 석탄이고, 온실기체란 이산화탄소, 프레온가스, 오존 등을 말하며, 인공 화학물질이란 합성고무, 플라스틱, 등을 의미한다. 석유와 석탄, 각종 온실기체, 각종 인공 화학물질의 무제한 사용으로 말미암아 수질오염은 물론 대기오염으로 지구는 이제 온실속에 들어가 있는 꼴이 되었다. 그

로 인해 기상대도 모르는, 예상을 뒤엎는 폭우 폭염이 발생하고, 빙하와 만년설이 녹아내리고, 폭포가 줄고, 삼림이 줄어들고, 사막이 늘어나는 현상이 벌어지고 있는 것이다.

(3) 지진이 자주 일어나는 까닭은 어디 있는가? 지금까지 지구상에서 일어나는 지진 현상은 열 개의 지진 판들이 때때로 서로 부딪히므로 일어나는 자연현상으로 알았다. 그런 면이 없지 않을 것이다. 그러나 이런 일들이 과거에 비해 그 빈도가 잦고 점점 더 커지고 있는 것은 어떻게 설명이 되는지 모른다. 지난달에 일본에서는 "일본 침몰"이라는 재난 영화가 상영되었다 한다. 이것은 지진으로 말미암아 일본이 실제로 가라앉는 내용이다. 이 영화는 큰 화제를 불러일으키면서, 이에 따른 일본국민의 불안감이 확산되는 모양이다. 과연 이런 일이 있을 수 있을 것인가? 일본을 미워하는 입장에서는 그렇게 되기를 바라는 마음이 혹 있을지 모르나, 이것이야말로 큰 오산이다. 만일 일본이 침몰한다면 한국은 무사할까? 한국이 어떻게 된다면 중국은 안전할까? 중국도 안전하지 못하다면 다른 세계는 무슨 보장이 있을까? 이제는 수해, 폭염, 지진 문제가 어느 한 나라의 문제가 아니라는 것을 알아야 할 때가 왔다.

앞에서 지진 현상은 자연현상이란 말이 나왔지만, 필자의 옅은 생각으로도 자연현상만이 아니라는 생각이 든다. 천재가 아니고 인재일 가능성이 더 크다는 말이다. 이것은 옛날부터 지금까지 뜻 있는 이들이 줄곧 말해 온 생각이지, 필자만의 생각이 아니다. 그것은 이 지구가 살아있고 하나의 생명체와 같다는 주장은 오랫동안 이어져 왔지만, 문명개발이란 생각에 밀려 별로 주목을 받지 못한 것이다. 이 생명체 위에 문명을 건설한, 이 문명이 병이라는 말에 동의한다. 지진의 원인이 어디 있는가? 그칠 줄 모르고 바벨 탑 모양으로 솟아오르는 이 문명이 지구를 괴롭히고 못 살게 하는 까닭이 있다. 마치 거북이 등에 집을 짓듯이 문명건설, 이 개발이 문제다. 지진이 일어나고 땅이 흔들리는 것은 생명의 지구가 아픔을 호소하고 살기 위한 몸부림이요. 살아 꿈틀거리는 운동이 아닌가? 이 문명이 이대로 계속된다면 한바탕 더 크게 몸을 흔들 수밖에 없지 않은가?

끝으로, 그칠 줄 모르고 계속되는 전쟁의 까닭은 또 어디에 있을까? 눈앞에 나타나는 현실에서만 본다면 전쟁은 극히 사소한 사건에서부터 시작되는 것처럼 보인다. 그러나 조금 더 깊이 들어가 보면 그 표면적인 이유 밑에 일관 되게 흐르는 어떤 까닭이 있는 것을 알게 될 것이다.

일찍이 함석헌 선생은 "내 대적은 국가주의다"라고 선언한 일이 있다. 필자는 이 말씀을 여러 차례 들은 기억이 있다. 선생은 왜 국가주의를 적으로 규정 하셨을까? 그 중요한 내용은 전쟁 때문이라고 생각한다. 국가라는 울타리를 치고 군비를 증강하고 있는 한 전쟁은 필연적이다. 국방이라는 이름으로 젊은이들을 전쟁터로 몰아넣고 무고한 생명을 희생시키는 일은 죄악 중의 죄악이다. 오늘의 국가들이 전쟁을 그치고 평화를 창조해 내지 못한다면 파멸로 가는 것은 불을 보듯 빤한 일이다.

참과 사랑을 잃어버린 오늘

우리는 앞에서 수해, 폭염, 지진, 전쟁에 대한 그 발생 원인을 찾아보고 대략이나마 그 맥을 짚어본 셈이다. 그런데 이상한 것은 오늘의 지구 위기에 대한 까닭을 찾아보고 짚어보는 가운데 하나의 뚜렷한 존재가 드러나고 있다는 사실이다. 그 뚜렷한 존재란 어떤 존재인가? 딱 부러지게 한마디로 말한다면, 오늘의 지구를 파괴하고 오염시키고 못살게 만드는 주범이 누군가? 독자가 읽기가 거북할지 모르나, 그 범인은 너와 나를 포함한 "인간"이란 존재이다. 인간이 주범이다. 여기에 무슨 이유를 달 것인가?

인간이 지구상에 출현한 이래 인간의 편리와 안락을 위해, 얼마나 많은 자연을 오염시키고 파괴했는가? 얼마나 많은 전쟁을 통해 무고한 인명을 살상하고 환경을 파괴하고 지구를 더럽혔는가? 인간이 건설한 문명으로 인간은 잘살았다 할 수는 있겠지만, 수많은 다른 생물들을 멸종시키며, 저 자신도 살 수 없는 세상을 저도 모르게 만들고 있지 않은가? 인간을 제외한 어느 다른 동물이 지구를 이처럼 오염시키고 자연을 파괴한 동물을 보았는가?

그동안 인간의 역사에서 인간의 근본 문제를 예수만큼 깊이 있게 다룬 사람이 또 있는지 모른다. 예수 당시 이런 일이 있었다. 실로암 망대가 무너져 18명의 사람이 죽은 사건이다. 예수는 그 사건을 예로 들면서 이렇게 말했다.

> "실로암에서 망대가 무너져 치어 죽은 열여덟 사람이 예루살렘에 거한 모든 사람보다 죄가 더 있는 줄 아느냐? 나는 너희에게 이르노니 아니라. 너희도 만일 회개치 아니하면 이와같이 망하리라."(누가 13:4~5)

여기서 예수가 지적한 "너희도 회개하지 않으면 망한다" 한 그 회개가 어떤 회개인가? 교회에 가서 가슴을 치며 죄를 통회하고 자복하는 것인가? 물론 그것도 회개의 하나라 할 수 있다. 그러나 분명한 것은 예수의 회개는 그것만이 아니라는 것을 알아야 한다. 그렇다면 예수가 말한 진정한 회개는 어떤 회개인가?

두 가지 내용이 있다. (1) 참에 이르는 길이요. (2) 사랑에 이르는 길이다. 하나님에 대해서는 참을 실현하고 인간에 대해서는 사랑을 실현하는 일이 진정한 회개가 아닌가? 이 같은 일을 이루지 않는 회개는 진정한 회개가 될 수 없다. 그렇다면 참은 어떤 것이고 사랑은 어떤 것인가? 어렵게 생각할 것이 없다. 참이란 이름 그대로 참됨과 깨끗함과 옳음이 참이다. 참되게 산다는 것은 거짓 없는 착함이 참이다. 함 선생은 우리나라의 이상적 인물 세 사람(고구려의 온달, 백제의 검도령, 신라의 처용)을 말했다. 그들은 다 참된 사람이요 착한 사람이라 할 수 있다. 그러나 오늘날 어디 가서 이런 사람을 만나 볼 수 있는가? 그들을 닮은 사람이나, 닮으려는 사람도 없고, 그런 가르침을 하고 있다는 말도 들은 일이 없다. 모두가 똑똑하고 약고 영리하기는 하나 착하지 못하고 깨끗하지 못하고 옳은 것이 빠져버렸다. 그래서 참을 잃어버린, 거짓을 정당화하고, "정직하다가는 바보가 된다"는 억지 논리를 펴고 있는 것이 아닌가?

사랑에 이르는 길에는 세 가지 길이 있다. 첫째는 사람 사랑이요. 둘째는 생물 사랑이요. 셋째는 광물 사랑이다. 지금까지 사랑이라 할 때 그것은 인간의 일이요 인간 중심의 사랑이었다. 예수가 "네 이웃을 네 몸같이 사랑하라"는 말씀을 해석할 때도 그 이웃이란 어디까지나 인간이었다. 그러다가 그 인간 사랑마저도 깨져나가는 오늘이 되어버렸다. 가정이 깨져가고 형제간의 재산싸움이나 부자간의 재산싸움이 도를 넘어가고 있는 것이 그 증거이다. 다른 동물을 잡아먹고 생물을 멸종시키면서 과연 인간의 생명이 얼마나 유지될 것인지 나는 모른다. 이제 우리의 이웃사랑도 인간에게만 머물러서는 안 된다. 동물, 식물, 광물까지

가야 한다. 나무와 풀을 사랑하고, 산과 바다를 사랑하고, 하늘과 땅을 사랑하며 친구로 인정하고 대접하는 데까지 가지 않으면 안 된다고 생각이다. 그것이 진정한 회개요 신의 뜻을 따르는 일이 아닐까?

절망 속에 싹트는 희망의 씨올

전후좌우를 돌아보고 어디를 봐도 소망의 싹이 보이지 않는 듯 절망적인 세상 같으나, 결코, 그렇지 않다. 절망 속에 희망의 싹이 트고 있다. 희망의 씨올이 자라고 있기 때문이다. 산에는 나무가 자라고 들에는 곡식이 자라듯이, 씨올은 어디에서나 자라고 있다. 그것이 우리의 희망이다. 절대 희망이다. 한때 우리의 씨올모임에서도 "붉은 악마"의 소리가 씨올의 소리냐, 아니냐? 논란이 있었지만, 그것이 완전은 아니지만 붉은 악마의 함성 속에도 《씨올의소리》가 있고 그 속에도 씨올이 자라고 있다고 필자는 생각한다. 붉은 악마는 이번 독일월드컵에서도 빛났다. 토고전에서 먼저 한 꼴을 허용하고 실망스런 자리에서도 그들은 실망하지 않았다. 끝까지 포기하지 않고 대한민국을 외치는 모습은 그 후 역전의 드라마를 펼치는 감동보다도 더 큰 아름다움과 감동으로 남아 있다. 거기에 씨올의 바탈이 있고 희망의 싹이 보이고 있다. 물론 붉은 악마에게만 있는 것은 아니다. 시장에서 농촌에서 학교에서 일터 어느 곳에서도 씨올은 자라고 있다고 나는 믿는다.

마지막으로, 우리가 씨올에 희망을 건다는 것은 나타난 현상보다도 그 근본을 두고 하는 말이다. 그러므로 씨올의 근본 바탈이 어떤 것인지 알아보는 것은 중요한 일이다. 이것은 이미 함 선생님이 말씀해 놓으셨고 그동안 여러 학자 들에 의하여 밝혀진 바이지만, 한 번 더 그것을 부족하지만 나름대로 정리해 보고 싶다. 자세히 설명할 지면도

시간도 없기때문에 제목만 나열하는 수준이 되는 것을 이해하기 바란다. 독자의 보다깊은 생각을 첨가해주면 좋겠다.

(1) 씨올의 보편성이다. 씨알은 유영모 선생님으로부터 시작해서 함석헌 선생님이 씨올을 기른 순수한 한국의 씨올이지만, 이 씨올은 이미 한국만의 씨올이 아니다. 풀이 동서양에 다 있듯이 씨올은 어디에도 있는 씨올이다. 일본에도 있고 중국에도 있고 세계 어느 곳에도 씨올이 있고 씨올이 자라고 있다.

(2) 씨올의 영원성이다. 씨올은 죽지 않는다는 말이다. 이집트 미이라 속에 있던 삼천 년 넘는 씨가 다시 싹이 났듯이, 씨올은 불멸성이며 영원의 씨올이다.

(3) 씨올의 생명성이다, 씨올은 살아있는 씨올이며 꿈틀거리는 씨올이다. 왕성한 생명력을 지니고 싹으로 잎으로 줄기로 꽃으로 열매를 맺으며, 땅에 발을 딛고 하늘을 향해 올라가는 생명의 씨올이다.

(4) 씨올의 포용성이다. 씨올은 모든 것을 받을 수 있고 모든 것을 품에 안을 수 있다. 좀 지나치다 할지 모르나 모든 종교, 모든 사상을 이해하고 소화할 수 있는 폭넓은 가슴이 있다.

(5) 씨올의 저항성이다. 씨올은 이 땅에 존재하는 모든 악과는 그 악이 없어지고 선으로 돌이킬 때까지 끝까지 저항하고 싸우되 절대 비폭력으로 싸운다는 점이다.

(6) 씨올의 순수성이다. 오염되지 않고 때가 묻지 않고 난대로 자연대로 삶을 살아가는 씨올이다. 특히 돈과 권력에 눈이 어두워지거나 거기에 팔려나가면 그는 벌써 씨올이 아니다. 이미 오염이 됐기 때문이다.

(7) 씨올은 옹근 씨올이다. 이것은 씨올의 완전성이라 할 수 있다.

오랜 씨올의 독자인 이천우 님은 필자에게 유영모 선생의 씨알에 대한 말씀이라면서 다음과 같이 전해주었다.

"씨알은 하나님이 하시고, 하시고 또 하시다가 똑 떨어진 것이 씨알이다"

함석헌 선생도 씨울에 대하여 이렇게 말씀 했다

"씨울은 참의 씨요 사랑의 울이다"(안병무 강연)

위와 같은 말씀을 생각해 본다면 두 분이 다 같이 씨울의 완전성을 말하고 옹근 씨울을 강조하고 있는 것을 알 수 있다. 씨울은 옹근 씨울이며 완전한 씨울이다. 우리는 이 씨울을 특히 함석헌 선생에게서 본다. 함석헌은 그 씨울의 참모습을 우리에게 보여준 첫 번째 사람이기 때문이다.

씨올, 비폭력혁명의 역사
-《씨올의소리》 창간 40주년을 맞으며

글을 시작하면서

제91주년 3·1절 정오가 조금 지나서였다. 김조년 이사장으로부터 전화가 왔다. 다음 달이《씨올의소리》창간 40주년이 되는데, '씨올혁명'에 대한 글을 써 달라는 것이다. 나는 얼떨결에 쓰겠다고 대답을 했다. 대답하고 나서 조금 생각을 해보니 글쓰기가 보통 어려운 것이 아니라는 것을 알았다. 그래서 곧바로 못 쓰겠다는 전화를 걸어야 하겠다고 벼르다가 차일피일 시간이 지나가 버렸다.

그동안 필자는 함 선생님과 함께《씨올의소리》복간 이후 10여년 심부름을 하면서 여러 가지 체험한 일이도 있고, 또 씨올사상이니 씨올정신이니 하면서 씨올에 대한 생각이 없는 것도 아니었다. 그러나 그 "혁명"이라는 말에 대해서는 너무 무겁게 느껴졌다. 무겁다기보다는 무섭고 두려운 생각까지 난 것이 사실이다. 이런 마음으로 과연 글을 쓸 수 있을까? 이런 생각, 저런 생각을 하는 중에 불현듯 지나가는 한 생각이 떠올랐다.

「함 선생님은 "씨올혁명"에 대해서 어떤 생각을 가지고 계셨는가?」책장 깊숙이 먼지가 쌓인 옛《씨올의소리》를 찾아보기 시작했다. 20권의 전집도 검토해 보았다. 물론 전에 한두 차례 읽은 것들이지만 전혀 새롭고 감동적인 선생님의 글을 다시 접하게 되어 기뻤다. 이것은 글쓰기 전에 이미 얻은 엄청난 수확이라는 생각이 든다.

함 선생님은 4·19혁명을 맞고 나서, 혁명에 대한 집중적인 글을 발표하셨다. 1961년 8월에 『인간혁명』이란 단행본이 출간된 바 있다. 거기에 수록된 글은 5·16 이전에 이미 《사상계》에 발표하신 글에다가 별도로 "인간혁명"이란 제목으로 쓰신 대 논설을 첨부하신 것이다. 그 후 '혁명의 철학', '비폭력혁명' '정신혁명' '새 혁명' '씨올혁명의 꿈'(80년 5,6월호 《씨올의소리》)에 이르기까지, 혁명에 대한 글이나 말씀이 여러 차례 펼쳐졌다는 것을 알았다. 선생님의 말씀이나 글의 중심에는 언제나 씨올과 씨올혁명이 그 핵이었다는 사실도 미루어 짐작할 수 있었다.

『씨올혁명』에 대한 본론 적인 이야기에 들어가기 전에, 꼭집고 넘어가야 할 내용이 있다. 그것은 "씨올"에 관한 것이다. "씨올"에 관해서는 그것이 민(民)이니 민중, 국민, 백성이란 이름 대신으로 새롭게 만든 우리말이라는 것은 이제는 어느 정도 이해되었다고 생각한다.

그러나 그것만으로는 씨올을 다 알았다고 할 수 없다. 씨올은 보다 더 깊고 오묘한 뜻이 있다. 전에 어느 저명한 교수도 "민중은 알겠는데 씨올은 알 수 없다, 손에 잡히지 않는다."는 말을 들은 일이 있다. 그때 필자는 거기에 대한 대답을 못 했다. 필자도 비슷한 생각을 가지고 있었기 때문이다.

그러나 지금은 아니다. 지금은 확실하게 말할 자신이 생겼다. 씨올을 어렵게 복잡하게 말할 필요가 없다. 벌써 필자는 한두 차례 글을 쓰고 말을 한 바 있지만, 다시 말한다. 쉽게 말해서 씨올을 알려면 다른 어디에 가서 찾을 것이 아니라, 함석헌에게서 찾아야 한다는 것이 필자의 주장이다. 함석헌은 이 땅에 씨올로 와서 씨올로 살다가 씨올을 말하고 씨올로 돌아간 사람이다. 기독교의 참모습은 예수에게서 찾고, 불교의 참모습은 석가에게서 찾는다면, 씨올의 참모습은 함석헌에서 찾을 수 있다. 따라서 씨알사상이니 씨올정신이니 하는 것은 함석헌 사상과 함석헌 정신이라 말해도 상관없다고 생각한다. 그렇게 볼 때 "씨올혁명"도 곧 "함석헌 혁명"이 되고, 함석헌 혁명이 곧 "씨올혁명"이 된다고 본다.

씨올혁명의 뿌리

그렇다면 "씨올혁명의 뿌리"는 어디서부터 찾아야 할 것인가? "씨올혁명의 뿌리"를 찾아 올라간다면 『3·1운동』에 가 닿는 것은 너무도 자연스러운 일이다. 3·1운동은 민중운동이라는데 이론이 없을 것이다. 그것이 순수한 민중의 꿈틀거림이었기 때문에 곧 씨올과 직결되는 것은 당연한 일이다.

3·1만세 운동이 일어난 지 어언 90년이 지났다. 따라서 그때 그 운동에 참가했던 선인들은 거의 다 세상을 떠났다. 그러므로 그때의 그 생생한 증언을 들을 길은 없다. 그러나 1979년 30년 전이다.《씨올의 소리》3월호에 『3·1운동 60주년 기념 특집』으로 함 선생님을 위시한 3·1운동에 직간접으로 참가한 원로들의 좌담회를 개최한 일이 있다. 거기서 드러난 이야기만 보더라도 3·1운동이 얼마나 순수한 민중들과 학생들과 보통사람들이 중심이 된 운동이라는 것을 알 수 있다. 그 보통사람 들 중에서도 주로 농민들이 제일 많이 참가했다고 한다.[1]

함 선생님은 1919년 3월 1일 평양고등학교 3학년 시절, 18세의 나이에 평양 만세운동에 가담했다. 그냥 군중의 하나로 참가하신 것이 아니다. 물론 6촌 형이 되는 함석은 씨의 말을 듣고 지도를 받기도 했

---

1 《씨올의소리》통권 82호 82쪽

지만, 선생님은 그때 이미 우리나라 태극기를 정확하게 그릴 줄 알았다. 3·1절 전야에 밤이 맞도록 태극기를 수도 없이 직접 찍어내고, 그것을 수도 없이 돌렸다. 또 한 중무장한 일본군대와 맞서며 만세를 부르다가 군화발에 차여 나 뒹굴어지기도 하였다.[2] 그 후 선생님은 3·1절 42주년에 이런 글을 쓰셨다.

> 민중을 주인으로 모셔야 한다. 3·1운동은 구 한국시대 벼슬아치가 주인도 아니요, 지식층의 학생이 주인도 아니요, 자본가가 주인도 아니요, 순전히 전체 민중이 주인이었다. 아무 음모도 없이, 아무 미리한 조직도 없이, 민중을 무조건 믿고 나서서, 하나가 만세! 할 때에 2천만의 한목소리로 만세! 했다. 그게 바로 말없는 민중을 임금으로 모신 것이었다. 우리나라 민주주의는 3·1운동에서 시작되었다.[3]

우리가 보통상식으로 생각한다든지, 당시 독립선언서에 나타난 서류상으로만 본다면 민족대표 33인이나 48인이 3·1운동을 주관하고 지도한 것처럼 보인다. 그러나 사실을 알고 좀 드려다 본다면, 3·1운동에는 누가 누구를 지도하고 주관한 사람이 없었다. 물론 33인이 일의 성공을 위하여 동분서주하고 일사각오로 서명을 한 것이나, 그분들의 높은 뜻을 조금도 흐리게 해서는 안 된다고 생각한다. 그러나 다음과 같은 증언을 보면 다소 섭섭한 마음이 없지 않다.

"예정된 파고다공원에서는 하오 2시가 지나도록 민족대표가 나타나지 않자, 학생대표 강기덕이 태화관에 달려가"왜 예정된 파고다공원으로 안 나

---

2 《씨올의소리》 통권 82호 60-61쪽
3 전집 17권, 91쪽

오느냐?"고 추궁을 하고, 대표 몇 사람이라도 대회에 참석해서 선언문을 읽어달라고 간청을 했으나, 최린이 "우리의 독립선언은 여기서 하기로 되었으니, 학생들은 학생들대로 하라"고 말하자, 한때 학생대표들이 극도로 흥분했으나, 결국 설득당해 돌아간 후, 정재용이라는 청년이 선언문을 낭독했다.[4]

왜 그랬을까? 태화관과 탑골공원은 불과 3,4백 미터밖에 안 되는 엎어지면 코 닿을 데인데, 왜 33인은 민중의 집회에 합류하지 못했을까? 의문은 없지 않으나 그것을 따지고 싶은 생각은 없다. 최린이 말한 대로 "우리는 우리 대로 독립선언을 할 터이니 너희는 너희대로 하라"한 것이 그가 어떤 뜻에서 그렇게 했는지는 모르나, 우리가 보기에는 그것은 하늘의 뜻이다. 이제는 너희가 무슨 지도자니 대표니 하는데 의지하지 말고, 너희 각자 하나하나가 자주성을 갖고, 스스로 일어서서 독립선언을 하라는 것은 그것이야말로 하늘 말씀이 아닌가?
안병무 박사가 어떤 강연에서 이런 증언을 한 바 있다. 어떤 이름 없는 아주머니가 3·1 만세운동에 참가하여 만세를 부르다가 일본 순사에 잡혀가서 문초를 받게 되었다.

일본순사: 누가 만세를 부르라고 시키더냐?
아주머니: 누가 시켜서 부른 것이 아니라, 내가 만세를 부르고 싶어 불렀다!

놀라운 말이다. 이름 없고 무식한 아주머니라 했지만, 결코 무식한 아주머니가 아니다. 자각한 민중이다. 깨달은 씨올이다. 새 시대가 열리는 말이다. 지금까지는 나라는 임금의 나라요, 지도자의 나라요, 유

---

4 《씨올의소리》 통권 82호 80쪽 (송건호 글)

식한 지식인의 나라로만 알았지만, 이제는 아니다! 지금까지는 종으로 머슴으로만 살았지만, 지금은 아니었다. 이제는 이 나라는 내 나라요, 내가 주인이라는 말이다.

함석헌의 씨올혁명

"씨올혁명"이란 말은 함석헌으로부터 비롯되었다. 함석헌 전에도 없었고 후에도 없었다. 누구도 그런 말을 하고 그런 글을 쓴 사람은 없다.

함석헌은 1970년 4월 19일, 4·19혁명 10주년 기념일을 창간일로 하여 월간《씨올의소리》를 창간했다. 4월호가 나오고 5월호가 나오자마자 당국에 의해 일방적인 폐간조치를 당했다. 그러나 13개월 동안 법정투쟁 끝에 승소하여 1971년 8월 15일 해방의 날을 복간일로 다시 시작하였다. 1980년 7월호까지 9년간《씨올의소리》통권 95호를 세상에 내놓았다.

그간의 세세한 이야기를 다 할 수는 없지만, 필자도 참가한《씨올의소리》창간 10주년 기념강연회를 떠올리고 싶다. 그해 4월 18일 서울 YWCA에서부터 강연회가 시작되었다. 이 강연은 대구, 부산, 전주, 광주까지 1차로 하고, 2차는 제주를 시작으로 하여 청주, 원주, 천안, 대전, 춘천까지 계획이 되어 있었다. 당시 강연회는《씨올의소리》사의 계획이라기보다는 씨올독자들의 열화 같은 요청에 의해서였다. 그러나 불행하게도 5월 17일 제주 강연을 마치자마자 신군부에 의한 확대 계엄령에 의해 중단되고 말았다. 중단만이 아니라《씨올의소리》를 아예 칼로 잘라 버렸다.

그렇지만 필자는 여기서 주목하고 싶은 것이 있다. 그것은 함 선생님의 말씀이다. 사실 필자는 그 현장에 참석하고 선생님의 말씀을 들었지만, 선생님의 깊은 뜻을 알지 못했다. 30년이 지난 오늘 다시 그때의《씨올의소리》를 들춰보면서 놀라지 않을 수 없다. 그때 이미 선생님의 말씀은 씨올에 있었고, 씨올혁명에 있었다는 사실이다.

서울에서는 쉘리의「서풍의 노래」를 카랑카랑한 목소리로 읊으시면서 "씨올의 길"을 말씀하시고, 대구는 "정신혁명의 길", 부산은 "생각하는 씨올", 전주는 "한국은 어디로 가는가?", 광주는 "씨올혁명의 꿈", 제주는 "비폭력 혁명의 길" 이었다.

여기서 주목할 것은 5월 3일, 광주 5.18이 일어나기 보름 전, 선생님의 강연 "씨올혁명의 꿈"은 마치 예견이라도 하신 듯, 군에 대한 예리한 비판의 말씀이 번뜩였다. 당시 강연 전문이《씨올의소리》통권 94호에 실려 있다. 또한 제주 "비폭력혁명의 길"은 선생님이《씨올의소리》를 창간하시고 10년 만에 공식 강연으로는 마지막 강연이 된다.

이제 필자는 선생님의 남기신 말씀을 다시 읽으면서 "씨올혁명"이란 어떤 혁명인가를 생각할 때, 세 가지로 정리할 수 있다고 생각한다. 1. 악과의 싸움이요, 2. "나"의 혁명이요, 3. 전체와 하나 됨이다. 이것을 필자의 시각이며 완전이라고 할 수는 없다. 또 다른 생각이 얼마든지 있을 수 있다는 것을 전제하면서, 좀 더 구체적으로 말해 보고자 한다.

① **악과의 싸움**: 함석헌의 씨올혁명은 악과 싸움이다.

"혁명의 구체적인 목적은 어떤 제도, 혹은 어떤 계급, 혹은 어떤 개인에 있을 수 있으나 그것을 좀 더 근본적인 뜻에서 말한다면, 악과 싸우는 일이다."[5]

---

5 『인간혁명』, 288쪽 (제일출판사)

함석헌에게 있어서 "악"이란 "악령"이라든지 "사탄"이니 "끝없는 깜부기"라는 표현도 있지만, 그것만은 아니다. 오히려 "집단 악"이나 "정치 악"이라 할 수도 있고, "군인정치"라 할 수도 있다. 더 구체적으로는 "5·16군사 쿠데타"세력을 지목했다고 본다. 그러나 처음부터 5·16은 그렇게 나쁘게만 본 것은 아니었다.

함석헌은 5·16이 일어나자마자 6월호《사상계》지에 "5·16을 어떻게 볼까?"라는 비판의 글을 쓰면서 "4·19는 잎이요 5·16은 꽃이라"고 했다. 꽃은 아름답고 화려하지만 때가 되면 싹 떨어지는 것이 꽃의 사명이라고 하면서, 기다렸던 것 같다.

그러나 그들이 내세운 혁명공약에 "참신하고도 양심적인 정치인들에게 언제든지 정권을 이양하고 우리들 본연의 임무에 복귀"하겠다는 말을 지키기는 고사하고, 군정 2년이 지나고, 그 후 3선 개헌도 모자라, 유신헌법을 만들고 영구집권으로, 철권정치 집단으로 전락하는 것을 보고, 더 이상 두고 볼 수 없는 지경에 이르렀다고 본 것이다.

함석헌의 목표는 너무도 분명했다. 이제 남은 것을 그들과 싸움이 있을 뿐이었다.

여기서 싸움이라 했지만, 함석헌에 있어서 싸움은 우리가 보통 말하는 싸움이 아니다. 이 싸움을 폭력적인 싸움이 아니라 어디까지나 비폭력의 싸움이었다. 몽둥이나 돌이나 심지어는 바늘 하나도 들어서는 안 되는, 철저한 비폭력운동이 함석헌의 싸움이었다. 이것을 함석헌은 "이겨놓고 싸우는 싸움"이라고 말한다.

필자는 선생님이 싸우시는 현장을 직접 목격한 일이 여러 번 있지만, 선생님의 싸우시는 모습은 독특하다. 불법연금 명령이 떨어져서 문 앞에 형사들이 지키고 있다고 해서 가만히 앉아 계시는 것이 아니다. 나갈 준비를 다 하시고 문을 열고 나가시면 그때부터 싸움이 시작된다. 선생님은 손으로 밀치기만 하시지, 때린다든지 "이놈, 저놈"하시는 일은 없다. 그러나 결의는 단호하시고 물러서는 일은 없다

"1972년 시월유신 이후 79년 12월 27일 계엄사에 소환되어 심문받기까지, 7년 사이 함 선생님이 불법연행, 불법심문, 가택수색, 연금, 집회방해를 받은 건수가 무려 22건"[6] 이라고 나와 있지만, 필자가 보기에는 그것보다는 3배는 더 해야한다고 본다.《씨올의소리》에 기록되어 있는 연금, 연행만도 17회나 되기 때문이다.

앞에서 언급했듯이 5·16쿠데타 세력이 약속한 민정이양은 고사하고 철권정치와 영구집권 기도에 맞서, 선생님은 당시《사상계》지를 통하여 붓으로 싸우고, 말로 싸우고, 삭발과 단식으로 싸웠다. 63년부터 67년 사이《사상계》에 실린 선생님의 글 제목만 봐도 얼마나 치열하셨나 하는 것을 알 수 있다.

"민중이 정부를 다스려야한다", "왜 말을 못 하게 하고 못 듣게 하나?"(동아일보) "우리는 알았다!", "싸움은 이제부터", "언론의 게릴라전을 제창한다", "레지스탕스", "저항의 철학" 등등.

그러나 이보다도 더 본격적인 싸움은 월간《씨올의소리》창간에서부터라고 생각한다.

《씨올의소리》창간사에 보면 "내가 이 잡지를 내는 목적을 말합니다."하고 "한 사람이 죽는 일입니다."했다. 제2호에는 "씨올의소리를 내는 목적이 무엇입니까? 천하 씨올이 다 소리를 내도록 하기 위해서입니다." 하는 대목이 나온다. '한 사람이 죽는 일'이라고 하는 것은 바

---

6   함석헌 다시 읽기 670쪽 (노명식편-인간과 자연사)

로 함석헌 나 자신이 죽는 일이라고 그렇게 표현하시지는 않았지만, 창간사의 전체 맥락으로 봐서는 그 이상의 각오와 결의가 나타나 있다는 것을 알 수 있다.

②"나"의 혁명: 함석헌의 씨올혁명은 "나"의 혁명을 말한다. 나를 반성하고 내가 회개하고, 나를 개조하고 개혁하는, 나를 혁명하는 일이다. 천하 사람이 다 혁명을 하고, 내가 못한다면 무슨 의미가 있는가? 중요한 것은 '우리'라든지 '남'이 중요한 것이 아니라 내가 중요하다. 내가 달라지는 일이다. 나를 바꾸고 내가 새로워지고 나를 고치는 일이 씨올혁명이란 말이다.

일찍이 함석헌은 4·19혁명이 성공 이후 곧바로 5·16이 일어난 근본 원인은 "민중 자신의 책임"이라 했다. 씨올자신의 책임이란 말이다. 4·19 후 민주당 정권이 들어선 것을 보고 민중이 말하기를 "'그놈이 그놈'이라 한 말은 옳으면서도 잘못된 말이다" 하고, "정말 바로 하려면 '나도 그놈이다', 혹은 '그놈이 나다.' 했어야" 한다고 했다. 또한 "모든 잘못의 근본 원인은 너 나를 갈라 생각하는 데 있다"하고, "나라는 너 나 생각이 없고, 너도 '나'라 하는 데 있다. 모든 것이 '나'라 하는 것이 나라요 나라하는 생각이다. 따라서 '그놈이 그놈이다' 하지 말고, 이놈도 그놈도 나다, 하게 되어야 한다."고 강조한다.[7]

선생님의 말씀을 조금 더 보자

"이 인간도 그냥 가르치기만 하면 자연이 되는 인간이 아니다. 자연주의 교육이 듣기에는 그럴듯하면서도 틀린 것은 이 때문이다. 인간존재는 소독이 필요한 존재다. 일대 변화가 필요한 인생이다. 그래서 '사람이 고쳐

---

7 『인간혁명』, 266-267쪽

나지 않으면 하늘나라에 들어갈 수 없다.' (요한복음 3:3) 는 것이다.

이제 인간은 일대 혁명이 필요하게 된 때인데, 그 혁명은 결코 정권 다툼을 하는 일이 아니다. 사회생활의 근본제도를 전반적으로 변경하는 일이요, 제도를 고치는 일만이 아니라, 민족의 성격을 고치는 일이며, 민족의 성격을 고치는 일만이 아니라, 나 자신을 혁명하는 일인데, 나는 내 본성이 제대로 있지 못하고 썩은 사람이다. … 세상을 바로 잡자, 인간을 고쳐 만들자, 하는 열정만으로는 안 된다. 먼저 내 가슴속에서 죄의 병균이 없어져야 한다.[8]

함 선생님만큼 자신을 철저히 개조하고 개혁하고 혁명하려고 애쓴 사람이 누군가? 선생님은 월남이후 평생을 1일 1식을 하시면서도, 때로는 시국과 관련하여 삭발과 단식도 여러 차례 하셨다. 빠르면 3일이나 1주간이지만 1965년 7월 한일협정 비준저지 때에는 14일을 단식한 바 있고, 이보다 앞서 자유당독재에 항거 씨올농장에서 40일간을 목표로 단식을 결행하신 일까지 있다.

선생님의 삭발, 단식은 어떤 시위 효과나 외부에 영향을 주기 위한 단식이 아니었다. 선생님의 단식 목적은 자신을 반성하고 내적 수련으로서, 나 자신을 올바르게 재정립하는 것이 목적이었다. 나아가서 '악을 저지르는 사람을 불쌍히 여기며' 근본적으로는 '나의 죄속 함에 있다.'고 하신다.[9] 말하자면 '나'를 혁명하여 바로 세우려는 것이 선생님의 주목적이었다.

한 증언에 의하면 선생님은 자신을 향한 비판과 비난이 쏟아지는 어느 때, 거기에 대한 어떤 변명이나 한 마디 말씀도 없으신 채, 조용

---

8 『인간혁명』, 323쪽
9 《씨올의소리》 통권 28호 53쪽

히 관(棺)을 짜놓고 그 속에서 주무셨다는 것이다.[10] 얼마나 처절하게 자신을 채찍질하시고, 자신을 개혁하시고자 힘쓰셨는가를 알 수 있지 않은가.

③ 전체와 하나 됨: 씨울혁명은 전체와 하나 됨의 혁명이다. 내가 전체가 되고 전체가 내가 되는 것이다. 전체가 있어 내가 있고 내가 있어 전체가 있다. 나는 전체에서 나왔고 전체로 돌아갈 존재다. 그렇다면 그 전체란 무엇인가? 작게는 이웃에서부터 크게는 나라와 세계와 우주까지를 생각하는 전체가 아닐까? 그런데 중요한 것은 "하나 됨"이라는 말이다. 함 선생님의 말씀을 더 들어보자.

"정신운동 중에 가장 높은 것인 종교는 조직 중에 가장 높은 조직, 강제가 전혀 없는 조직, 조직 아닌 조직이다. 혁명운동은 여기 가까울수록 성공한다. 그러나 지도 인물과 조직이 아무리 있어도 보이는 것뿐이고 보이지 않는 속의 하나 됨이 없으면 소용없다. 정신의 하나 됨, 하나 되는 줄 알고 하나 되는 '하나 됨'이 아니고는 안 된다."[11]

또한 선생님은 앞에서 언급한 《씨울의소리》창간 10주년 광주 강연회에서 이렇게 말씀한다.

"사람이란 감정이 있으니까 시원한 말을 할 때 박수도 치고 그래야지. 그것도 몰라서 되겠어요? 하지만 그보다 어느 이치가 있어서 그 이치에 들어맞는 말을 해 줄 때면 거기서 도리어 박수 치기를 잊고, 내가 듣는지? 저 사람이 듣는지? 내가 말하고 저 사람이 듣는지? 저 사람이 말하고 내가

---

10 이윤구 박사의 어느 방송매체 인터뷰
11 『인간혁명』, 282-283쪽

듣는지를 잊어버리고 '하나'가 될 수 있습니다. 나는 이것을 옆에서 지켜 보면서 참 좋다! 이것이 씨올혁명이지. 이 자리에서 지금 혁명을 하고 있다![12]

선생님의 말씀을 듣노라면 마치 기독교의 어느 부흥회에서 일어나는 어떤 감동이나 신비체험 같은 그런 것을 의미하는가? 밝히 말하지만, 그것과 같은 것이 아니다. 모이는 것은 비슷하고 형식은 같을지 몰라도 내용은 근본적으로 다르다고 생각한다.

선생님은 일찍이 이런 말씀을 하신 것을 기억한다. "뭔가 민족이 한통치고 들어가는 어떤 뜨거운 용광로 같은 과정을 거쳐서만 새 나라가 시작될 것이다."[13]

선생님의 말씀에서 중요한 것은 "용광로"다. 필자는 그 "용광로"는 바로 「씨올들의 용광로」라 하고 싶다. 거기는 타는 불이 있고, 뜨거운 열기가 있고, 꿈틀거림이 있고, 소용돌이가 있다. 그 속에서 모든 것을 태우고 모든 것을 녹이고 모든 것을 끓여서, 모든 것을 하나 되게 함으로써, 새로 짓는 창조의 새 작품이 거기서 탄생하게 되는 것이다. 씨올혁명은 이런 것이 아닐까?

---

12 《씨올의소리》 통권 94호 27쪽
13 《씨올소리 이야기》, 189쪽 (도사출판 선)

폭력아, 물러가라!
-폭력에 점령되는 세상을 보며

안방까지 침투한 폭력

몰랐다. 아무도 몰랐다. 선생도 모르고 경찰도 몰랐다. 폭력이 안방까지 침투한 줄은 어머니도 모르고 아버지도 몰랐다. 13세 아들이 자기 집 안방에서 동료들에게 상습적으로 폭행을 당하고, 심지어는 물고문까지 당하는 데도 몰랐다. 까마득하게 몰랐다. 아들은 어디에도 호소할 길이 없어 괴로워하다가 결국은 스스로 목숨을 끊고, 생을 마감한 대구 중학생 자살 사건!

필자는 이 사건이 보도되었을 때, 그 부모의 입장에서 본다면, 하늘이 무너지고 땅이 꺼지는, 기가 막히고 땅을 칠 일이지만, 그것은 특수한 일이지 보통 어디에서나 일어나는 일은 아니라는 생각이었다. 그러나 시간이 가면 갈수록 그것은 고구마 줄기처럼 따라 나온다든지, 빙산의 일각이라는 말만으로도 설명이 다 안 되는, 일진회와 같은 엄청난 폭력조직의 뿌리가 어린 중학생들의 현장에까지 들어가 뱀처럼 얼키설키 똬리를 틀고 있는 것을 전혀 짐작을 못 했다. 우리가 모르는 사이, 사회의 어두운 곳에서 독버섯처럼 자라난 폭력들이 알을 까고 새끼를 쳐서, 구렁이처럼 우리 생활 속까지 파고 들어와 우리 자녀들을 위협하고 우리 가정의 근본을 뒤흔들고 있는 사실을 새까맣게 모르고 있었다.

학교나 경찰 당국에서는 미리 알고도 모르는 척했는지, 그냥 무감

각으로 지냈는지, 자세히는 알 수 없지만, 이 사건이 사회의 주목을 받기 시작하자, 부랴부랴 '학교폭력 예방대책위원회'를 구성하고, 학교폭력 신고 전화 117을 만들고, 학교에 경찰관을 배치하며, 각 지자체별로 학교폭력 예방 조례가 봇물을 이루고 각종 아이디어가 쏟아지고 있다.

그렇다면 이제는 학생들이 폭력이라는 괴물의 올가미에서 어느 정도 해방을 받고 있는가? "아니다! 아니다!!"하고 크게 외치고 싶은 심정은 결코 나만이 아닐 것이다. 학교에 따라서는 폭력 건수가 하나도 없다는 보고가 혹 있다고는 하나, 폭력은 마치 그런 일들을 비웃기라도 하듯이, 잠시 물밑에 잠수해 있다가 다시 전보다도 더 끔찍한 범죄로 떠오르고 있는 현실을 어찌할 것인가?

지난해 말 대구 학생 사건이 있은 이래 올해 6월까지, 대구 경북에서만 15명의 학생이 자살했거나 자살 기도를 한 것으로 드러났다. 그렇다면, 대구 경북에서만 그렇고 다른 곳은 안전하다는 말인가? 어느 누구도 그렇게 믿는 사람은 없을 것이다. 어떤 조사에 의하면 학교폭력은 점점 그 연령이 내려간다고 한다. 고등학교보다는 중학교, 중학교보다는 초등학교로 내려간다니, 무엇으로 이 폭력의 물결을 막을 것인가?

폭력은 학교폭력만이 아니다. 여성부에 따르면, 99년부터 2001년까지 가정폭력 상담 건수가 4만여 건으로 시작해서 7만5천여 건, 11만 4천여 건으로 증가하더니, 지난해 가정폭력 피해자 신고는 13만 건 이상으로 올라갔다고 한다. 그리고 65세 미만 6가구 중 1가구가 가정폭력을 당하고 있다는 것이 오늘의 실상이 되어버렸다. (KBS)

'50년을 함께 산 남편이 아내를 살해하고, 수십 년간 남편과 아버지의 폭력을 견뎌오던 아내와 자녀가 아버지를 살해한 사건,' '할머니가 잔소리를 한다고 손자들이 합심하여 할머니를 살해한 사건,' 심지어는 노숙자를 자기 집 안방으로 끌어드려 술에 수면제를 타 마시게 한 후 살해하고, 자신이 죽은 척 신고하여 33억을 타 내려 한 무속인 보험사기 사건 등등, 아내가 남편을, 남편이 아내를, 자식이 부모를, 부모가 자식을, 친구가 친구를 괴롭혀서 돈을 뜯고 폭력을 가하고 죽음으로 내모는, 떠올리기도 싫은 끔찍한 폭력사건들이 저 멀리 서 일어나고 있는 일이 아니다. 우리 가까이서 일어나고 있다. 우리 안방에서, 우리가 안심하고 살아야 할 우리의 생활공간 속에서 일어나고 있다는, 이 기막힌 사실을 어찌해야 할 것인가?

끊임없이 커가기만 하는 폭력

폭력이 우리 안방 깊숙이까지 들어왔다는 이야기는 솔직하게 깨놓고 말한다면, 우리가 살고있는 세상이 우리가 모르는 사이, 이미 폭력에 대부분 점령당했다는 것을 반증하는 것이 아닌가? 물론 필자의 이런 생각을 지나친다, 부정적이다 할 사람도 있을 것이다. 올여름에도 보면, 들로 산으로 바다로 즐기러 나가는 사람이 길을 메우고, 국내만이 아니라 해외로 여행 나가고 들어오는 사람들이 비행장을 메우는데, 무슨 뚱딴지같은, 기분 잡치는 소리를 하는가 할지도 모른다.

그러나 과연 그렇게 평화롭고 즐거움을 찾고 안심할 수 있는 세상일까? 물론 세상을 너무 비관적으로만 볼 필요는 없다. 희망을 가져야 한다. 어떤 어려움이나 절망 속에서도 절망하지 않고 절대 희망 앞에 서는 일은 위대한 일이다. 하지만 우리가 사는 세상을 겉으로만 보고 속을 보지 못한다면 그것처럼 어리석은 일은 또 없을 것이다.

예컨대 겉보기에 건장해 보이는 사람이라 할지라도 세밀한 종합검진에 들어가면 생각지도 못한 치명적인 병이 발견되는 것처럼, 우리가 살고있는 세상도 마찬가지가 아닐까?

지구는 살아있는 생명체라는 말이 일찍부터 나왔다. 그러나 이 지구가 얼마나 병들고 몸살을 앓고 괴로워하며 몸부림치고 있는지를 아는가? 모르는가? 기차 전차 자동차가 지상 지하를 달리고, 하늘에 비행기가 날고 바다에는 유람선이 뜨니까, 그저 좋다고만 할 것인가?

나타나는 현상으로만 보면 아무런 문제가 없어 보일 수도 있을 것이다. 그러나 조금만 깊이 드려다 보면, 얼마나 많은 폭력들이 세상을 어지럽히고 병들게 하고 망하게 하고 있는지 모른다. 눈만 뜨면 성폭(性暴), 주폭(酒暴), 조폭(組暴)들이 날뛰고, 가정폭력에 이어 학교폭력까지, 그래서 가정이 병들고 오늘날 학교가 폭력으로 인해 이렇게 깊은 상처를 입고 있는 때는 일찍이 없었다. 심지어는 학생이 선생님을 폭행하고, 학부형이 학교를 찾아와 선생을 폭행하는, 전에는 상상할 수도 없는 교권침해 사례가 2009년 1,570건에서 2010년 2,226건, 2011년 4,801건으로 해마다 증가하고 있다고 했다.(2012년 8월 29일자 중앙일보)

이런 폭력들은 인간이 인간에게 가하는 폭력만이 아니다. 식물 동물들도 인간에 의해 얼마나 많은 수난을 당하고 있는가? 얼마나 많은 식물들이 멸종되고, 얼마나 많은 동물 들이 사라지고 있는지 아는가? '코끼리는 매달 50마리씩 상아를 뽑히고, 예쁜 새들은 한해에 500만 마리가 밀거래되며, 상어가 해마다 7,300만 마리가 잡혀 산채로 지느러미가 잘린 채 다시 바다에 던져진다. 모피코트 한 벌에 너구리 27마리 토끼 34마리 밍크는 55마리 여우는 20마리가 들어간다.' 한다. (명

품 가방 속으로 악어들이 사라졌어/유다정/학고재) 이것은 말 못 하는 동물에 대한 인간의 잔인한 폭력이다.

　이렇게 끊임없이, 엄청나게 커 가기만 하는 지구상의 폭력, 이 폭력의 까닭은 도대체 무엇이란 말인가? 그 원인이 어디에 있는가? 어디서 왔는가?

　필자의 옅은 소견이지만 다 같이 생각해보자는 뜻에서, 그 까닭을 제목만이라도 제시해보고자 한다.

　첫째는 폭력의 원인은 오직 인간에게 있다. 지구상에 어느 다른 동물의 폭력이 아니다. 폭력은 어린이들의 전쟁놀이에서부터 찾아야 한다. 총과 칼과 대포와 탱크, 온갖 현대 무기의 모형들이 어린이 장난감을 가득 메우고 있다. 학교도 가기 전에 배우는 것은 전쟁놀이요 폭력놀이다. 말하자면 세상에 태어나서 말을 배우기 전에 폭력부터 배우는 것이다. 그것이 아무것도 아니라고 생각하는 것은 큰 착각이다. 평화놀이나 협동을 위한 놀이는 어디에서도 찾을 수 없다. 둘째는 컴퓨터 게임이 유소년을 망치고 있다. 착한 게임도 있다는 말이 있으나 찾기 어렵고, 그 게임이라는 것이 싸우고 쏘고 죽이고 부수는 것 외에 무엇을 주고 있는가? 요사이 게임에 빠지지 않은 청소년이 과연 얼마나 있는가. 셋째는 공부한다는 학생들이 입만 열면 그 입에서 폭언과 욕설이 바다를 이루고 있다. 요즘 '10대 사이에 급속히 늘어나는 카카오톡(KakaoTalk) 집단 괴롭힘은 그동안 오프라인에서 벌어지던 왕따 현상이 비대면성과 편의성을 바탕으로 온라인으로 옮겨간 것으로 분석된다.' 했다. (8월 23일자 경향) 어찌하다가 우리의 학생들이 여기까지 왔는지 생각할수록 참담함을 느낀다. 넷째는 음란문화의 홍수다. 개성과 자유 시대에 감춘다고 되느냐 할 지 모르나, 감출 것은 감추는 것이 옳다. 그것을 드러내놓는다는 것은 윤리적 인간이기를 포기하는 것이 아닌가. 결국은 저질 인간이나 동물의 지경으로 떨어지는 것 외에 무엇이 남을 것인가.

그 외에도 여러 가지 까닭을 말할 수 있지만, 이렇게 된 근본 이유를 찾는다면 결국은 과학기술문명에 가 닿는다는 것을 지적하지 않을 수 없다. 인간 문명의 발달이 인간을 편리하게 하는 점은 있다. 인간을 즐겁고 안락하게 살게 해준 점이 있는 것은 사실이지만, 문명은 그것만을 넘겨준 것이 아니다.

문명이 병이라는 말은 벌써부터 나왔지만, 한 걸음 더 나아가서 문명은 인간의 야만성과 폭력성을 길러왔다는 사실을 잊어서는 안 된다. 문명으로 인해 땅과 공기와 물의 오염만이 아니라, 인간의 정신, 영혼까지 오염되고 있다. 바다에서는 낚시꾼들과 불법적인 스쿠버 다이빙들이 바다를 병들게 하고 물고기들의 씨를 말리고 있다. 아프리카의 열대우림이 사라지고, 지구의 허파에 해당한다는 아마존이 벌목으로 사라질 지경에 이르렀다는 것은 지구에 대한 인간의 폭거가 아닌가.

요즘 예측할 수 없는 기상이변이 일어나고, 폭우, 폭염, 태풍의 정도가 전에 없이 점점 더 강력해지면서, 상상할 수 없는 피해가 발생하는 까닭도, 파고 들어가면 지나친 현대과학 문명으로부터 온다는 사실을 피할 수 없을 것이다.

필자는 얼마 전에 다음과 같은 글을 읽은 일이 있다.

"과학기술의 힘이 산업생산력을 의미하는 것만은 아니었다. 이는 성능이 뛰어난 기관총, 화력이 강한 대포, 강력한 군함을 앞세워서 세계전체가 제국의 운영체제에 봉사하도록 강제하는 무력과 폭력을 의미하는 것이기도 했다. 이 폭력의 우위를 통해 앵그로색손 족은 북아메리카의 인디언을 보호구역 안으로 몰아넣고, 아프리카인은 노예로 만들고, 오세아니아의 원주민을 사냥하고, 인도인들을 식민지의 하인으로 부리고, 중국인들에게 아편을 수입하는 무역항을 제공하라고 강요할 수 있었다. 제국의 주변 세계 주민들에게 서구의 과학기술문명은 공포와 외경을 불러일으키는 폭력적 힘이었다."(『문명 안으로』(안성찬 지음, 한길사, 2011), p.91)

과학기술문명으로 군비를 증강하여 약소국가 들에게 '공포와 외경을 불러일으키는 폭력적 힘'을 사용한 것은 비단 앵그로색손 족만이 아니었다. 일본을 비롯한 소위 서구열강들의 폭력적 만행은 오십보백보였다. 그들은 결국 식민지 경쟁에 열을 올리다가 걷잡을 수 없이 세계대전으로 가고 말았다.

세계 1,2차 대전에서 얼마나 많은 사람들이 희생되었는가? 제1차 세계대전(1914~18)은 4년이 넘는 싸움으로, 3천7백만(사망자 1천만, 실종자 7백만, 부상자 2천만 이상)이라는 엄청난 희생자를 내고 끝이 났다. (전쟁사6/다움넷) 제2차 세계대전(1939~45)은 일차대전에 비길 수도 없는 살생 전이었다. 동맹국 8개국(일본 독일 이태리 등)과 연합국 49개국(미국 영국 소련 프랑스 등)에서 동원병력 1억 1천만 명에서 거의 절반에 이르는 5천만 명의 희생자를 내고 종료되었다. (한국근현대사사전, 한국사전편찬위원 엮음/ 가람기획) 1,2차 세계대전과 그 이후 크고 작은 전쟁에서 희생된 수를 합한다면 1억 명이 훨씬 넘어간다.

펄펄 뛰는 젊은이 1억 명을 살생한 인류의 역사! 끔찍하지 않은가? 참혹하지 않은가? 이런 역사를 무슨 역사라고 할 것인가? 문자 그대로 살인의 역사요 폭력의 역사가 아닌가? 전쟁을 일으킨 동맹국의 문제가 크지만, 연합국이라고 해서 아무 문제가 없다고 할 수 있을까? 죄

없는 젊은이들을 전쟁터로 몰아넣어 아까운 생명 들을 빼앗은 일은, 어느 누가 무엇으로 어떻게 보상할 수 있는가?

폭력의 정점에 있는 핵탄두

제2차 세계대전 끝에 일본 히로시마와 나가사키에 원자탄이 떨어졌다. 이것은 전쟁을 종식시키고 일본에 항복을 받아내기 위해 어쩔 수 없었다 하지만, 인류의 미래에 어둠의 장막을 드리우는 인류 최대 불행의 시작이었다. 미국의 원자탄 제조에 결정적인 공헌을 한 아인슈타인 자신도, 원자탄 투하를 보고 자괴감을 느끼고 밤새워 눈물을 흘렸다는 이야기가 있다. 그러나 때는 이미 늦었다. 울려면 원자탄을 만들기 전에 울었어야지. 원자탄 제조는 안 된다고, 이것만은 절대 안 된다고 울었어야지, 어찌하여 만드는 데 협조하고 원자탄이 터진 다음에 울면 무슨 소용이 있는가?

아인슈타인의 잘못만은 아니지만, 인류는 원자 핵탄두를 제조함으로써, 갈 데까지 다 가고 말았다. 더 이상 갈 곳도 없고, 가서는 안 되는 길을 간 것이다. 말하자면 핵이라는 것은 이 땅의 모든 폭력의 정점에 섰다는 것을 스스로 드러내고 말았다. 핵무기보다 더 큰 위력은 지상에는 없기 때문이다.

지금까지 드러난 바에 의하면, 2차 대전 이후 핵무기는 상상할 수 없이 확산되었다. 현재 핵보유국 중 미국, 러시아, 영국, 프랑스, 중국 등 5개국(핵확산금지조약상 인정되는 핵보유국)과 그 외, 인도, 파키스탄, 이스라엘까지 합하여 8개 핵보유국이 보유한 핵탄두는 1만 9,000개에 이른다고 한다. 북한이나 이란이 가지고 있는 핵탄두는 집계가 안 되고 있다.

나라별로는 미국이 8,500개, 러시아가 1만 개로 가장 많고, 프랑스 300개, 중국 240개, 영국 225개 등으로 뒤를 이었다. 스웨덴의 스톡홀름 국제평화연구소 발표(6월 4일)에 의하면 "8개국이 보유한 핵탄두 가운데 가동 준비가 갖춰진 것이 4,400개에 이르며, 이 가운데 2,000개는 언제든지 작전에 투입할 수 있다"고 밝혔다. (6월 5일자 중앙일보)

그렇다면 과연 핵탄두의 위력은 어느 정도인지 아는가? 전문가가 아니기 때문에 정확한 것은 알 수가 없지만, 인터넷에 떠도는 이야기를 대략 종합을 해보면, '45년 일본 히로시마에 떨어졌던 원폭에 비해 지금의 핵탄두는 4백 배 이상에 해당한다.' 고 한다. 히로시마 원폭이 화학용어로 대략 12KT(1KT:TNT 천톤의 폭발력)라면, 현재 미군의 전술 핵무기의 경우, 대략 5MT, 즉 5,000KT가 된다. 이것은 가상이지만, 5MT가 되는 핵탄두 하나가 서울 시청 상공(2500고도)에서 떨어진다면 그 결과가 어떻게 될 것인가?

아, 상상하기도 싫다! 인터넷에 돌아다니는 이야기이기는 하지만, 떠올리고 싶지도 않은, 엄청나고 옮기기조차 무서운 일이다. 어찌하여 필자가 이런 이야기를 하게 되었는지, 끔찍하기 짝이 없는, 이 전율할 일이 이 땅 어디에서도 결코 일어나서는 안 된다! 그러나 이런 일이 우리 가까이 오고 있다는 느낌을 지울 수는 없다. 따라서 경각심을 갖고 다 같이 이 세대를 걱정하고 고민하는 마음으로, 이런 일이 절대로 일어나서는 안 된다는 뜻으로, 그대로 옮겨 보기로 한다.

1차 열복사 및 2차 후폭풍에 의해 서울의 80~90%의 건물 파괴, 서울 인구 천만 명 중 약 200만 명은 찍소리 한번 내 보지도 못하고 즉사, 약 200만 명은 고통 속에 몸부림치다 사망, 그리고 약 300만 명은 2주 내지 6개월 안에 사망, 교통마비, 수도 물 중단, 전기 중단, 의료기관 및 의료요원의 부족 속에 사망자는 더욱 늘어남. 또 인근 주변 도시 인천, 수원, 동두천, 의정부 등 열복사 및 후폭풍에 의해 직접 피해는 덜하지만, 선 낙진피해로 인해 죽어가는 사람은 서울 못지않을 것, 전체적인 피해 역시 약 60%이상 인구가 직간접으로 피해 6개월 안에 사망할 것이다. 간단히 계산해도 우리나라 인구 중 1,000만~1,200만 정도가 사망에 이를 것, … 핵전쟁 후를 표현한 티탭스 보고서(TTAPS transactions)에서는 이를 '산 자가 죽은 자를 부러워하는 세상(the quick envy the dead)' 이라고 표현했다. 살아남은 사람은 자신의 운명을 저주하며 죽음을 고통 속에서 기다리는 시간만이 있을 뿐이다. (다음넷)

독일 학자 니클라스 루만(Niklas Luhmann)은 다음과 같은 우주적인 가정을 논의의 출발점으로 삼고 있다.

<머지않은 장래에 인류가 핵전쟁을 벌여 멸망한 후 외계인이 지구에 와서 인류의 궤적을 추적한다면, 인류사 전체는 농경생활의 시작과 핵전쟁이라는 두 개의 결정적인 사건을 기준점으로 하여 대략 이렇게 요약되리라는 것이다.
인류는 지구상에 출현한 후 수십만 년 또는 그 이상의 오랜 세월 동안 '평화로웠다고 할 수는 없을지라도 그리 커다란 해는 끼치지 않았고, 파라다이스라고 할 수는 없어도 주변 세계에 이렇다 할 영향을 미치지 않으며 살아왔다. 그러다가 갑자기 농경생활을 발전시키더니 그 후 수 천 년밖에 지나지 않아 핵전쟁을 일으켜 멸망하고 말았다. (『문명 안으로』(안성찬 지음, 35.)

루만의 말은 가정이라는 단서를 달았지만, 어떤 예언가나 종교집

단에서 나온 소리가 아니라는 점에서 주목하지 않을 수 없다. 그는 인간이 수렵 생활에서는 큰 문제 없이 생활하다가 농경생활로 넘어오면서 문명이 시작되었고, 그 문명은 야만성과 폭력성을 가지고, 마지막에 핵을 창조하고 핵탄두를 만들어 스스로 핵전쟁을 일으킴으로, 인류가 종말에 이른다는 것을 예고하였다. 루만은 인류가 멸망 이후 인간의 남은 종자조차도 없는 지구에, 외계인이 와서 인류의 궤적을 추적한다는 대목에 와서는, 지금 폭력과 살상으로 얼룩지고 암운이 드리운 이 지구촌에 대하여, 이 이상의 경고는 없다는 생각을 하게 된다.

핵은 과연 억제 될 것인가?

그렇다면, 이런 상황 앞에서 과연 세계를 건질 수 있는 무슨 길이 있는가? 핵전쟁이라는 인류멸망의 폭력 앞에서 어떤 해결책을 찾을 수 있는가? 슬픈 일이지만 어떤 해결책이나 어떤 구원의 길도 찾을 수 없다는 데 그 심각성은 극에 달해있다.

물론 정상적인 국가로서 핵을 사용할 가능성은 극히 적다. 만에 하나 핵을 사용할 경우 자국의 안전은커녕 인류전체가 종말을 고한다는 사실을 알고 있는 한, 자국이 피해를 당하는 일을 제외하고는 그들이 먼저 핵을 실전에 사용할 가능성은 없다. 그러나 이란이나 북한을 위시한 비정상적인 국가들이 가지고 있는 핵이 과연 안전하다고 할 수 있을까?

2001년 9.11 뉴욕 110층짜리 세계무역센터 테러 사건을 비롯하여, 곳곳에서 일어나는 자살폭탄, 각국의 묻지 마! 폭력에 이르기까지, 전혀 예상을 뒤엎고 깜짝깜짝 놀라는 일들이 얼마나 많은가? 이런 현상으로 볼 때, 과연 세상은 안전하니 걱정하지 말라고 소리를 높일 수 있을까?

'이란 정규군인 혁명수비대의 항공사단 사령관 아미르 알리 하지자데 준장은 23일(현지시간) "이란에 대한 이스라엘의 공격은 제3차 세계대전을 일으킬 것이라"고 경고하면서, "이스라엘의 공격은 미국의 승인 없이 일어날 수 없으며, 우리가 공격을 받으면 미군 기지를 공격할 것이라"고 주장했다. (2012년 9월 25일 중앙)'

북한도 기회 있을 때마다 '대포동 2호 미사일로 미국본토까지 공격할 수 있다'고 위협하고 있다. 저들의 그것이 경고나 엄포 수준이라는 것을 감안한다 하더라도, 기분이 좋지 않은 것은 사실이다. 그리고 더 큰 문제는, 지구상에 있는 강대국이나 약소국을 막론하고 모든 국가들이, 암암리에 핵을 포함한 대량살상무기 들을 증강을 하고 있다는 사실이다. 고름이 곪으면 반드시 터지고야 말듯이, 그동안 무기의 증강에 증강을 거듭한 세계가 어느 날 갑자기 핵전쟁이 터지는 때가 오지 않는다고 장담할 수 있을까?

아무리 생각해도 인간에게 어떤 기대를 한다든지, 인간이 해결책이라고 만든 어떤 단체도 믿을 수 없다는 생각밖에 없다. 물론 유엔(UN)이나 그린피스운동이나 자연보호총회나 핵 안보정상회의, 각종 환경보호단체들이 운동을 벌리고 있기는 하지만, 지금까지로 봐서 별로 큰 기대를 걸기가 어렵다는 생각을 지울 수 없다.

그동안 유엔의 역할이 있어서 이만큼이라도 유지된 점은 있다. 그렇지만 유엔도 본래 취지대로 나가지 못하는 점도 분명하다. 지금 시리아에서 독재자에 의해 민간인들이 수없이 살해당하고 있는데도, 러시아와 중국의 반대에 부딪혀 안전보장이사회는 손을 놓고 아무것도 못 하지 않는가? 이렇게 유엔의 하는 일이 번번이 벽에 부딪히고, 각종 평화운동이나 환경보호단체들의 주장이 한 발자국도 앞으로 나아가지 못하고, 핵 억제니 핵 안보니 하면서 모임을 아무리 해봤자 결국은 하나 마나 한 모임이 되고 마는 오늘, 무슨 희망을 거기에 걸 수 있는가?

폭력아, 물러가라!

그렇다면 이렇게 된 세상을 그저 바라보기만 하고 있어야 할 것인가? 전쟁에서도 '적을 알고 나를 알면 백전백승'이란 말이 있듯이, 폭력의 정체를 정확하게 알면 무슨 해결책이 나올 수도 있지 않을까? 그러면 폭력의 정체는 도대체 무엇인가?

겉으로 보기에는 인간 속에 잠재해 있는 '악성 이기심'이 발동하여, 그것이 어떤 조직과 결합되고, 더 나아가서는 민족주의나 국가주의, 또는 어떤 이데올로기와 연결될 때, 그것이 구조 악이 되고 인간 악이 되어 엄청난 파괴력을 갖는 폭력으로 확대되는 듯하다.

그러나 좀 더 깊이 생각해보면, 인간을 통하여 움직이는 모든 악한 행동이나 폭력적 활동이 인간의 뜻대로 진행되는 것 같지 않다. 사람을 괴롭힌다든지 폭력을 가한다든지 심지어는 살상이나 살인자들에게 물어보면, 한결같이 "내 정신이 아니었다. 내가 왜 그런 짓을 했는지 나도 모른다."고 말한다. 변명이라고 처리하기보다는 한 번 더 깊이 생각해 볼 필요가 있다. 내가 내 정신이 아니었고, 알 수 없는 어떤 유혹에 끌려서 그렇게 된 것이지, 내 뜻이 아니고 내 정신이 아니라고 한다면, 그것이 도대체 무엇인가? 그 유혹자의 존재는 무엇이란 말인가?

필자는 감히 그 유혹자의 존재는 바로 악령이요 사탄이라고 규정한다. 세상을 이미 다 점령하고 안방까지 침투한 폭력의 정체는 바로 악령이요 사탄이다. 그들은 우리 안방에 허락 없이 들어온 도둑이요 강도들이다. 그들은 이미 그들의 목적을 다 달성하고 마지막 스위치 하나만 누르면 세계를 재 마당으로 만들 수 있는 위력을 갖고 있다고 위협한다.

어떻게 할 것인가? 어떻게 이 거대해진 폭력의 악령들을 물리칠 수 있을 것인가?

이제 남은 길은 한 가지 길밖에 없다고 본다. 일반이 보기에 좀 우습게 생각될지는 몰라도, 그 길은 씨올 정신의 길이다. 이제는 씨올들이 정신을 차리고 일어설 때다. 세상을 못 믿고 인간이 만든 단체를 못 믿고 정치가를 못 믿지만, 씨올만은 믿을 수 있다. 씨올은 역사의 주체로서 이름 없이 빛도 없이 살아온 사람이지만, 그들이 이 역사를 지키고 역사의 주인으로 살아왔기 때문이다. 씨올은 착하고 순수하고 난대로 있는 자연의 사람으로서, 파란만장한 세상에 시달릴 대로 시달리면서도 변함없이 꾸준히 그 양심을 지켜온 양심의 사람이다.

씨올은 거짓을 거짓으로 이길 수 없고, 미움을 미움으로 이길 수 없고, 오직 참과 사랑으로써만 이길 수 있다는 것을 안다. 악을 악으로 물리칠 수 없고 오직 선으로만이 악을 물리칠 수 있다. 어두움이 어두움을 물리칠 수 없고, 오직 빛만이 일순간에 어둠을 물리칠 수 있듯이, 폭력을 폭력으로 물리칠 수는 없다. 오직 비폭력으로만이 폭력을 물리칠 수 있다. '비폭력은 씨올의 사상과 행동의 원리'이다. '비폭력은 이미 이겨놓고 싸우는 싸움이다.' 비폭력은 절대승리의 믿음이다. (씨올의소리)

그러나 이런 원리만으로 이 거대한 폭력세력들을 물리칠 수는 없다. 함석헌이 제시한 대로 씨올의 정신력(얼 힘)을 키우지 않으면 안 된다. 씨올의 얼 힘을 키워서 일으킬 뿐 아니라, 또한 그 정신력을 하나로 모아야 한다.

　그래서 어린 다윗이 거대한 블레셋 장수 골리앗을 향해 "너는 칼과 창과 단창으로 내게 오거니와 나는 만군의 여호와의 이름을 믿고 네게 가노라"(삼상 17장) 했듯이, 예수가 광야40일 금식기도 후 유혹하는 악령을 향해 "사탄아, 물러가라!" (마 4장) 했듯이, 질곡과 고난의 강을 건너온 이 땅의 모든 씨올들이 '전체가 하나요, 하나가 전체'라는 믿음을 갖고, 일제히 일어나서 폭력을 행해, "폭력아, 멈춰!" 하는 정도로는 안 된다. "폭력(악령, 사탄)아, 물러가라!" 소리쳐야 한다. 그것을 외치고 또 외치는 길만이 남아 있다.

우주의 씨올과 나

씨올 탄생의 놀라움

'씨올 탄생의 놀라움'이라 했지만, 놀라움을 지나 '위대함'이 더 맞을지도 모른다. 아직도 씨올을 모르고 있는 사람들이 허다하지만, 이 '씨올'은 생각하면 할수록 그 깊이와 넓이와 높이를 측량할 수가 없다. 그래서 '우주의 씨올'이라 할 수도 있다는 생각이다.

지난 6월 초였다. 《씨올의소리》 창간 50주년이 지나면서 《씨올의소리》가 좀 더 새로워져야 한다는 말이 나왔을 때, 필자는 이때다, 하고 사임서를 낸 바 있다. 그러나 《씨올의소리》에 손을 뗐다 해서 '씨올과 《씨올의소리》'를 잊어버리고 살 수는 없다.

9월 초쯤일까 불현듯 내 머릿속을 지나가는 한 말씀이 있었다. 그것은 위에 제목 그대로 "우주의 씨올과 나"라는 것이었다. 이런 주제가 떠오른 까닭이 무엇일까, 그동안 생각의 생각을 거듭하다 보니 《씨올의소리》 역사가 파노라마처럼 지나간다.

필자는 1971년 7월 30대 초반에 함 선생님의 부름을 받고 《씨올의소리》 일을 하게 된 지가 어언 반세기가 지났다. 물론 들락날락하기도 했지만, 처음 시작하던 때가 느낌으로는 어제 같은데, 이렇게 오랜 세월이 흘러갔는지 나도 깜짝 놀랐다.

이제는 필자도 살아온 시간보다 살아갈 때가 많지 않음을 느끼면서, 누가 나에게 '지금 무엇을 생각하는가?'라고 묻는다면 나는 주저하지 않고 '씨올이다!'하고 힘을 주어 말하고 싶다. "서당 개 3년에 풍월을 읊는다."는 말이 있듯이, 3년이 아니라 《씨올의소리》 주변을 도는지 30년이 넘은 마당에 씨올에 대해 말 한마디 못한다면 말이 되는가.

그러나 이렇게 말하면 뭔가 큰 내용을 가진 것처럼 여길지 모르지만, 사실은 새로운 무엇이 있는 것은 아니다. 물론 함 선생님 생존 시 20여 년을 선생님 곁에 있은 것은 사실이고, 그래서 듣고 보고 체험하고 나름대로 생각한 것이 없는 것은 아니나 '이것이다!'하고 내놓을 것은 없다. 다만 그동안 함 선생님이 집필하고 강연하고 대화하신 것을 좀 더 쉽게 설명할 마음은 갖고 있다.

먼저 한 가지 기억은 《씨올의소리》 창간 때는 필자가 직접 관여한 일은 없다. 그러나 창간호를 발행할 때 선일인쇄소를 선생님께 소개한 일은 있다. 그 인쇄소사장 이승하는 나의 고교동창이었다. 그렇지만 이미 알려진 대로 창간호를 내고 다음 2호를 낼 때, 군사정부의 압력에 의해 선일인쇄소에서 인쇄를 못 하고 이우인쇄소에서 인쇄할 수밖에 없었다. 이때 당국은 등록된 인쇄소에서 인쇄하지 않았다는 말도 안 되는 이유를 달아 《씨올의소리》를 폐간시켰다. 함 선생님은 이런 부당한 일을 그대로 당하고만 있을 수 없어 13개월이나 법정투쟁 끝에 대법원에서 승소가 확정되었다. 그때까지만 해도 정치는 엉망이었으나 법원은 살아있었다.

'월간 《씨올의소리》'에 필자가 일하게 된 때는 《씨올의소리》 제3호(1971년 8월호) 복간호부터였다. 물론 중앙신학교(현 강남대 전신)에서 선생님을 여러 번 뵙고 선생님의 강의를 듣고, 선생님도 필자를 알고는 계셨지만, 중앙신학교 교장을 지낸 안병무 박사가 당시 학교 직원을 그만두고 무직으로 있던 나를 함 선생께 추천해 주신 것이 계기가 되었다.

이렇게 되어 문대골 님과 함께 월간《씨ᄋᆞᆯ의소리》사의 정식직원이 되었지만, 우리는 잡지를 내본 경험도 없고 실력도 없었다. 그저 함 선생님의 지시만 기다리고 있었으나 함 선생님은 어떤 지시를 내린다든지 이래라, 저래라, 하는 일은 한 번도 없었다. 나중에 안 일이지만 모든 일은 스스로 알아서 하기를 바랐던 것이다.

씨ᄋᆞᆯ에 관해서도 우리에게 '씨ᄋᆞᆯ은 이런 것이다'하고 말씀해주신 일도 없지만, 우리 역시 씨ᄋᆞᆯ에 대해 자세히 알아보지도 않고 그저 민중이란 말 대신 순수한 우리말이라 이해할 뿐이었다.

선생님은 1957년 3월 천안 씨ᄋᆞᆯ농장을 시작하실 때 농장 이름을 "씨ᄋᆞᆯ농장"이라 친필로 써서 걸었다고 한다.(김종태 증언) 그때부터 분명한 것은 선생님은 '씨알'이라 하지 않고 '씨ᄋᆞᆯ'이라 쓰셨다는 것이다. 1959년 12월호《사상계》에 '씨알의 설움'이란 글을 발표하셨을 때에 씨알이라 한 것은 당시 모든 인쇄소에 아래 아자 활자가 없었다.

그러나《씨ᄋᆞᆯ의소리》창간호를 낼 때 제목은 모두 씨ᄋᆞᆯ로 인쇄되었으나 본문까지는 씨ᄋᆞᆯ로 인쇄되지 못했다. 제2호부터는 본문까지도 씨ᄋᆞᆯ로 인쇄되었으나 폐간처분을 받았다. 그 후 승소로 복간되었지만, 인쇄소에 아래 아자 활자가 없을 뿐 아니라, 군사정부의 압력으로 인쇄소를 찾기도 어려웠고, 비밀 인쇄를 해주는 것만으로도 고마운데 ᄋᆞ자를 만들어 넣어달라고 주장할 수가 없었다. 그러다가 장준하 선생이 나서서 정보부와의 협상 가운데 대광인쇄소 (1972년 10월호)가 확정되면서부터 ᄋᆞ자가 들어가기 시작했다.

필자가 왜 이렇게 'ᄋᆞ'자 설명을 길게 하느냐 하면 그만큼 이 'ᄋᆞ'자가 중요하기 때문이다.

선생님은 1976년 신년호 (통권50호)에 "우리의 내세우는 것"이란 제목으로 《씨올의소리》에 대한 4가지, '씨올'에 대한 4가지, 도합 8가지를 발표하시고, 특별히 '씨올'에 대한 설명을 하신 후에 '올'자에 대한 놀라운 뜻을 첨부하신다.

> '씨올'이란 말은 民, people의 뜻인데, 우리 자신을 모든 역사적 죄악에서 해방시키고, 새로운 창조를 위한 자격을 스스로 닦아 내기위해 일부러 새로 만든 말입니다.
> 'ㅇ'은 극대(極大) 혹은 초월적(超越的)인 하늘을 표시하는 것이고,
> '.'는 극소(極小) 혹은 내재적(內在的)인 하늘 곧 자아(自我)를 표시하는 것이며,
> 'ㄹ'은 활동하는 생명의 표시입니다.

위의 글에서 "씨올이란 우리 자신을 모든 역사적 죄악에서 해방시킨다." 는 말과 "새로운 창조를 위한 자격을 스스로 닦아내기 위한다." 는 말이 얼마나 깊고도 놀라운 말씀인가를 다시 생각하게 된다. 그리고 씨올에 있어서 씨도 중요하지만 더 중요한 것은 올이다. 'ㅇ'은 초월적 하늘, '.'는 내재적 하늘 곧 자아, 그리고 'ㄹ' 활동하는 생명의 표시라고 했는데, 올자 속에 이런 깊은 뜻이 들어있는지 우리는 까맣게 몰랐다. 이 '올'을 드려다 보고 있노라면 인간의 존재를 새롭게 발견함과 동시에, 인간의 삶은 바로 우주와 직결된다는 것을 알 수 있다. 선생님은 이렇게 말씀한다.

> 씨올 중의 씨올은 예수입니다. 그의 스스로 자기를 부른 '사람의 아들'이란 말이 그것을 증거 합니다. 씨올은 예수를 배워야 합니다. 스스로 살아야 합니다. 속을 살면서 우주를 살아야 합니다. (전집 8, 348-9.)

생각하는 씨올이라야 삽니다. 씨올은 생각하는 것입니다. 생각하면 씨올입니다. 생각 못 하면 쭉정이입니다. 씨올의 올은 하늘에서 온 것입니다. 하늘은 한 얼입니다. 하늘에서 와서 우리 속에 있는 것이 올입니다. (상동, 56.)

달라지고 있는 세상

여기 '달라지고 있는 세상'이라 했는데 뭐가 달라지고 있는가? 좋게 달라지는가? 나쁘게 달라지는가? 긍정인가? 부정인가? 희망이 있다는 말인가? 없다는 말인가? 이렇게 묻는다면 과연 속 시원하게 대답할 수 있을까?

얼마 전까지만 해도 필자는 세상에 관해 부정적이요 절망적이 아니라고 말하기 어려웠다. 지구상의 인구의 적정선이 20억이란 말이 있는데 그보다는 3배가 넘는 70억이 되었다. 그래서 식량도 부족하고 살 집도 없어 도시로, 도시로 몰려들어 온갖 범죄와 부정부패로 얼룩지고, 문명이 병이라는 것도 모른 채 건설의 건설을 거듭하여 고층빌딩은 바벨탑처럼 올라만 가고, 길이란 길은 모두 포장이 되어 자동차로 국토를 뒤덮어 온갖 공해를 낳고 있다. 그로 인해 동식물은 멸종되어간다. 만년설과 빙산은 녹아내리고 지구 사막화는 가속되고 있다. 결국, 인간도 못사는 세상으로 가지 않는가?

인간 역사도 보면 전쟁과 피의 역사를 걸어왔다고 해도 과언이 아니다. 중간에 작은 전쟁을 제외하고라도 제1차 세계대전, 제2차 세계대전에서 얼마나 많은 젊은 생명 들이 죽어갔는가? 제1차 세계대전 (1914-1918) 4년간 싸움에서 사망 실종된 사람들이 연합국에서 9백 6십만이 넘고, 동맹국에서도 8백만이 넘었다. 양쪽 부상자도 2천만 명이 넘었다. (전쟁사, 다음)

그 후 20년을 지나 제2차 세계대전(1939-1945) 6년간은 1차 대전과는 비교할 수 없는 지구상 최대의 전쟁이었다. 일본을 비롯한 동맹국 8개국, 연합국 49개국이 참가했다. 동원병력은 1억 1천만 명이었고, 전사자가 2천7백만 명, 민간인 희생자가 2천5백만 명이라는 상상할 수도 없는 피의 역사를 만들어 냈다. 한국근현대사 사전)

다시 1950년 6·25 한국전쟁(1950-53.7.27 휴전협정)에서도 공산군과 유엔군, 한국군 포함 희생자가 6백만 명이 넘었다. (지식백과 네이버 참조)

그렇다면 세계대전은 한국전쟁으로 끝이 났는가? 아니었다. 물론 과거와 같은 육전 해전 공중전 같은 것은 없을 것이다. 그러나 핵전쟁이라는 상상하기도 어려운 끔찍한 핵전쟁이 기다리고 있다 할 수 있다.

지금 현재 미국, 러시아가 각각 핵탄두 7천 개 이상을 보유하고, 영국, 중국이 2백 개 이상, 프랑스가 300개, 파키스탄과 인도가 1백 개 이상, 이스라엘도 80개, 북한도 현재 35개의 핵탄두를 보유한 것으로 알려지고 있다.

만일이지만 핵전쟁이 일어난다면 보유 수가 많고 적음을 떠나서 이기고 지는 정도가 아니라 지구상 인간의 씨는 물론 생명이란 생명은 모두 멸종되고, 지구는 회복될 수 없는 영구사막화가 되고 만다는 것이다. 쉽게 말해서 너도나도 다 죽고 혹 살아있는 사람이 있다 할지라도 원자병에 걸려 그 사람으로 세상은 끝날 수밖에 없다. 그러므로 핵전쟁은 일어나서도 안 되고 일어날 수도 없다는 말이 있기는 하다.

이상의 이야기는 부정적이고 절망적인 이야기이다. 그러나 희망적인 이야기가 없는 것은 아니다. 희망은 있다. 그 희망에 대해 5가지로 나누어 생각해 보자,

1) 민중이 깨어나고 있다. 아직도 북한의 삼대 세습 정권이나 중국의 공산집단체제가 공고한듯하고, 미얀마 군부세력이나 아프카니스탄의 탈레반이 정권을 장악했다는 불길한 소식이 있기는 하지만, 세계적으로 볼 때 민중은 깨어나고 있고 민주주의가 확대되고 있는 것도 분명하다. 우리 한국만 보더라도 자유당 독재 12년, 군부 독채 30년을 지나 민주주의 체제가 다른 어느 나라보다도 튼튼해진 것이 그 증거라 할 수 있다.

2) 유엔(UN)이 건재하다. 상임이사국 다섯 나라에 러시아와 중국이 들어가서 조금 어려움이 있지 않나 생각되지만, 그들도 세계평화와 지구를 살리는 일에 반대할 이유는 없기 때문이다.

6·25 한국전쟁이 일어났을 때 유엔군이 우리를 위해 피를 흘렸다. 그들이 우리를 돕지 않았다면 당시 사정으로 봐서 우리는 공산화를 면치 못했을 것이고, 수많은 민주 인사들은 희생됐을 것이다. 유엔 16개국에서 참전하여 4만 2천 명이 넘는 사망 실종자를 내고 11만 5천 명이 넘는 부상자를 내면서 우리를 도왔다. 그때보다 지금의 유엔은 177국이라는 거대 기구로 성장한 것은 미래세계를 위해서도 희망적이라고 보여진다.

3) 양심세력이 도처에 존재한다. 미미한 듯 보이지 않지만, 양심세력이 중국, 러시아에도 있고 일본에도 있고 심지어 북한에도 있다고 생각한다. 그들이 현실정치나 체제가 마음에 들지 않는다 하더라도 그들은 묵묵히 인간의 본성인 양심을 지키면서 살아가고 있다고 본다. 아무리 세뇌를 하고 억지 교육을 시킨다 하더라도 인간이 기본적으로 가지고 있는 양심을 없애거나 바꾸지는 못할 것이기 때문이다.

4) 자라나는 어린이들을 보라. 어린이들의 천진난만한 웃음, 그들

의 말과 행동은 천사의 모습 그대로다. 아동운동가 방정환 선생은 어린이가 잠자는 모습을 보고 '어린 하느님이 주무신다.' 했다는 말이 있다. 어린이의 때 묻지 않고 순수하고 깨끗한 모습, 그들이 존재하는 한 인류는 망할 수 없고 멸망이란 상상할 수도 없다. 다만 중요한 것은 어린이를 잘못된 교육에서부터 건져내야 한다. 교육을 근본에서 고치지 않고는 세상을 고칠 수 없다는 말은 너무도 옳다고 본다.

5) 성현의 말씀은 살아있다. 성현의 말씀 중에는 유교의 사서삼경, 불교의 수많은 경전이 있고 인도의 베다경이나 함 선생님이 친히 번역하신 바가바드기타도 중요하지만, 그보다도 더 중요한 것은 기독교 성경이다. 성경처럼 일목요연하게 정리된 책은 보지 못한다. 이러한 경전이 2천 년 이상 변함없이 내려오는 것은 그만한 이유와 까닭이 있다. 이 성경을 잘못 이해하여 광신자나 보수주의자가 되는 수도 있지만, 지구상의 수많은 사람 들이 깨어나고 새 삶을 얻는다는 점에서 '인류 희망의 책'이라 할 수 있다. 지구상에 수많은 책 들이 쏟아져나오지만 한 권의 책을 꼽는다면 단연 성경이 꼽힌다는 점에서 그것을 잘 말하고 있다.

이러한 경들 속에서 사람들이 참이 뭔지, 자유와 평화가 얼마나 중요한지 알게 되고, 절대자, 창조자를 존중하며, 살아계신 하나님을 체험하고 있는 한, 지구는 결코 망하는 일은 없을 것이다.

"씨올의 때가 오고 있다"

필자는 위와 같은 제목으로《씨올의소리》176호(2004년 1,2월호)에 글을 쓴 일이 있다. 어느새 15년이란 세월이 지났다. 그때 이 글을 쓸 때는 88올림픽에서 한국이 세계 4위라는 놀라운 성적을 거둔 분위기가 그대로 남아있었다. 그보다도 더 역사적인 일은 김대중 대통령에 이어 노무현 대통령 시대로 접어든 때였다. 압제 받고 설움 받던 민중의 대표로 상징되는 김대중과 노무현이 대통령이 되면서, 이제는 새 시대가 분명히 왔구나 하는 느낌을 받기도 했다. 그래서 두 대통령이 다 북한을 다녀왔고 남북관계는 좋아지긴 했으나, 한국 내 사정은 그리 좋은 편이라고 할 수는 없었다.

그 후 아니나 다를까 예상치 못했던 '이명박근혜' 시대로 돌아갔다. 역사 흐름의 역류라 할까 반란이었다. 그 이야기를 길게 할 것도 없이 현재도 그들은 옥중에 있고 그들의 사면이나 석방에 대한 국민 여론이 허락지 않는다는 것이 밝혀졌다.

2017년 5월 10일 문재인 대통령이 당선되었다. 광화문 촛불 혁명의 결과라고 볼 수 있다. 2016년 10월 29일 저녁 광화문에서 2만여 촛불이 켜지더니 십만, 100만, 200만으로 확대되어 갔다. 마침내 전국적으로 번져 연인원 1천만 명으로 넘어가면서 촛불은 횃불이 되고 혁명의 불꽃이 되어 이 땅의 역사를 바꿨다. 우물쭈물하던 국회는 그해 12월 9일 234표라는 압도적인 지지로 대통령 탄핵을 가결하므로 말미암아, 박근혜는 대통령 자격을 잃고 청와대에 유폐되더니, 마침내 다음 해 3월 10일 헌재에서 역사적 파면 결정이 내려졌던 것이다.

광화문에서부터 남대문까지 가득 찬 촛불 민심! 청와대 앞까지 모여든 민중들이 대통령 퇴진의 목소리가 하늘을 찔렀다. 청와대 100미터 앞까지 시위를 허락한 법원도 훌륭했고 경찰도 마구잡이로 시위대를 잡아가지 않았다. 따라서 잠시 빼앗은 경찰 방패를 돌려주고, 경찰 버스에 꽃 테이프를 붙이고, 누가 시키지도 않았는데 끝난 뒤 쓰레기를 주어가는 등 마무리도 아름다웠다. 이런 비폭력평화 운동을 누가 가르친 일이 있었던가?

　확실한 것은 알 수 없지만, 필자는 함석헌 선생의 영향이라고 본다. 선생님은 일찍이 비폭력 운동을 주장하고 실천해 왔다. 선생님은 516군사정권과 맞서 반대 데모를 수없이 했지만 한 번도 욕을 한다든지 주먹으로 때리는 일도 없고 바늘 하나 들지 않았다. 오직 비폭력이었다. 사람들은 비폭력을 소극적 운동이고 총칼과 최루탄과 경찰봉 앞에 비폭력 가지고 되느냐 하지만, 함 선생님은 비폭력에 대한 확신이 있었다. 그것을 사전 교육을 못 한 것을 반성하기도 하셨지만, 비폭력은 소극적이나 비겁한 운동이 아니라 "이겨놓고 싸우는 싸움"이라 했다. 지난 광화문 비폭력 촛불 혁명이 그것을 잘 증명한다. 비폭력이 승리한 것이다.

　함석헌 선생님은 서거하신 지 어느새 30년이 지났다. 그러나 필자는 선생님과 함께 자냈던 일들이 생생하게 잊혀지지 않고 기억되고 있다. 그중에 선생님과 가까웠던 4분이 생각난다.

　첫째는 장준하(1918-1975) 선생이다. 《사상계》 발행인 이었고 국회의원, 《씨올의소리》 편집위원이었다. 그 분이 57세의 나이에 약사봉에 등산 갔다가 돌아오지 못했다. 장준하 선생의 서거에 대해서 가장 슬퍼한 이는 함 선생님이었다. 선생님은 《씨올의소리》에 "아, 장준하, 나는 장준하를 위해 울지 않습니다. 그의 죽음이 분합니다." 등 세편의 글을 쓰셨다. 자세한 것은 모르지만 필자 생각에는 선생님은 장준하를 군사독재정권에 대항하는 정치지도자로 키우고자 했고, 그의 인물됨을 알고 지지하고 아끼셨다고 본다. 장준하와 함 선생은 그 뜻하는 바가 달랐지만, 불의에 항거하고 잘못된 정치를 바로잡으려는 데는 일치된 견해를 가지고 있었다.

다음은 안병무(1922-1996)박사이다. 함 선생님과는 20여 년이 차이가 나지만 어떤 대화도 다 할 수 있는 함 선생님 마음의 친구였다. 안 박사는 그의 전공인 '민중신학'을 정립하고 그의 바통을 잇고 있는 제자들이 상당하다고 보여진다. 안 박사가 말하는 민중은 함 선생님 입장에서보면 바로 씨올이었다.

셋째는 문익환(1918-1994)목사이다. 문익환 목사의 등장은 장준하 선생의 서거 이후이다. "내가 장준하를 대신 할 거야" 이 말은 필자가 직접 들은 바도 있다. 그 때 필자 생각에도 어떻게 감히 장준하를 대신한다 할 수 있을까 했으나, 잘못 본 것이다. 그는 장준하를 대신하고 남는 일을 했다. 76년 3.1민주구국선언서 기초를 문 목사가 직접 작성하는 것을 시작으로 하여, 통일 운동에 동분서주하면서 마침내 북한까지 가서 김 주석을 만나 통일 논의를 하고, "통일의 아버지"라는 별칭까지 얻었다. 그가 세상을 떠났을 때 북한 조문단이 오기도 했다. 문익환 목사가 함 선생님을 얼마나 존경하는지는 1989년 2월 선생님 장례식장에서 발표한 "우리의 멋쟁이, 겨레의 어버이, 만민의 벗 함석헌 선생님"이란 시에서 잘 나타나 있다.

넷째는 계훈제(1921-1999)선생이다. 계 선생은 일제강점 때부터 항일운동과 월남 이후 노동운동, 민주화운동에 헌신한 사람이다. 그는 군사정권에 수를 셀 수 없이 끌려다니고 병약한 몸으로 운동의 최일선에서 '이름도 없이 빛도 없이' 일한 사람이다. 그는 함 선생님이 말씀한 하나의 씨올로 산 사람이라 할 수 있다.

이 외에도 『내가 본 함석헌』을 낸 김용준 박사, 『함석헌 다시 읽기』를 마지막으로 낸 노명식 박사가 있다.

그리고 『씨올 함석헌 평전』을 낸 이치석 선생, 『저항인 함석헌 평전』을 낸 김삼웅 선생, "나는 함석헌에게 미쳤다."라고 스스로 말하는 김성수 박사를 비롯하여, 함석헌 전문연구학자로 김경재 박사, 박재순 박사, 김영호 박사가 계속 논문과 저서를 출간하고 있고, 김조년 교수는 '표주박 통신'이란 작은 책자를 계속 내면서 함석헌 연구를 쉬지 않고 있다. 또한 함 선생님을 아버지처럼 모시는 문대골 목사가 최근 '함석헌 일대기'에 이어 '함석헌 장준하 그리고 박정희'라는 책을 냈다.

함 선생님 생존 시 20권의 전집이 나왔고, 30권의 새 전집도 나와 있다. 그 후 외손자인 정현필 님이 준비한 전집 40권이 복사본으로 나왔다. 그리고 함석헌기념사업회가 소위원회를 구성하고 오자 없는 선생님의 저서를 발행하기 위해, 이미 『뜻으로 본 한국역사』는 교정을 완료했고, 『뜻으로 본 인류역사』는 출판을 완료했다.

함 선생님은 88세로 세상을 떠나시기 10개월 전까지 강연을 계속 하셨다. 선생님은 《사상계》지에 글을 쓰시기 전부터 씨올에 대한 확신을 가지고 계셨고, 《씨올의소리》 창간 이후 어떤 글이나 강연에서 씨올과 씨올정신에 관한 말씀을 빼놓으신 일이 없었다. 선생님의 말씀을 들은 사람의 수를 생각하면 수십만이 될 것이고, 선생님의 글을 읽은 사람은 그보다도 훨씬 많을 것으로 추정된다. 말하자면 그 씨올들이 우리가 모르는 가운데 무럭무럭 자라고 있다고 생각된다.

지금 한국은 알게 모르게 많이 달라지고 있다. 코로나 19 대처만 보더라도 구미선진국이나 미국 이상으로 그 대처방법이 최고라는 평을 받고 있다. 그리고 탈북자가 3만 이상, 해외 결혼이민자가 12만 이상, 그로 인한 다문화가족이 백만 소리가 나온다. 현재 한국은 선진국 대열에 들어섰는데, 한국이 얼마나 잘 사는지는 한국 사람만 모른다는 말이 있다. 일찍이 토인비는 극동 지역에서 이상 국가가 나온다는 말을 했다고 한다. 물론 한국을 지적하고 한 말은 아니나 정황으로 봐서 우리나라일 가능성이 크다. 이러한 이상의 나라가 되기 위서는 씨울들이 자각하고 깨어나지 않으면 안 된다.

그러므로 씨울은 생각을 해야 씨울이다. 생각하지 않으면 쭉정이가 된다고 말씀했다. 생각을 어떻게 하는가? 매사에 참에 이르는 생각을 해야 한다. "씨울의 씨는 참의 씨요 사랑의 올"이기 때문이다. 지금 한국 도처에서 선생님이 뿌려놓은 씨울들이 꿈틀거리고 있고 살아나고 있다고 본다. 밤이 깊으면 깊을수록 낮이 가깝고, 해가 지는 것은 다시 올라오기 위해서다. 어둠을 물리치고 다시 동해에 떠오르는 태양처럼, 씨울의 때는 반드시 올 것이고 오고 있다고 확신한다.

우주의 씨울과 나

앞에서 씨울의 '씨는 참의 씨요 사랑의 올'이라고 했지만, 참과 사랑은 둘이 아니고 하나다. 사랑이 참이요 참이 사랑이다. 씨울은 참사랑이라 할 수 있다. 그래서 올도 씨고 씨도 올이다. 올의 모습을 보면 사람이 서 있는 모습과 같다. 사람이 하늘을 향해 1자로 서 있다. 그래서 사람은 다 우주를 품에 안고 살아가는 단독자라 할 수 있다.

선생님의 말씀을 보자.

> 내가 아담이다. 민족이 나다. 인류가 나다. 역사도 나다. 인생도 나다. 내 속에 다 있다. (전집 3, p.101)

> 참은 하나다. 아(我) 다. 한 아다. 나다. 그것은 이름도 없고 형용할 수도 없다. 그래 하는 말이 나다. (전집 2, p.49)

막막한 우주에 사람은 단 하나이다. 그것이 나다. 다른 사람 그런 것은 존재하지 않는다. 나는 그것을 알 수도 없고 임의로 부릴 수도 없다. 내가 아는 것은 나요, 내가 맘대로 할 수 있는 것은 나요. 내가 죽어도 좋은 것은 나다. 나뿐이다 (전집 2, p.159 사상과 실천)

우리는 전체 안에 있고 전체는 우리 하나하나 속에 다 있습니다. (우리가 내세우는 것)

함 선생님의 말씀으로 볼 때 내가 이 세상에 온 것은 물론 부모의 몸을 빌어서 오긴 왔지만, ,나는 우주의 단독자로 왔고 씨올의 사명을 가졌다고 할 수 있다. 그래서 부모도 이래라, 저래라, 할 수 없고, 국가가 나를 좌우할 수도 없고, 내가 소유에 걸려 넘어져서도 안 된다. 선생님이 일찍이 인류가 극복해야 할 세 가지, 국가주의와 소유와 가정이라고 했는데, 이것은 씨올이 지향해야 할 궁극적인 목표가 될 것이다.

함 선생님의 글은 오랜 세월이 지났지만, 결코 죽은 글이 아니다. 산 생명의 글이다. 누구든지 제대로 읽기만 하면 반드시 깨우침을 받게 될 것이다, 씨올이여! 깨어 일어나자.

같이살기 운동과 함석헌 선생

글을 쓰게 된 동기

필자는 이번 신년호에 글을 쓸 생각을 안 하고 있었다. 그동안 계속 글을 써온 점도 있고, 다행히도 이번 같이살기운동 특집 원고청탁을 잘 마쳤기 때문이다.

그런데 바로 어제의 일이다. 청탁을 승낙했던 한 필자가 이번 특집 원고를 못 쓰겠다는 것이다. 벌써 원고 청탁한 지 10여 일이 지났는데 난감했다. 마감 20여 일 남은 마당에 새 필자를 찾기도 쉽지 않아, 부득이 필자가 다시 붓을 들게 된 것을 이해 바란다.

나중에 생각한 일이지만, 필자가 뒤늦게라도 같이살기운동 특집에 참여하게 된 것을 영광으로 생각한다. 이 같이살기운동에 대해서는 함 선생님과 함께 초창기 《씨올의소리》를 발간할 때 필자밖에 모르는 내용도 있다. 또 함 선생님이 이 운동을 얼마나 중요하게 생각하셨는지를 독자에게 알리고 싶은 마음도 있다. 그 이야기부터 먼저 하고 싶다.

1972년 4월호 《씨올의소리》는 창간 2주년 기념호였다. 지금으로부터 50년 전이다. 함 선생님은 이 기념호에 "같이살기 운동을 일으키자"는 글을 발표하셨다. 선생님이 이 글을 발표하기 전까지는 '같이 살기'란 말조차도 전혀 짐작을 못 하고 있었다. 선생님은 이 같이살기 운동을 발표하는 이유 4가지를 말씀하셨다. 그 제목만 보아도 보통 심각한 문제가 아니라는 느낌을 받았다.

1) 지금까지 우리를 못살게 구는 안과 밖의 정치세력의 악이 끝장에 올라

서, 지금까지와 마찬가지 싸움방법으로는 도저히 당해낼 수 없기 때문이다.
2) 우리가 이 운동을 일으키는 이유는 민족의 성격을 바로잡기 위해서다.
3) 지금 시들고 숨 막혀 거의 죽게 된 정신을 살려내기 위해서다.
4) 우리가 이 운동을 부르짖는 것은 이것이 우리만이 아니라, 세계 전체 구원의 길임을 확신하기때문이다.

선생님은 글을 시작하시면서, 300년 전 조선의 변방을 철통같이 지키던 임경업 장군이 억울하게 누명을 써 국내로 끌려와 김자점의 고문 끝에 죽임을 당한다. 이후 청나라의 종노릇을 할 수밖에 없었던 일과, 60년 전 일본에게 나라를 빼앗기고 종살이에 들어간 예를 드시면서, 그 원인이 무엇인가 하면 '잘못된 정치 악'에 있다는 것을 분명히 하셨다.

정치세력의 악이 끝장에 올랐다.

선생님은 같이살기 운동을 일으키지 않으면 안 되는 이유 첫째로, "정치세력의 악이 끝장에 올라서 지금까지 싸움방법으로는 도저히 당해낼 수 없다" 하시면서, "정치 악이 끝장에 올랐다."는 것을 강조하셨다.

무엇을 보셨고 무엇을 느끼셨기에 "정치 악이 끝장에 올랐다." 하셨는가? 분명한 것은 그때는 이미 박정희가 3선개헌에 성공한 후 그 임기가 8개월 정도 남았을 때였다. 그때의 낌새로 보아서 분명히 영구집권 계획을 위해, 선거도 투표도 없는'유신헌법'을 꿈꾸고 있었다. 우리는 까맣게 모르고 있었지만, 선생님은 그것을 미리 내다보고 계셨다. '같이 살기란 사실은 같이 죽기다'하시고'죽이기 좋아하는 몰록에게 실컷 먹도록 밥을 제공하자는 말이다.'하고, '살아도 같이, 죽어도 같이!'라 하셨다. 군사정권에 대한 일대 결전의 의지를 분명히 했다. 이렇게'같이살기 운동을 일으키자'는 글을《씨올의소리》에 발표하면서 동시에 같이살기 운동 논문모집도 표지 제4면에 광고했다.

그 내용을 보면

> "본지 창간 2주년을 맞아, 함석헌 선생께서 '같이살기 운동'을 제창하셨습니다. 본사에서는 선생의 뜻을 좀 더 구체적으로 우리 현실에 적용할 수 있는 그 실천방법에 관한 논문을 아래와 같이 모집합니다. 매수는 200자 원고지 80매, 우수논문은 본지에 게재하고 고료를 지급함."

이렇게 함 선생님의 글과 논문모집까지 발표되자마자, 박 정권은 정보부를 통해 압력을 넣기 시작했다. 특히 논문모집은 절대 안 된다는 것이다. 그 이유는 같이살기 운동은 새마을운동을 반대하는 운동이기 때문에, 논문모집은 물론 같이살기 운동도 일체 불허한다는 것이었다. 그때 필자 생각으로는 같이살기 운동은 반대한다 하더라도, 논문모집까지 금하는 일은 해도 너무하지 않는가 생각을 했지만, 다른 방법이 없어 당하고 말았다.

그때 만일 논문모집에 방해가 없었더라면 얼마나 귀중한 논문들이 쏟아져 나왔을까? 그리고 같이살기 운동도 얼마나 활기차게 전개되었을까 하는 생각을 잊을 수 없다.

병이 골수에 찬 민족 – 당파심

둘째로 선생님은 우리가 이 운동을 일으키는 이유는 민족의 성격을 바로잡기 위해서라고 하셨다. 한민족의 성격이 어떠하길래 바로잡는다 하시는가?

　선생님은 앞에서 말한 임경업 장군의 말을 인용하면서 '우리는 병이 골수에 든 민족'이라고 했다. 무슨 병이 골수에 들었는가? 그 병은 바로 "당파심"이라는 병이다. 선생님은 이렇게 말씀한다.

> "우리 민족의 가장 깊은 고질은 당파심이라 해야 할 것이다. 당파심은 곧 이기주의, 제 생각만 하는 버릇의 다른 이름인데, 그것이 개인만이 아니고 단체적으로 될 때 그 해가 더 크다."

　선생님은 이 당파심을 이야기하자면 삼국시대까지 올라가야 한다고 하신다. 고구려, 신라, 백제가 혈통이 같고 말을 같이 하면서도 기회만 되면 서로 싸웠다. 왜 하나의 나라가 되지 못하고 싸운 이유가 무엇인가? 당파심이 아니라 하기 어렵다. 마지막에 가서 신라가 통일하기는 했다. 그러나 당나라의 힘을 빌려서 하다 보니 결국은 당나라의 내정간섭을 피할 수 없었다. 그러나 삼국이 하나가 되었다는 것은 그나마 다행이라는 생각이다. 이제 와 생각하면 우리 속에 고구려, 신라, 백제의 요소가 있는 것은 전에는 당파 심이었지만, 지금은 하나의 특색이 될 수도 있다.

　우리는 지형적으로 높은 산과 큰 강과 섬들로 둘러 싸여있는 나라로서, 고을마다 조금씩 다른 색깔이 있지만 각기 특색이 있었다. 그로 인해 사투리가 생기고 서로 통하지 못하는 면이 있었던 것은 사실 같다. 제주도 토박이말은 번역자 없이 알아들을 수 없었던 것이 그 한 예가 될 것이다.

　그러나 그것보다도 더 깊은 것은 조상이 같고 한 핏줄과 한 문화로 반만년을 내려왔다는 점은 어느 다른 민족과 비교할 수 없는 위대한 전통이다. 더욱이 지금은 교통이 발달하고, 방송 매체와 컴퓨터, 핸드폰 등으로, 전국이 1일 생활권 속에서 산다는 것은 민족이 하나 되는 좋은 기회가 될 것이다. 이제는 알게 모르게 하나의 세계로 가고 있고, 모든 잘못된 습관은 묻히고 잊어버리고 없어졌다는 것은 다행이라는 생각이다.

그러나 아직도 남아있는 구습이라 할까 달라지지 못하고 있는 것은 정치권이라 할 수 있다. 파당 정치가 문제이다. 보다높은 대국적 면에서 나라와 세계의 미래를 내다보는 선도정치는 불가능한 일인가?

남북한이 갈린 지 70년이 넘었어도 하나 되지 못하는 것은 세계 앞에 부끄러움이다. 아직도 북한은 세습체제 속에서 개혁의 길은 꿈같은 얘기가 되겠지만, 먼 미래를 내다본다면 반드시 어느 때 훌륭한 인물이 나와서, 아주 쉽게 하나가 될 가능성도 없다 할 수 없다.

죽게 된 정신을 살린다

셋째 이유로는 지금 숨 막혀 거의 죽게 된 정신을 살려내기 위해서다. 하시면서 선생님은 말씀한다.

> 정말 문제는 정신에 있다. 전술을 고쳐 정치 악과 싸우는 일도, 민족 스스로의 성격을 고치는 일도, 정신에 있다. 최후에 믿을 것은 우리 속에 있는 바탈이다. 그것만이 스스로 할 수 있다. 스스로 하는 것만이 자기 스스로 새롭게 할 수 있다. 몸은 죽어도 다시 날 수 있지만, 이 정신은 전체의 것이기 때문에 한 번 죽으면 큰일이다.

함 선생님은 그때 군사 정권의 앞날을 내다보면서, 그들이 경제는 어느 정도 일으킬지 몰라도 정신에 관해서는 너무 무식하다 하셨다.

옳은 진리를 말하고 실천하는 사람을 탄압하는 것은 정신을 죽이는 일이다. 독재정권과 싸우고 피 흘리며 민주화운동에 헌신하는 사람들은 죽게 된 정신을 살리는 일에 일조를 한다고 본다.

우리나라 오천 년 역사를 돌아볼 때, 수많은 사건과 수많은 외침 속에도 망하지 않고, 우리의 독특한 문화와 전통을 간직해왔다는 것은 무엇인가 영원히 키워갈 가치 있는 정신이 들어 있다는 것이다. 이 정신을 살려내야 한다.

4천년 넘어 이 고난을 겪으면서도 제 개성을 지키고 양심을 살려 독특한 문화를 창조해온 우리 속에는 분명히 영원히 키워갈 만한 가치 있는 무엇이 있다. 그것을 아는 것이 우리의 의무다. 그뿐 아니라 이 정신은 앞으로 오는 세계에 쓸만한 때가 있다.

선생님은 한국역사에서 '그 모든 것을 제하고도 영원히 남는 것이 무엇일까? 요약하고 줄여 한 알의 진주에 이른다면, 선죽교를 피로 물들이던 정포은(鄭圃隱)의 단심가(丹心歌) 한 절밖에 없을 것'이라고 말씀한다. 정포은의 놀라운 정신을 보신 것이다.

　　이 몸이 죽고 죽어 일백 번 고쳐 죽어
　　백골이 진토되어 넋이라도 있고 없고
　　님 향한 일편단심 가실 줄이 있으랴.

이방원에 의해 정몽주의 육신은 죽었지만, 그의 정신은 결코, 죽지 않았다. 죽을 정신이 아니다. 정포은은 죽어도 다시 산 사람이다. 단심가 한 절에서 그것이 증명되고도 남는다. 그것은 한국역사만이 아니고 세계역사에서도 그 정신은 진주 알 같이 길이 빛날 것은 의심의 여지가 없다. 정몽주 이후 사육신이나 임경업, 이순신에 이어, 남강, 도산,

고당을 지나 20세기 말 '함석헌의 씨올정신'은 한국을 살리고 세계를 살리는 운동이 될 것이다. 이 방면의 관심과 연구가 필요하다고 본다.

한국을 살리고 세계를 살리는 운동

마지막으로 우리가 이 운동을 부르짖는 것은 이것이 우리만이 아니라 세계전체 구원의 길임을 확신하기 때문이다 하신다.

> 오늘날 위기에 빠진 것은 우리만이 아니다. 세계전체가 어떤 극한점을 향해 달리고 있다. 후진국이라는 구호로 민중을 몰아치면서 그 거짓 애국주의의 대가로 한때의 쾌락을 누리며 소위 선진국이라는 앞차를 아무 분별 없이 따라가는 이 나라의 지배자들은 아무 생각도 할 줄 모르고 있지만, 그 앞차에서 벌써 야단이 일어나고 있다.

함 선생님은 이 세계가 벌써 병든 지 오래되었고 이러다가는 인류 종말이 올 것이라 하신다. 자연파괴와 지구공해, 기상이변과 동식물의 멸종은 곧 인류 위기와 직결된다. 인간 스스로 도 핵무장과 유전자조작, 인간복제와 로봇 인간까지 나오면서 종말의 시간을 자기도 모르게 재촉하고 있다. 어디를 돌아봐도 희망의 길이 보이지 않고 있다.

그러나 다만 하나, 모든 잘못된 것에서 돌아서서 이 같이살기 운동으로 나아간다면, 한국을 살리고 세계를 구원할 수 있다고 확신하신다. 선생님은 이렇게 말씀한다.

> 미래는 우리 것이다. 가진 것이 없고, 다만 품은 것은 영원한 생명의 알갱이뿐인 씨올만이 이 막다른 골목에 든 문명을 건질 수 있다. …그래 좋다, 어서 더 막아라, 더 눌러라, 더 짜라. 이 숨통이 터지는 날 이 뼈가 가루가

되고 핵분열을 하는 날, 그 폭발에 우주에 구멍이 뚫려 정신 아닌 정신, 인간 아닌 인간, 그래 새 인간의 씨가 나올 것이다.

같이살기 운동과 '씨올의 바통' 받기

선생님은 이 같이살기 운동의 시작을 다음과 같이 말씀한다.

> 사실은 같이 살기라는 이 생각이 처음 비쳐진 것은 지금으로부터 8년 전인 1964년 정월 남가좌동의 어떤 불쌍한 아버지가 생활고에 쪼들리다 못해 비관하고, 제 손으로 세 어린 자녀를 빵에 독약을 넣어 먹여서 독살하고, 자기는 산에 가 나뭇가지에 목을 매고 죽은 사건이 난 때였다. 그때 나는 매우 충격을 받고 도저히 그냥 있을 수 없어 조선일보에 소감을 발표했었다. "삼천만 앞에 또 한번 부르짖는 말씀"이라고 제목을 붙였었다. 같이 살기라는 문구는 그때 처음으로 생겼다.

함 선생님은 1964년 1월 남가좌동 사건을 보시고 큰 충격을 받았다는 것이다. 그때 그 일을 말하며 '같이 살기'라는 문구를 처음 쓰셨다 하셨다. 이때는 《씨올의소리》도 창간되기 전이다.

그 후 7년을 지나 함 선생님은 《씨올의소리》를 창간하셨다. 그러나 제2호를 내자마자 박정권의 폐간처분을 받는다. 1년 이상 법정투쟁 끝에 승소하여 십여년 간 맹활동을 하시면서 《씨올의소리》95호까지 내셨다. 그러나 선생님의 예언대로 박정권은 끝이 났으나, 전두환 정권이 다시 들어서면서, 《씨올의소리》를 또다시 폐간시키고, 함 선생님의 입을 봉하고 붓을 꺾어버렸다. 암흑세계를 만들었던 것이다.

그 이후 함 선생님이 계시지 않는 동안 세상은 엄청나게 변했다. 좋게 변하는 것은 결코 아니다. 시간이 가면 갈수록 인간으로서 할 수 없는 죄악상이 몇십 배, 몇백 배로 늘어났다. 남가좌동 사건과는 비교할 수도 없다. 부모가 자식을 죽이고, 자식이 부모를 살인하는 천인공노할 일들이 일어났다. 이제는 결혼은 하되 자식 낳기를 거부하거나, 이혼을 밥 먹듯이 하고, 아예 결혼 자체를 포기하는 세대들이 늘어가는 것을 볼 때, 과연 미래가 있는가? 2014년 4월 세월호 침몰에서 젊은이들이 304명이나 사망 실종되는 대참사는 무엇이며, 바로 얼마 전 '제대로 작동하지 않았던 공적조직의 허술함'으로 인해 158명이나 압사당한 이태원 참사는 또 무엇인가? 이 같은 사건이 또 어디서 안 일어난다는 보장이 있는가?

그러나 이러한 세상 속에서도 아직은 효자 효녀가 없지 않고, 이렇게 흐르는 세상을 탄식하고 바로잡으려는 뜻을 가진 사람들이 없지 않다고 생각한다. 사막에 가서 나무를 심는 사람들, 해양오염을 막기 위해 불철주야 노력하는 사람들, 노인을 우대하고 자리를 양보하는 젊은이들, 불쌍한 어린이를 관심하는 모성의 손길, 위기에 처한 사람을 구출하기 위해 몸을 던지는 사람, 산과 들에 남모르게 버린 쓰레기를 남모르게 줍는 사람들, 그들이 있어서 세상은 아직 건재하다고 본다. 월드컵이나 올림픽경기에서도 서로 전쟁을 하던 나라가 함께 평화의 경기를 한다는 점에서, 세상은 아직 희망이 있다고 여겨진다.

이런 일들과 더불어 또 하나 중요한 희망이 있다. 그것은 이름 없이 빛도 없이 남모르게 움직이는 일군(一群)의 사람들이 있다. 그들이 누구냐? 그들은 바로 함석헌 선생이 받아들고 뛰셨던 '씨올의 바통'을 알게 모르게 이어받아 든 사람들이라고 생각한다.

선생님은 끝으로 이렇게 말씀한다.

같이살기 운동은 반드시 이기는 길이다. 인자무적(仁者無敵)이다. 미운 사람이 없는데 어찌 아니 이기겠나? 너 나가 없는데 어찌 미운 사람이 있겠나? 가지고 싶은 마음이 없는데 무엇을 빼앗기겠나? 모든 씨올이 다 하나로 일어나기를 바란다. (1972년 4월호《씨올의소리》에서)

같이살기 운동은 바로 씨올운동이다. 씨올운동은 이 같이살기 운동으로부터 시작되었다고 본다. 이 같이살기 운동은 씨올의 집터 운동이요, 만세 반석을 이루는 운동이다. 이 만세 반석 위에 씨올의 집을 지어야 한다. 이 씨올의 집에서 씨올들이 모이고 만나고, 뜻을 모으고, 스스로 일어나서, 잘못된 세상을 바로잡는 완전한 참과 사랑으로 가야 한다.

제4부
잊을 수 없는 인물들

씨울정신운동 깊이 읽기

북한 동포를 품에 안은 조만식 선생
- 북한 동포와 운명을 같이 한 지도자

나는 약관 때까지도 '고당 조만식(古堂 曺晩植)'이라는 이름은 전혀 들어본 일이 없었다.

1959년 6월호 《사상계》에 함석헌 선생의 '남강, 도산, 조만식'이란 글을 읽고 처음 이름 석 자를 알게 되었다. '도산 안창호'에 대해서는 초등학교 때 이광수가 지은 조그만 책자를 읽고 큰 감동받은 일이 있지만, 함 선생님의 글을 읽기 전까지는 남강이 누군지, 고당이 누군지 알지도 못했거니와 누가 말하는 것을 들은 일도 없었다. 그것은 누구를 탓하기 전에 내 독서나 상식의 범위가 그만큼 협소했다는 것을 뜻하기도 한다.

1965년도쯤이라고 기억된다. 군 제대 후 중앙신학에 복학 후 차광석 박사의 강의 중에, 자신이 직접 체험한 '고당 조만식 선생의 이야기'를 듣게 되었다. 지금까지도 그 이야기가 내 머릿속에 생생하게 기억되는 것으로 봐서, 그때 큰 감동을 받았던 것 같다.

고당의 약력

　고당은 1882년 2월 1일 평남 강서(江西)에서 엄친 조경학과 자친 김경건과 사이에서 외아들로 태어났다. 7세 때부터 서당에서 한문 공부를 시작해서 8, 9년 동안 사서삼경까지를 마쳤다고 한다. 15세부터는 공부보다는 장사에 손을 대서 포목상과 지물상을 경영하며 가게를 꾸려가는 일을 했다. 그러나 그때 선생은 술꾼으로 이름이 날 정도였는데, 서당 친구 한정교의 인도를 받아 기독교에 발을 들여놓으면서 일대 변화의 삶이 시작된다.

　이후 선생은 신학문에 관심이 불같이 일어나 1905년 23세의 만학도였지만, 당당하게 숭실중학교에 입학하여 1908년에 졸업하는 등 공부에 열정을 쏟는다. 졸업과 동시에 일본으로 건너가 세이소쿠영어학교(正則英語學校)에 들어가 3년 졸업을 하고, 이어서 1910년 메이지대학(明治大學)법학부에 입학하여 1913년 31세에 대학까지 마친다. 졸업 후 남강 이승훈(南岡 李昇薰)선생의 초청을 받아 민족학교인 오산학교 교사가 된다. 교사 된 지 2년 후 교장으로 승진한다.

　선생은 교장이 되면서 기숙사 사감까지 겸하고, 24시간 학교에서 학생들과 함께 기거하며, 학생들과 똑같이 규율을 지키고, 민주적 자치생활을 실천하며 모본을 보였다고 한다.

　1919년 3.1 만세운동이 일어나자 교장직을 사퇴하고, 독립 만세운동을 주동하는 가운데 체포되어 옥고를 치르면서, 교육계를 떠나게 된다.

　1920년 평양에서 조선 물산 장려운동회를 조직하고 회장이 되어 사회운동을 전개한다. 이 운동은 시작하자마자 불길처럼 전국으로 번져나가 물산 장려운동만이 아니라, 금주 금연운동 같은 도덕적 운동으로까지 확대되어 나갔다.

또한, 1921년부터 11년간 평양 YMCA 총무 및 산정현교회 장로가 되어 기독교 정신과 민족운동의 정신을 일치시키며, 항일의 선봉에 서서 소위 신사참배나 궁성 요배의 강요에 결연히 반대한다.

1923년에는 일제에 대항할 수 있는 유능한 인물양성을 위하여 조선 민립대학 설립 운동에 김성수, 송진우와 함께 시작하였으나 일제의 탄압으로 실패하고, 그 후 숭인중학교(崇仁中學校) 교장이 되었다가, 26년 일제의 탄압으로 교장직을 다시 사직한다.

1927년 신간회(新幹會) 결성에 참여하여 평양시지회장으로 피선되어 활동하였으나 역시 일제의 방해로 좌절된다.

1932년에는 조선일보사장에 취임하여 언론활동을 전개하면서 일제의 탄압을 폭로하고, 민족계몽에 심혈을 기우린다. 그 뒤 많은 후진들과 기독교인들에게 비폭력민족운동을 지도하면서 "조선의 간디"라는 별명을 얻는다.

1937년에는 수양동우회 사건에 연루되어 다시 옥고를 치르기도 했고, 1943년 일제의 지원병(志願兵) 제도가 실시되면서, 협조를 요청하러 온 조선군 사령관 이타가키(板垣征四郎)의 면담을 거절하고, 이를 극력 반대하다 다시 구금당한다. 곧 석방은 되었으나 산정현교회가 신사참배 거부로 폐쇄된 후 고향으로 낙향하게 된다.

마침내 1945년 8월 15일, 꿈에 그리던 해방의 날이 왔다. 선생은 평안남도 건국준비위원회와 평남 인민 정치위원회의 위원장이 되어 질서유지와 국민 지도에 앞장을 선다.

한편 소련군정청에서는 북조선인민위원회를 설치하고, 선생에게 위원장 취임을 권고했으나, 소련의 한국 공산화 정책을 간파하여 취임을 거부하고, 그해 11월 조선민주당을 창당해 당수가 된다. 선생은 반공 노선을 뚜렷이 하고 반탁운동(反託運動)의 선봉에도 나선다.

이에 조선민주당은 소련군정청 당국과 공산주의자들에 의해 접수되고, 선생은 소련군에 의해 고려호텔에 연금된다. 그들의 협박과 회유에도 끝까지 굽히지 않았으며, 월남을 종용하는 제자들의 간청도 듣지 않았다. 그 후 공개석상에서 선생의 모습은 다시 볼 수 없었다.

고당은 1950년 10월 18일, 한국전쟁 당시 공산당에 의해 총살된 것으로 밝혀졌다. (참고자료: 국가보훈처 공훈 심사 과, 2011.9.15./ 세계인물대사전, 문공사,1973.)

고당은 1970년 정부로부터 최고훈장인 대한민국장을 전수받았다. 1991년 8월 17일 정부는 고당 선생이 공산당에 의해 학살된 것이 밝혀짐에 따라, 부인 전선애(田善愛)여사가 남하할 때 가지고 온 두발과 손톱 등으로 국립묘지에 봉안키로 했다. (1991.8.18. 경향신문)

온갖 회유와 협박에도 혼자 '아니!' 한 고당

1959년 함석헌 선생은 《사상계》를 통해 고당을 이렇게 표현했다.

> "조그만 키에 무릎에 차는 무명두루마기, 머리는 박박 깎고 수물수물 얽은 얼굴에 수염도 별로 없고, 눈은 자그마, 음성은 언제나 나즈므라, 이러면 조만식 선생인 줄 거의 다 알 것이다."

선생의 키는 5척 단신이었고, 두루마기도 전통 두루마기가 아니라 개량 두루마기였다. 긴 고름을 없애고 단추를 달았고, 두루마기 길이도 짧게 하여 활동하기 좋게 개량하여 입었다.

함 선생님은 이어서,

"하여간 해방 후 이북엔 정치적 인물은 조만식 단 하나였다. 그다음은 다 그의 아래, 다 그를 추종할 사람들이지 감히 그와 의견을 나누고 바꾸고 정권을 다룰 사람이 없었다. 거기는 송진우도, 김 구도, 장덕수도, 여운영도 없었다. 후대 역사에 그 결정의 잘되고 잘못됨이 뚜렷이 가를 이 문제를 당하고, '아니!' 해야 옳은 줄을 분명히 알았다손, 전부가 반대인 줄 아는 데, '아니!' 한마디만 하면 칼이 곧 목에 들어올지도 모르는 문제인데, 그런데 선생은 혼자서 '아니!' 했다. 그것은 한 번 만인가? 아니다. 그 후도 몇 번, 몇 번인가? 김일성 다음에는 가장 세력 자였던 최용건이는 조 선생이 오산서 안아 길러낸 사람이다. 그는 나와도 동급이었으므로 잘 안다. 그의 말에 자기가 은사기 때문에 될수록은 전향을 시켜드리려고 열아홉 번 선생님을 달랬다는 것이다. 그래도 선생님은 만세반석이었다는 것이다."

감히 최용건 따위가 19번이 아니라 190번을 찾아온들 넘어갈 고당 선생이 아니다.

고당은 월남을 권하는 인사들에게 이렇게 말했다.

"나의 일신을 염려하지 마시오. 나는 북한의 1천만 동포와 운명을 같이 하기로 이미 굳게 결심하였소." 하면서 끝내 월남 권유를 거부했다.

선생은 이미 자신에게 찾아올 최후를 의식한 듯, 함께 남하를 원하는 부인에게 두발과 손톱 등을 넘겨주면서, "북한동포를 남겨두고 나 혼자 살겠다고 같이 갈 수 없소." 하면서 자신의 결의를 분명히 했다. 부부 사이지만 이런 결단을 과연 어떻게 매정하다 하겠는가.

함석헌 선생님은 시인이 아니지만, '수평선 너머'라는 시집을 읽어본 이들은 그 시가 보통시가 아니라는 것을 알고 있다. 함 선생님의 시 중에 '그 사람을 가졌는가.'는 많은 이들이 즐겨 읽는 국민적 애송시가 되었다. 이 시는 6연으로 되어있는데 마지막 연에 이런 내용이 있다.

온 세상의 찬성보다도
'아니!'하고 가만히 머리 흔들 그 한 얼굴 생각에
알뜰한 유혹을 물리치게 되는
그 사람을 그대는 가졌는가.

여기서, "아니! 하고 가만히 머리 흔들 그 한 얼굴 생각"이란 누구를 말하는 것인가? 바로 '고당 조만식 선생'을 가리킨다는 사실이다.

두 손으로 똥을 퍼 담은 선생

앞에서 잠깐 언급한 차광석 박사의 '고당 이야기'를 첨부하고자 한다.

필자가 들은 이야기는 어느새 50여 년이 지났기 때문에, 언제 어디서 일어났던 것인지는 정확성이 부족하다. 다만 내용만은 확실하다는 것을 밝혀둔다.

짐작컨대 1919년 3.1 만세운동이 전국적으로 일어났던 때라고 생각된다. 당시 고당은 30대 후반이었고, 차 박사는 10대 후반 학생이 아니었나 생각된다. 독립 만세운동에 참가하다가 체포되어 고당과 함께 유치장에 갇히게 되었다고 한다. 그때 차 박사와 함께 3,4 명의 청소년이 고당 선생과 같이 유치장에 갇혀 있는데, 그때 고당 선생은 몸이 좀 불편하셔서 누워계셨고, 차 박사와 다른 동지들은 누워계신 고당 주변에 앉아있었다.

지금은 유치장이나 교도소에 화장실이 있고 수세식이지만, 일제강점기 시절 유치장에 화장실이 있을 리가 없고, 한쪽 구석에 이른바 똥통을 놓고 있었다. 칸막이가 제대로 있었을 리도 없다. 그래서 그것이 차게 되면 그것을 들고 나가 다른 준비된 곳에 쏟아버리고 오는 것이다. 간수는 일정한 시간에 와서 그 똥통을 들고나오라고 하면 지목된 사람이 들고 나가는 것이다. 간수는 물론 일본인이다.

어느 날이었다. 간수가 와서 보니 한 사람은 누워 있고 주위에 젊은 청년들이 앉아있는 것을 보고 하는 말이 "저 누워 있는 놈, 일어나 똥통을 들고 나오라!" 소리쳤다.

누워 있는 사람은 고당 선생인데, 간수가 고당을 알 리가 없다. 고당은 두 말없이 일어나 똥통을 들고 나가다가 그만 문지방에 걸려 넘어지면서 똥통을 엎어버렸다. 온통 똥 바다가 되니까, 간수 놈은 사정없이 고당의 뺨을 이리치고 저리치고 욕을 하며 때리는 것이다. 고당은 맞으면서도 두 손으로 똥을 퍼 담기 시작해서 끝까지, 손과 발과 옷에 온통 똥을 묻히면서, 한마디 말도 없이 그 똥을 다 퍼 담더라는 것이다.

이런 일이 있은 후 그 간수는 다시는 고당을 시키는 일은 없었다고 한다. 고당이 또 엎을까 봐 안 시켰을까? 비록 일본 간수지만 뭔가 그가 보통사람이 아니라는 것을 그도 느꼈을 것이 분명하다. 간수만이 아니라, 거기 함께 갇혀 있던 차 박사를 비롯한 청년들이 받은 감동이 어떠했을까? 아마 말로 표현할 수도 없었을 것이다.

누구나 똥통을 엎을 수는 있다. 그러나 맨손으로 똥을 퍼 담을 사람이 과연 있을까? 그것은 아무나 할 수 있는 일이 아니다. 태산 같은 어떤 정신을 가진 사람이 아니면 결코 할 수 없는 일이다. 고당은 맨손으로 똥만 퍼 담은 것이 아니다. 잃어버린 자유를 퍼 담고 사랑을 퍼 담고, 땅에 떨어진 조선의 혼을 퍼 담고 조선독립을 퍼 담은 것이다.

고당은 자기를 반성하며 자기를 버릴 줄 안 사람이다. 체면을 버리고, 자기 몸을 더러운 곳에 내 던져 자기는 더러워지면서, 전체를 깨끗하게 한 사람이다. 거기 거룩한 정신이 있고 그의 위대함이 있다.

우리는 이런 인물들을 유산으로 갖고 있다. 남강도 오산에서 변소청소를 도맡아 했고, 도산도 어디를 가나 변소청소는 자신이 했다 한다. 오늘 대한민국이 이만큼이라도 된 것은, 이런 인물들의 희생과 그들의 밑거름으로 얻은 결과라고 나는 생각한다. 미래의 한국도, 한 개인이나 가정이나 나라가 옳게 바르게 서려면, 이런 인물들을 기억하고, 이런 인물들의 가르침을 먼저 배워야 하지 않겠는가.

녹두 장군 전봉준을 그린다
- 파랑새, 녹두꽃, 청포장수에 얽힌 뜻

새야 새야 파랑새야, 녹두밭에 앉지 마라.
녹두꽃이 떨어지면, 청포장수 울고 간다.

한국 사람이라면 이 노래를 모를 사람이 있을까? 이 노래를 못 들어 본 사람이 있을까? 물론 듣기는 듣고 알기는 알아도 그저 그냥 흘러간 옛 노래나 동요로 치부해 버리는 사람도 있을 것이고, 아니면 이 노래를 들을 적마다, 이 노래를 생각할 때마다 자신도 모르게 눈물짓고 가슴을 치고 분노하는 사람들도 있을 것이다. 그러나 필자는 '가슴을 치고 분노하는 사람들'의 이야기를 마음에 두면서, 필자가 느낀 것부터 말하고 싶다.

앞의 말과 같이 필자도 위의 노래에 대하여 별다른 생각도 없이, 그저 듣기는 듣고 부르기는 부르면서도 별 큰 의미를 모른 채 한 동안을 지냈던 것도 사실이고, 어느 날인지 몰라도 일찍부터 이 노래에 접하기는 한듯한데, 아무런 느낌이나 생각 없이 지냈던 일도 사실이다.

그러던 어느 날이었다. 아마 '국민의 정부'가 들어서면서부터라는 생각도 든다. 어느 새벽이었다. 라디오를 켰더니 애국가가 들려오는 것이 아니라, 바로 이 노래가 들려오는 것이 아닌가. 그때 들려오는 파랑새 노래는 전혀 새로운 느낌이었다. 말로 표현할 수 없는 어떤 슬픔을 담고 있는 듯, 필자의 가슴을 흔들고 있는 것을 느꼈다. 이 노래가 바로 녹두장군과 동학농민혁명에 대한 꿈과 한(恨)을 담고 있는 노래라는 것을 짐작하기도 하고, 그때부터 점점 더 짙게 느끼고 있었다고 할 수 있다.

그렇지만 솔직히 말해서 이 노래를 듣고 부르면서도 이 노래가 어떻게 동학농민혁명과 연결되며, 녹두 장군을 그리는 노래가 되었는지, 잘 알지를 못했다. 구체적으로 들어가서, 과연 파랑새는 무엇을 뜻하며, 녹두꽃은 무엇이고, 또 청포 장수는 왜 울고 가는가는 쉽게 이해가 되지 않았다.

미리 말해두고 싶은 것은, 필자는 동학농민혁명에 대한 지식이 아직 일천한 입장이기 때문에, 필자가 느끼고 생각하는 것은 전문적이고 깊은 연구로부터 나온 것이 아니라는 것을 말하지 않을 수 없다. 그저 보통사람으로서 상식적인 입장에서 들은 대로 느낀 대로, 한번 말해보고 싶은 것뿐이다.

'새야, 새야 파랑새야' 할 때 그 '파랑새'는 누구를 가리키는 것인가? 정확한 것은 알기 어렵지만, 인터넷에 오르내리는 이야기를 보면, '파랑새'는 바로 청국군이나 일본군을 가리킨다는 말이 있다. 과연 그럴까? 어찌해서 그런 말도 안 되는 이야기가 나왔을까? 파랑새라면 영조(靈鳥)나 길조(吉兆)를 상징하고 희망을 상징하는 새인데, 일본군, 청국군이 파랑새라니, 말이 되는가?

그들이 자기들 땅도 아닌 한국 땅에 와서 마치 주어진 먹이를 서로 먼저 차지하려는 독수리 같은 싸움을 하고, 온갖 작폐를 저지른 장본인들인데, 더욱이 일본군이 한국 땅에서 반세기 이상 한 행패를 생각하면 치가 떨리는데, 그들이 무슨 파랑새란 말인가? 그들이 파랑새라는 생각은 털끝만큼도 입에 올린 마음이 없다.

그러나 한편 이런 생각은 있다. 초기 그들이 조선을 돕는다고 찾아왔을 때, 순수하고 착한 조선 백성들이 그들의 속셈을 알지 못하고, 그저 이웃집 손님으로 여기고 대접하는 마음으로 그렇게 잠깐 생각했을 가능성이 있다. 그러나 그들은 이웃집 손님이 아니었다. '절도요 강도'였다.

그러므로 파랑새를 말한다면 불의한 현실을 보고 분연히 일어난 전봉준을 비롯한 동학 농민혁명군을 말하는 것이 옳지 않은가?

역시 또 하나의 의미 있는 이런 이야기가 있다. 파랑새는 즉 전봉준의 전(全)자를 파자하여 팔(八) 왕(王)이 변형되어 파랑새로 되었다는 것이다. 너무나 당연하고 멋있는 표현이다. 필자도 여기에 전적으로 동감하고 싶다. 그렇다고 전봉준을 어떤 왕으로 그린다는 뜻은 결코 아니라고 본다. 뒤에서 좀 더 찾아보겠지만, 그와 같은 어떤 욕심의 흔적도 전봉준에는 없다는 것이 드러나기 때문이다.

사실 파랑새는 꿈의 새요, 희망의 새지만, 녹두새도 또 다른 파랑새다. 파랑새만 파랑새가 아니라 녹두새도 파란빛깔의 파랑새다. 파랑새가 희망의 새라면 녹두새도 희망의 새요, 꿈의 새다. 한국 사람들은 녹색과 파란 색을 구별하지 않고 하나로 본다. 어린이 노래에도 나오지만,

날아라, 새들아, 푸른 하늘을, / 달려라, 냇물아, 푸른 벌판을, /
오월은 푸르구나, 우리들은 자란다.

하늘도 푸르고 벌판도 푸르고, 더 나아가서 바다도 푸른 바다요 산도 푸른 산이다. 그런 의미에서 한국의 강산은 하늘과 땅과 바다까지 푸른색으로 가득 차 있기 때문에, 세상에 희망을 주는 파랑새의 사명을 가진 나라가 아닌가 하는 생각도 드는 것이다.

'녹두꽃'에 대하여

그렇다면 '녹두꽃'은 무엇인가? 녹두꽃은 녹두 장군 전봉준과 동학 농민혁명군을 상징한다. 그러므로 녹두꽃이 떨어져서는 안 된다. 녹두꽃은 활짝 피어나야 하고, 산들바람이 불고 벌 나비가 모여들어야 한다. 그렇게 됨으로써 녹두 알이 알차게 열매를 맺어야 하듯이, 전봉준과 그의 동학 농민혁명군은 반드시 성공하고 승리하여야 한다. 이것이 당시 백성들의 마음이요 민중(씨올)의 뜻이요 희망이었다.

1894년 1월 10일 마침내 전봉준은 일어섰다. 동학 농민 1천여 명이 고부 관아를 점령함으로 동학 농민혁명운동은 시작된다. 이 소문은 입에서 입으로 귀에서 귀로 전해지면서 순식간에 농민군은 기하급수로 늘어나기 시작했다. 금구, 태인, 무안, 무장을 지나는 동안 동학 농민군은 3천 명을 넘었고, 3월 26-29일 백산대회를 하는 동안 1만여 명의 대군이 되었다. 백산대회에서 선포한 4대 강령은 당시 농민군이 일어난 목적을 분명하게 밝히고 있다.

1) 사람을 죽이지 말고 재물을 손상시키지 말 것(不殺人 不殺物)

2) 충효를 다하며 제세안민 할 것(忠孝雙全 濟世安民)
3) 왜적을 몰아내고 성도를 밝힐 것(逐滅倭夷 澄淸聖道)
4) 병(兵)을 몰아 서울에 들어가 권귀(權貴)를 진멸할 것(救兵入京 權貴盡滅)

(《씨올의소리》, 2016년 3, 4월호 송기득 논문, 127.)

'왜적을 몰아내고 서울의 권귀들을 진멸한다.'라는 내용은 분명하지만, '인명 살상을 배제하고 충효를 중시한다.' 는 것은 상당히 비폭력적이고 인도주의적으로 당시 왕권체제를 무너뜨리는 일은 하지 않겠다는 순수성을 보이고 있다.

마침내 4월 7일 황토현에서 관군과 싸움에 대승함으로써 농민군의 사기는 하늘을 찌르고도 남았다. 이제 녹두꽃으로 말한다면 꽃봉오리 봉오리들이 맺히고 꽃이 피어날 준비를 마쳤다 할 수 있다.

4월 8일-16일 전라도 서해안 흥덕, 무장, 영광, 함평을 점령하고 장성 황룡촌에서 정부군과의 접전에서도 승리함으로 거칠 것이 없었다. 드디어 4월 27일 호남의 수부인 전주성을 점령하는 데 성공한다. 짐작컨대 이때 동학 농민혁명군은 수만을 넘어 10만 대군에 육박했을 가능성이 크다. (오지영의 동학사, 『한국사대계』7) 이대로 진격해 나간다면 서울 점령도 시간문제라는 계산이 나온다.

동학 농민혁명군이 전주성을 점령했다는 소식에 접한 조선 정부는, 당황한 나머지 한편 동학 농민군에 협상 카드를 내밀고, 동시에 청국군과 일본군을 끌어드리는 이중 술수를 쓰고 있었다. 5월 4일 청국군은 아산만에 상륙하고, 5월 6일 일본군은 인천으로 상륙한다.

이것을 까맣게 모른 동학 농민혁명군은 5월 7일, 동학 농민군이 일어난 지 5개월 만에 전주에서 정부와 화약(和約)체결을 하고, 동학 농민군의 해산에 합의한다.

   그리고 동학 농민군은 고무된 분위기 가운데 미리 생각하고 계획한 집강소 (執綱所)설치에 들어간다. 전라도 53개 지역만이 아니라 이 집강소는 경상, 충청 및 전국적으로 확대되어 나갔다. 집강소를 통해 지방행정을 동학군이 주관할 수 있게 되었다. 그리고 그들은 12개 조문으로 전해지는 내정개혁을 발표한다.

1) 도인(道人, 東學人)과 정부와의 사이에 오래 끌어온 혐오의 감정을 씻어 버리고 모든 행정에 협력할 것
2) 탐관오리는 그 죄목을 조사해 내어 일일이 엄징(嚴懲)할 것
3) 횡포한 부호배(富豪輩)는 엄징할 것
4) 불량한 유림과 양반들은 징습(懲習)할 것
5) 노비 문서는 불태워 버릴 것
6) 칠반천인(七般賤人)의 대우는 개선하고 백정(白丁)머리에 쓴 평양립(笠)은 벗겨버릴 것
7) 청춘과부의 개가를 허가할 것
8) 무명잡세는 모두 거둬들이지 말 것
9) 관리채용은 지벌(地閥)을 타파하고 인재를 등용할 것
10) 외척과 간통하는 자는 엄징할 것
11) 공사채는 물론하고 기왕의 것은 모두 무효화할 것
12) 토지는 평균하여 나누어 경작케 할 것

                        (『한국사대계』7, 삼진사 간 pp.76-77)

   위 내정개혁은 주로 동학농민혁명 군의 입장에서 결정한 것 같다. 얼마나 놀라운 일인가? 이런 일이 언제 있었던가? '노비 문서를 불태워버리고, 칠반천인의 대우를 개선하고, 청춘과부의 개가를 허가하고,

무명잡세를 모두 거둬들이지 말고, 지벌을 넘어 인재를 등용하고, 토지를 평균으로 나누어 경작케 한다.'는 등 6개 항만 보아도 당시로서 누구도 상상할 수 없는 내용이었다. 엄청난 혁명적 일이요, 이제껏 듣지도 보지도 못했던, 꿈에나 그리던 민중해방 소식이다. 새 세상이 오는 천래의 복음이었다. 녹두꽃으로 말한다면 이처럼 시원하고 아름답게 활짝 필 수가 없다. 녹두꽃의 일대 만발이었다.

'청포장수 울고 간다'

'녹두꽃'이 전봉준과 동학 농민혁명군을 상징했다면, '청포 장수'는 일반 백성을 상징한다. 이름 없는 민중, 이름 없는 씨올이다. 청포 장수에게는 녹두꽃이 떨어져서는 안 된다. 녹두꽃이 활짝 피고 열매가 맺힌 다음에는 몰라도, 녹두 알이 맺히기도 전에 떨어져서는 안 된다. 청포를 만들 수 없기 때문이다. 당시 청포 장수라면 칠반천인 (노비, 기생, 광대, 갖바치, 향리, 사령, 승려)보다는 나을까 말까 하는, 하루 벌어 하루 먹는 가난하기 짝이 없는 민중이었다.

그러나 이제는 녹두꽃이 만발했기에 청포 장수는 울 필요가 없다. 오히려 기뻐하고 노래하고 춤을 출 수도 있을 것이다. 그러나 아니었다. 녹두꽃이 활짝 피기는 하였으나 곧바로 떨어질 운명을 만난 것이다. 자연적으로 녹두꽃 피었다가 자연적으로 떨어지는 것이 아니라, 열매가 맺히기도 전, 꽃이 피자마자 어떤 외부의 힘에 의해 꽃이 떨어졌다면 열매가 과연 맺힐 것인가?

전봉준이 전주 화약을 맺은 다음 누구도 생각 못 한 지방 자치기구인 집강소에 집중하는 동안, 7월 1일 청일전쟁이 이 땅에서 일어난다. 이 전쟁은 오래가지 않고 1개월 남짓해서 일본의 일방적인 승리로 끝난다. 이렇게 되자 조선은 일본의 손아귀에 들어가 버린 채 아무 힘없는 정부가 되고 말았다.

이 소식에 접한 전봉준은 더 이상 지체할 수가 없다. 손화중, 김개남, 김덕명 등과 상의하고 9월 8일 원평에서 제2차 기병 결정을 한다. 이번에는 동학 교주 해월 최시형도 9월 18일 동학교도 총동원령을 명령한다. 이제야말로 '왜적을 물리치고 제세안민(濟世安民)의 길'을 완성하려는 결연한 의지와, 반드시 승리할 수 있을 것이라고 확신했는지 모른다.

그러나 '10월 21일 전봉준의 10만 호남 군과 손병희의 10만 호서군'(송기득 논문)이 공주에 도착했을 때는, 이미 이러한 정보를 사전에 입수하고, 관군과 일본군은 증원부대까지 동원하여 모든 전투태세를 완료하고 동학군이 도착하기만을 기다리고 있었던 때였다.

마침내 20여 만의 동학군이 공주에 도착하여 산천을 뒤덮고 기세를 올렸지만, 결과는 동학 농민군의 대패로 끝이 났다. 격전을 벌린 우금치산 하는 농민군의 피로 물들인 채 전쟁은 끝이 났다. 일본군의 현대식 무기 때문이다.

일본은 '1889년에는 사거리 2,200 미터인 세계적 수준의 무라타 연발총을 제작했다. 동학군은 죽창, 낫, 성능이 형편없는 화승총밖에 없었던 동학도들은 온 산을 하얗게 뒤덮었을지라도 불과 몇 시간 안에 저들 손의 추풍낙엽이었다. 일본군이 손에 쥔 무라타 총 때문이었다.'(고은광순)

말하자면 그렇게 무성하게 피어났던 녹두꽃은 추풍낙엽처럼 떨어지고 말았다. 녹두꽃으로 상징되는 동학 농민군은 일본군의 연발식 현대 무기 앞에 피 꽃이 되어 우금치 산하를 적셨다. 이것을 지켜본 청포

장수는 피눈물을 흘리지 않을 수 없다. 땅이 꺼지는 한숨과 눈물과 통곡의 바다였다. 어느 누가 이 눈물을 멈추게 할 것인가?

전봉준은 12월 2일 체포되어 5회에 걸쳐 심문받고 1895년 3월 30일 처형된다.

전봉준이 말한 대로 '때가 와서 천지가 함께 힘을 합하던 때'는 사라졌다. '운(運)이 가고' 하늘이 돕지 않았다. 하늘이 원망스러웠다. 그런데 더욱 놀라는 것은 동학 농민군과 전봉준 등 지도자들이 형장의 이슬로 사라지는 것으로 끝이 아니었다. 전국적으로 동학군을 색출하여 살육하기 시작했고, 재산을 몰수하고, 삼족을 멸하는 쪽으로 혈안이 되어 혁명의 뿌리를 뽑으려 했다. 이런 수난이 없다. 결국, 전투에서 죽은 희생도 컸지만, 그 후 희생은 수를 셀 수 없이 더 컸던 것이다. 정확한 통계는 알 수가 없지만, 동학농민혁명의 1년여 기간 동안 희생자가 30-40만이라는 이야기는 참혹했던 그때를 대변하고 있다. 그 참혹한 결과는 그대로 일본의 종이 되는 수순으로 들어간 것이다.

이제 녹두꽃은 떨어졌고 전봉준은 죽었다. 그러나 전봉준은 죽지 않았다. 녹두꽃이 다시 피듯이 전봉준과 동학 농민혁명군은 다시 피어나는 때가 왔다.

1919년 3·1운동이 그것이다. 당시 33인의 민족대표인 손병희를 비롯하여 절반 이상이 천도교인이라는 데서도 드러났고, 만세운동에서도 천도교의 역할이 기독교 못지않게 컸다는 데서도 찾을 수 있다.

그러나 그렇게 큰 3.1만세운동이 전국적으로 일어났으나 독립 국가의 길은 열리지 않았다.

고난의 시간이 지나 일본은 패망하여 물러갔고, 해방이 왔으나 곧바로 남북이 분단되는 비극이 왔다. 우리 힘으로 얻은 해방이 아니었기 때문이다.

　1948년 남한만이지만 유엔이 인정하는 한국정부가 세워진 것은 그나마 다행이라 할 수 있지만, 차츰 시간이 지나면서 이승만 정부는 독재정권으로 변하고 있었다. 철저하게 전봉준의 역사를 묵살하고 민중을 외면한 것이다. 그래서 '청포 장수는 울음을 그칠 수가 없다.' 그 울음이 하늘에 상달되었는지 우리 역사에 없는 4·19 민중혁명이 성공된 것이다. 감격이었다. 이제야말로 민중의 시대가 오는가? 씨울의 시대가 열리는가?

　그러나 이번에도 아니었다. 5·16이라는 군부 쿠데타가 기다리고 있었다. 자그마치 박정희 18년, 전두환 8년, 노태우까지 무려 30년이 넘는 세월이 흘렀다. 그들이 정치를 잘해서인가? 천만의 말씀이다. 그들은 철저하게 민중을 탄압하고 씨울을 압박함으로써만 가능했던 것이다. 그것은 역사가 증명한다. '동학농민혁명'이란 이름을 처음부터 부른 이름이 아니다. '동비(東匪)의 난', '동학 난'이라 하다가 최근에서야 동학농민혁명이라고 한 것만 보아도 알 수 있는 일이었다.

녹두장군을 그리워한다

　최근 한국이 처한 국제정세는 120년 전 동학농민혁명이 일어났던 때와 비슷하다고 말하는 이들이 있다. 그러나 정세는 비슷할지 몰라도 전봉준은 보이지 않는다. 전봉준 같은 인물이 보이지 않는다는 말이다.

　그래서 녹두 장군 전봉준이 더욱 그리워지는 오늘이다. 그는 아무 훈련도 받지 않은 농민군을 이끌고 농민혁명을 일으켜 곳곳에서 승리한 영웅이기도 하지만, 그것만이 아니었다. 그가 중심하여 발표한 포고문이나 강령 지령을 보면, 그가 과연 전쟁의 영웅인가 의심이 날 정도로 비폭력 평화주의 적이다. 아주 인도주의 정신과 생명존중 사상이 물씬 풍기는 내용이 곳곳에 드러난다.

> "행진할 때는 함부로 생명을 해치지 말 것이며, 효자 충신이 살고 있는 마을로부터 십 리 안쪽에는 주둔하지도 말라." "적과 마주할 때 칼에 피를 묻히지 않고 이기는 것이 으뜸가는 공이다. 부득이 싸우게 되더라도 목숨을 귀히 여겨 상하지 않게 해야 한다." (송기득 논문)

이런 장군을 본적이 있는가? 들은 적이 있는가?

전봉준은 일찍이 동학의 사인여사천(事人如事天 사람 섬기기를 한울님 섬기듯 하라)이라든가, 인내천(人乃天 사람이 곧 한울님이다) 사상에 큰 영향을 받고, 부친이 타관 오리들에게 억울하게 피살되었음에도 어떤 복수심 같은 것은 찾아볼 수 없다. 그는 할 수 있는 데까지 살상을 금하고 평화적 방법으로 전쟁에서 이기려 한 최초의 장군이 아닌가 생각된다.

이러한 동학사상은 오늘의 함석헌 선생의 씨울사상과도 일치를 보이고 있다. 앞으로 이 방면의 전문연구가 요구된다.

> "하나님이 현상계에 내려온 자리가 씨울이다."(씨울혁명의 꿈) "씨울은 하늘 말씀이 내려온 것이요, 씨울운동은 곧 하늘로 올라가는 운동이다."(씨울의 설음)

녹두장군 전봉준은 형장의 이슬로 사라지기 전, 그의 다리에 남긴 피로 쓴 시가 가슴을 울린다. 백성을 사랑(愛民)하고, 나라를 위한(爲國) 그의 충정(衷情)은 영원할 것이다.

時來天地皆同力　때가오니 천지가 다 힘을 합하더니
運去英雄不自謀　운이 가니 영웅도 아무 꾀가 없구나
愛民正義我無失　백성을 사랑한 정의 외 내 잘못이 없거늘
爲國丹心誰有知　나라위한 일편단심 누가 알아주는가.

함석헌 선생의 친구 안병무 박사

안병무 박사가 돌아오셨다

1965년 8월, 여름방학이 끝날 무렵으로 기억된다. 당시 필자는 중앙신학 마지막 학년이었고, 학교 근로 장학생으로 당시 교무과장이셨던 홍태헌 교수를 도와드리고 있던 때였다.

하루는 전화 한 통이 걸려왔다. "중앙신학입니까? 홍태헌 선생님 좀 바꿔주십시오."

나는 이 전화가 안 박사의 전화인지는 나중에 홍 교수의 말씀을 듣고서 알았다. 그때 필자가 옆에서 들은 홍 교수와 안 박사의 전화 내용은 지금 생각해도 유머가 넘치고 웃음이 절로 나온다. 물론 안 박사 전화 내용을 홍 교수가 말해준 것이다.

홍 교수: 전화 바꿨습니다.

안 박사: 전화 받은 사람은 누구요?

홍 교수: 중앙신학교 홍입니다.

안 박사: 홍이라니 붉을 홍자 홍이요?

홍 교수: 누구십니까?

안 박사: 당신에게 물먹은 사람이요.

홍 교수: 물을 먹다니요?

안 박사: 아니, 10년 전 대천 해수욕장에서 나에게 물 먹이지 않았소?

홍 교수: 하하, 아니, 안병무 박사가 아니시오? 언제 돌아오셨소?

홍 교수는 전화가 끝나자마자 만면의 미소를 띤 채 "안병무 박사가 독일에서 돌아오셨다."고 나에게 말해주었다. 그러면서 10년 전 대천 해수욕장 이야기를 들려주셨다.

안 박사는 독일 유학을 떠나기 전 중앙신학교 교수로 재직 중 어느 여름날이었다. 교수들과 학생들이 대천으로 여름 수련회를 갔다. 거기서 수련회를 하면서 틈틈이 해수욕도 함께 하는데, 안 박사는 특히 홍 교수에게 장난을 잘 거셨다. 홍 교수도 잘 받아주었는데, 홍 교수는 안 박사에 비해 나이도 5, 6세 정도 위지만 젊은 시절 유도선수였고, 체격도 안 박사의 배는 된다. 안 박사는 혼자서는 도저히 홍 교수를 당해낼 수 없으니까 당시 젊은 김철현 교수에게 "우리 힘을 합해 홍 교수를 해치우자." 했다. 마침내 대결이 시작되었는데, 결과는 홍 교수의 일방적인 승리로 끝났다. 홍 교수는 달려드는 안, 김 두 교수를 한 손에 한 사람씩 잡고 물속에 집어넣고 한참 동안 있었다고 한다. 그러니 두 교수는 바닷물만 실컷 먹고 혼이 났던 것이다.

홍 교수는 그 이야기를 하면서 다시 한번 크게 웃었고, 필자도 도저히 웃음을 참을 수가 없었다.

명강의와 명설교자

이렇게 웃음으로 시작한 안병무 박사의 귀국은 그동안 침체를 거듭했던 중앙신학에 새로운 활력소가 되었다.

9월 학기가 시작되면서 안 박사의 강의도 시작되었다. 안 박사의 강의는 적당한 말이 될지 모르나 '명강의'였다. 지금까지 애매모호 한 신앙의 문제들이 안 박사의 강의에서 명확하고 확실하게 풀려나가는 것도 그것이지만, 안 박사의 강의실에는 항상 웃음소리가 그치지 않았다. 안 박사는 유머도 넘치는 분이지만, 우리나라 가난한 민중들 사이에 내려오는 삶의 이야기를 예로 들면서 학생들과 함께 웃는 일이 많았다.

옛날 어느 구두쇠 영감이 생선 한 마리를 방안에 매달아 놓고 밥 한 숟가락 입에 넣고 한 번씩만 쳐다보라 했는데, 그 집 어린 아들이 고기가 먹고 싶어 여러 번 자꾸 쳐다보니까 "이놈아, 그렇게 많이 쳐다보면 짜다." 했다는 이야기를 비롯하여, 안 박사는 이호빈 목사에게 들었다 하면서 해주신 이야기는 자다가도 웃은 일이 있다.

어느 집에서 다른 식구들은 다 일 나가고 할아버지가 손자를 데리고 집을 보고 있었다. 심심하니까 할아버지와 손자가 서로 친구가 되어 장난치고 놀게 되었다. 손자 녀석이 할아버지 수염도 잡아당기면서 버릇없이 굴고 하는데, 할아버지는 그걸 잘 받아주고 있는데, 갑자기 손님이 할아버지를 찾아왔다. 할아버지는 자세를 고치고 점잖게 손님을 맞이할 수밖에. 그러나 손자 놈이 그것을 이해할 리가 없다. 손자 녀석은 하던 장난을 계속하자고 달려드는 것이다. 할아버지는 "에잇 저리 가라! 저리 가!"하면서 계속 물리치니까 손자 놈 하는 말이 "이 새끼, 달라졌다?" 했다. 그러니 점잖은 손님 앞에서 할아버지 꼴이 뭐가 되겠는가?

　이 이야기를 듣고 강의실은 한바탕 폭소가 터지고, 여학생들은 웃다 웃다 참을 수 없어 입을 막고 밖으로 뛰어나가기까지 했다.

　안 박사의 강의는 물론 재미있는 예화만이 아니었다. 필자는 신학과 4년을 다녔으면서도 그때까지 기독교나 신앙문제에 대하여 뭔가 확실한 것을 붙잡지 못하고 있었다. 계속 회의에 회의를 거듭하면서 방황 아닌 방황을 하고 있었던 것이 사실이었다. 성서가 어떤 책인지? 믿음이란 무엇인지? 예수가 어떤 분인지? 도대체 알 수가 없었다. 그러나 안 박사님의 강의를 들으면서 희미하게나마 조금씩 붙잡을 수가 있었다. 물론 지금에 와서도 감히 안 박사의 제자라든지, 안 박사가 달려가신 학문의 세계를 짐작하기도 힘든 입장이지만, 그래도 안 박사의 강의에서 받은 확실한 믿음의 내용이라 할까, 예수에 관한 이야기가 생생하게 나에게 힘을 주는 것도 부인할 수 없다. 필자는 졸업 후에도 안 박사의 강의시간에는 홍 교수님과 함께 계속 청강한 일이 있고, 졸업생들도 안 박사 강의시간에는 청강생이 늘어갔다. 그것은 너무나 명확하게 풀어주시는 안 박사의 명강의 때문이었다.

　안 박사는 독일 하이델베르그 대학에서 '예수와 공자에 관한 연구'로 어려운 박사학위를 받았고, 신약성경 중에서도 마가복음이 전공이라 했다.

　안 박사는 강의도 명강의였지만 설교 또한 명설교로 알려졌다. 어느 분이 안 박사를 가리켜 '한국최고 설교자'라는 말을 들은 일이 있지만, 필자도 전적으로 동감한다. 안 박사는 젊은 시절 청년부흥사였다는 말도 있지만, 안 박사의 설교에 감동받은 이들이 필자만이 아님을 안다. 필자도 처음에는 영락교회 한경직 목사가 최고 설교자라고 생각했다가 그다음에는 경동교회 강원용 목사의 설교를 듣고 최고가 바뀐 일이 있지만, 안 박사의 설교를 들은 다음 더 이상 설교를 논할 필요가 없다는 생각을 하게 되었다.

필자도 미아리 산동네에서 설교랍시고 해오는 중에, 설교주제가 잡히지 않아 고민이 될 때, 안 박사의 설교집에 도움받는 일이 한두 번이 아니다. 다른 명사들의 설교집도 안 본 것은 아니나, 어떤 분보다도 안 박사의 말씀이 나에게 와 닿는 것을 느꼈다.

좁은 곳에서 넓은 광장으로

안 박사가 귀국하셨을 때 다른 대학이나 신학에서 전임으로 오라는 요청이 많았던 것으로 알고 있다. 그러나 안 박사는 그것을 다 물리치고 중앙신학으로 돌아오셨다. 안 박사가 중신에 들어오자마자

자연 중앙신학의 중심은 안 박사에게로 옮겨가게 되었고, 안 박사도 그것을 받아 드리고 있었다. 당시 마땅한 인물이 없어 교장직을 계속 맡고 있었던 이호빈 목사는 "이제 중신의 모든 것은 안 박사 중심으로 나가야 한다."면서, "내 후계는 안 박사이다." 선언한 일이 있다.

새해가 되면서 안 박사는 곧바로 교장에 취임했고, 허혁 박사를 학감에, 함석헌 선생을 전임대우로 모시면서, 한신대 박봉랑 박사, 이화여대 박순경 박사, 동국대 이기영 박사 등 쟁쟁한 강사들을 모셔드렸다. 중앙신학은 안 박사가 교장이 되면서 그동안의 침체를 완전히 벗고 새로운 활기가 넘치는 분위기였다. 안 박사는 말하기를 앞으로 중신은 동양 최대의 신학으로 발전시키겠다는 꿈을 말씀하면서, 독일과 관계 가지면서, 신학연구소도 중앙신학 안에 두겠다는 말씀을 들은 일이 있다.

필자는 그때 학교 말단 직원으로 현장에서 일했기 때문에 당시 안 박사의 움직임을 가까이서 지켜볼 수가 있었다. 그때 안 박사는 꿈도 대단하셨지만 안 박사 개인적인 인기도 대단했다고 느껴졌다. 안 박사는 그때 결혼도 안 하신 총각이라는 점도 화제가 되었지만, 독일서 10년이나 계셨다는 것도 학생들 사이의 화제였다. 한번은 안 박사가 독일어를 얼마나 잘 하실까 하는 이야기가 나왔다. 그때 비교종교학 강사로 나오시던 변종호 목사가 그 이야기를 듣더니 "10년 있었으면 잠꼬대도 독일어로 하겠지,"해서, 폭소를 일으킨 일이 있다.

그러나 그 후 중신에 무슨 일이 있어, 허혁 박사나 함석헌 선생도 학교를 떠나시고, 안 박사도 중신을 떠나게 되었는데, 필자는 그 현장에 있어서 그때 일을 조금 짐작은 되지만 자세한 내용은 알지 못한다. 그러나 분명한 하나는 필자 또한 함석헌 선생님과 안 박사가 학교를 떠나신 것을 확인한 다음, 아무런 준비나 대책도 없이 사표를 내고 중신을 떠난 객기를 부린 일이 있다.

오늘에 와서 생각할 때, 안 박사는 중신을 떠나신 것이 오히려 잘 된 일이라고 생각한다. '중신'을 떠나 '한신'에 접하시게 된 것은 다행이라는 생각이 든다. 오히려 좁은 곳에서 넓은 광장으로 나가셨다는 느낌도 있고, 복잡한 학교장 직이나 여러 가지 세상일을 떠나서 학문에만 집중할 수 있었고, 유능한 제자 군을 양성할 수가 있었다. 더욱이 70년대 고난의 현장을 깊숙이 체험하면서 마침내 "민중 신학"이라는 장을 열 수 있게 된 일은, 하늘의 뜻이 거기 계시지 않았나 하는 생각까지 하게 된다.

마음이 따뜻한 안 박사님

안 박사님은 마음이 따뜻한 분이다. 너무나도 '예'와 '아니요'가 분명하기 때문에, '아니요'를 당한 입장에서는 아니라 할지 모르나 그렇지 않다. 필자의 경우 안 박사의 따뜻한 마음, 따뜻한 체온을 잊을 수 없다. 어떤 때는 안 박사님이 나를 제일 사랑하시는 것 아닌가 할 정도로 따뜻함을 느꼈다. 나중에 안 일이지만 안 박사는 나만이 아니라 주변에 가까이 있는 이웃들에게 따뜻하시다는 것을 알게 되었지만, 결코, 섭섭하지 않다. 안 박사의 위대한 일면을 다시 보는 것 같다.

안 박사는 학자이면서도 학자답지 않게 개인 생활을 아주 구체적으로 물어오신다. 그러면서 무슨 일이든지 일하면 "밥을 먹을 수 있어야 한다."고 강조하셨다. 항상 "구체화"라든지 "콩크리트 하게"라는 말을 자주 쓰셨는데, 그것이 안 박사의 학문적 입장과도 무관하지 않은 것 같다.

앞에서 말이 나왔지만, 필자를 누가 나가라는 말도 없었는데도 '중신'에 사표를 던지고 실업자가 되어 이리저리 헤매고 있을 때, 안 박사는 필자를 월간 '씨올의소리사' 함석헌 선생에게 추천해 주셨다. 필자는 이때 일을 잊을 수 없다. 안 박사의 따뜻한 사랑도 그것이지만, 평소에 존경하고 꿈에 그리던 함석헌 선생님 가까이, 《씨올의소리》 편집 일을 맡게 된 것은 평생 잊을 수 없는 나의 감격으로 남아있을 것 같다. 그래서 함 선생님 외 유명한 장준하 선생을 뵙게 되고, 김성식 박사, 이병린 변호사 등등 당대의 한국의 양심이라 할 수 있는 훌륭한 인물들을 접할 수 있게 된 것, 70년대 고난의 현장 말석이나마 참여할 수 있게 된 것은 안 박사의 은덕이라고 생각한다. 안 박사가 아니었다면 나 같은 사람은 이기주의자가 아니면, 꽉 막힌 구두쇠가 아니면, 자기 껍

질도 못깨는 소라가 되었을 것이 분명하기 때문이다. 아직도 문제가 많고 길은 멀지만 그래도 크리스천으로서 자기반성과 나의 부족을 깨달으며 앞으로 나가도록 정신을 차리게 해주신 선생님은 안 박사님이라고 생각한다.

그 후 필자가 《씨올의소리》를 떠나 미아리 산동네 조그만 교회에서 안수식이 있을 때, 안 박사님은 아들 재권이를 데리고 이리저리 길을 물어 찾아오셨다. 그때 안 박사의 축사순서가 있었는데, "축사는 무슨 축사인가? 목자의 길은 축하할 일이 못 된다." 하면서 격려사를 해주신 일을 기억한다. 찾아뵐 때면 항상 "어떻게 사느냐?" 물으시고, 어버이같이 걱정해 주시던 안 박사님, 그 따뜻한 마음을 잊지 못한다.

함석헌 선생의 친구 안 박사님

안 박사를 생각할 때 함석헌 선생과의 관계를 빠뜨릴 수 없다. 두 분은 너무나 가까우신 것을 보았기 때문이다. 함 선생님과 안 박사님 두 분을 잘 아는 분들은 보통 스승과 제자라든지, 더 나아가서는 아버지와 아들 관계라고 말한다. 일리 있는 말이고 조금도 틀렸다 할 수 없다. 함 선생님은 1901년생이고 안 박사님은 1922년생이니까, 사제관계나 부자 관계로 말한다 해서 이상하지 않다.

그러나 필자의 생각으로는 두 분은 친구 관계였다고 말하고 싶다. 그것은 물론 안 박사가 함 선생을 친구로 생각한다는 말이 아니다. 안 박사는 어디까지나 함 선생님을 "선생님"이라 부르셨다. 그러나 함 선생님은 안 박사를 제자라고 말씀하시는 것을 들어보지 못했다. 함 선생님이 안 박사에게 편지 쓰실 때 꼭 "안형"이라고 쓰시는 것을 보면 그것이 증명된다. 그뿐만 아니라, 함 선생님은 무슨 의논할 일이나 마음에 있는 이야기가 있을 때 꼭 안 박사를 찾으셨다. 함 선생님은 물론 안 박사만이 아니라 가까우신 이들이 많았지만, 필자가 보기에는 함 선생님의 마음에 가장 가까운 친구는 안 박사님이라고 본다. 안 박사보다도 더 가까운 친구는 없었다고 말하고 싶다.

안 박사가 "중신" 교장으로 있을 때 일이다. 함 선생님이 안 박사를 찾아오셨다. 필자는 그때 교무과 직원으로 있었기 때문에 무슨 일로 교장실에 들어가게 되었는데, 그때 마침 함 선생님이 안 박사에게 하시는 말씀을 들었다.

"집에 쌀이 떨어졌어. 돈이 좀 필요해." 안 박사님은 두말하지 않고 있는 대로 돈을 꺼내 주시는 것을 봤다. 필자는 지금 생각해도 안 박사는 함 선생님과 얼마나 가까우신가 하는 것을 그때부터 알았다. 함 선생님이 마음에 있는 말이나 어떤 일도 부끄럼 없이 자유롭게 말할 수 있는 사이라면 그보다 더 가까운 친구가 어디 있겠는가? 마음에 있는 대화를 자유롭게 말할 수 있는 사이라면 이미 나이를 뛰어넘은 것이 아닌가. 함 선생님의 마음에 있는 친구는 안 박사님이라고 생각한다.

끝으로 필자는 이 땅에 태어나서 두 분 선생님을 가까이서 뵙게 된 것은 큰 영광이라고 생각한다. 함 선생님을 통하여 "씨올"을 접하게 되고, 안 박사를 통하여 "예수"를 알게 된 것은 다시 없이 큰 축복이라 생각된다. 아직 함 선생님의 씨올이나, 안 박사님의 예수님은 그분들이 아시는 것에 비하면 발끝만큼도 알았다 할 수 없지만, 두 분 선생님을 뵙게 된 것, 두 분 선생님의 사랑을 받게 된 것은 필자에게는 큰 정신적 자산이 될 것이다. 나만 아니라 많은 사람들이 그렇게 느낄 때가 오리라 믿는다.

안 박사님이 돌아가셨다는 것은 필자에게는 아직 실감이 나지 않는다. 언제나 미소로 맞아주시고, 분명하고 확실한 말씀을 해주시던 안 박사님, 함 선생님과 가장 가까우셨던 안병무 박사님, 먼저 가신 함 선생님과 함께, 그렇게 추구하시던 예수님의 영원한 나라에서 편히 쉬소서.

1976년 3월1일 서울 명동에서 열린 민주구국선언에 참여한
안병무(왼쪽 2번째)와 함석헌 (왼 쪽 3번째)

"장준하"는 어떤 인물인가?
- 함석헌 선생이 가장 아꼈던 사람

파란만장한 역사를 겪은 장준하의 이력

1918년 8월 27일 평북 의주에서 태어나 선천 신성 중학, 일본 도쿄 신학교를 다녔다. 1944년 1월 일본군 학도병에 입대, 중국에 끌려갔으나 그해 7월 탈출, 중국전에 가담하였다. 1945년 1월 광복군에 편입, 광복군 대위에 임관되었으며 "등불, 제단" 등을 간행하였다. 1945년 11월 대한민국 임시정부의 한 사람으로서 입국, 김구 주석 비서, 비상국무회의 서기 및 민주의원 비서 등을 거쳐 조선민족청년단 중앙훈련소 교무처장, 대한민국 정부 서기관, 국민사상연구원 사무국장 등을 역임하였다.

1953년 《사상계》를 발행, 자유 민주 반독재투쟁에 헌신하였으며, 1962년 막사이상을 수상했다. 1967년 야당 통합을 추진하여 신민당에 입당했으며, 그해 4월 국가원수 모독죄로 투옥되었고, 6월 옥중 출마로 국회의원에 당선되었다. 1973년 민주통일당 창당에 참여, 최고위원에 피임되었다. 1974년 대통령긴급조치 1호 위반으로 구속되었으나 15년형을 받고 복역 중 형집행정지로 석방되었다.

1975년 8월 17일 경기도 포천군 약사봉에서 사고사하였다.(도서출판 세

계사 간 "돌베개"에서)

위의 글만 읽어도 장준하 선생은 얼마나 파란만장한 역사를 겪었는가를 볼 수 있다. 수많은 고난의 길에서도 결코 흔들림이 없이, 끝까지 달려가서 성공하는 열정을 가진 인물이었다. 일본을 물리치고 독립된 나라를 위해 몸을 바치려던 그의 꿈은 좌절되었지만, 2차대전에서 일본이 패망하고, 조선 독립의 길이 열림으로, 장준하는 임시정부의 한 사람으로, 김구 주석의 비서로 마침내 귀국하게 된다.

귀국 후 1950년 6·25 전쟁, 동족상잔의 가슴 아픈 일을 겪고 나서 1953년 《사상계》를 발간하면서 자유, 민주, 반독재투쟁에서도 몸을 던져 일하는 모습에서도 그의 독립정신과 민주정신은 나타난다. 더 나아가서는 역사상 최초라 할 수 있는 4·19혁명이 성공되기까지 함석헌 선생과 함께 《사상계》를 통해 얼마나 많은 투쟁을 했던가? 마지막에 '사고사'로 나와 있지만, 그것은 틀린 말이다. 사고사가 아니라 타살로 드러나서 더욱 가슴을 울린다.

예상치 못한 죽음으로 장준하의 꿈은 깨어지고 만 것처럼 되었지만, 57년 동안 그의 줄기찬 활동과 목숨을 건 투쟁의 역사는 결코 없어질 수 없는 산 역사가 될 것이다.

일본유학을 과감하게 접고 돌아온 장준하

1943년 11월, 아직 해방이란 생각지도 못하고 일본의 종살이 하던 때였다. 장준하는 일본 동경대학 예과 1년을 수료하고, 일본신학교에 재입학하여 2년을 거의 마칠 무렵, 학기 말을 목전에 두고 짐을 챙겨 귀국한다. 일본유학을 포기해 버린 것이다. 이유는 조선 상황 때문이다.

당시 일본은 제2차 세계대전에서 패전이 짙어지고 있었지만, 조선 민중에게는 승리에 승리를 거듭한다고 속이면서, 징병제실시에 이어 조선 처녀들을 징발, 위안부로 끌어가는 일을 준비하고 있었다.
　이러한 상황을 눈치챈 청년 장준하는 두 가지를 결단하게 된다. 첫째는 빨리 귀국하여 사랑하는 소녀 '로자'와 결혼하는 것이고, 다음 하나는 일본군에 입대하였다가. 기회를 보아 탈출하여 중경 임시정부로 가는 것이다. 물론 첫 번째 일도 약간의 의심을 받았지만, 그리 어려운 일은 아니었다. 그러나 두 번째 일은 결코 쉬운 일이 아니었다. 새 가정을 저버리고 일본군 입대라니 이해가 안 되었다.
　당시 20대의 젊은 장준하가 이러한 결단을 하게 된 배경의 하나는 아버지 장석인(張錫仁) 목사의 영향이 컸다고 생각된다. 장준하가 유년시절 삭주 심산유곡의 대관리(大館里) 교회, 목회 생활 중 일경의 끊임없는 감시를 받았던 아버지를 잊을 수 없다. 장준하의 민족의식은 아버지로부터 싹이 텄다 할 수 있고, 더 나아가서 일본유학을 하면서 더욱 공고해졌다고 보인다. 장준하는 몸가짐에서도 술 담배는 입에 대지도 안 뿐 아니라, 성경책은 고난의 행군에서도 언제나 주머니 속에 들어있었다.

일본군에 자진 입대 후 탈출에 성공한 장준하

　장준하는 일본군에 자진 입대하자마자 손이 얼어 치료를 받지 않으면 안 되었다. 당시 일본 의사가 있었지만, 마취약이 없었다. 장준하는 마취 없이 손가락을 다섯 번이나 칼로 자르는데도 아프단 말 한마디 없이 참아냈다. 나라 잃은 설음도 기가 막힌 데 손가락 하나 때문에 아파죽겠다는 소리는 차마 할 수 없었던 것이다. 자존심 문제였다. 장준하는 마구간 청소를 자진해 담당하면서 충실한 일본군의 모습을 보이면서 탈출의 때를 기다렸다.

1944년 7월 7일이었다. 동료 셋과 함께 중국 땅 서주(西州)에서 일본군을 탈출한다. 당시 장준하의 자진 입대는 평양이었지만, 일본 군영은 서주로 이동했다. 서주로 이동한 이유는 한국군 탈영을 막고 철저한 황군 훈련을 하는 군사전략의 하나였다는 것이다. 장준하로서는 중국 땅 깊숙이 들어가는 것은 중경으로 가는 것이 목표였기 때문에, 오히려 잘된 일로 생각했다.

동료 셋과 함께 철조망을 넘어 죽기 살기로 높은 산 두 개와 강을 건너 삼사일 동안 기진맥진한 가운데 중국 팔로군을 만난다. 그들은 생각하기를 100리는 도망왔을 것으로 알았지만, 실지로는 시오리밖에 안 됐다는 것이다. 그러나 다행히 그 팔로군에 먼저 탈출한 김준엽(金俊燁)을 비롯한 한국병사들을 만난다, 김준엽은 이미 놀랍게도 중국말을 익혀 중국군 유격대 사령관 한치륭(韓治隆) 장군의 통역이 되어 있었다. 김준엽은 두 발을 벌려 "아, 한국청년 들이군요!"하고 장준하 일행을 한 사람 한 사람씩 껴안으면서 기쁨을 감추지 않았다.

사령관 한치륭도 한국군을 따뜻하게 환영해 주었다. 그러나 한 사령관은 불행히도 중국 반군에 의하여 피살되는 일이 생기고 만다. 뒤를 이은 사령관 유 대령도 대한민국 임시정부를 찾아 떠나는 한국학도병들 모임에 직접 참여해 애국적 결단을 높이 치하해 주었다.

장준하 일당은 김준엽을 더해서 5명이 최후의 목표인 중경(중경)을 향해 중국유격부대를 떠난 것이다.

장준하 일당이 한치륭 유격부대를 떠난 것이 7월 28일, 임천(臨泉)에 도착한 것은 9월 10일이었으니 그들의 3000리 행진은 무려 42일간이나 계속된 것이었다. 한 지역을 벗어날 때마다 안내원이 바뀌고 행군 도상 또한 필설로 형용을 불허하는 험로를 수없이 걷고 넘어야 했지만, 조국 사랑으로 불타는 가슴의 저들은 그 험로를 넘고, 뚫고, 건너뛰고, 넘어지고, 뒹굴고, 부딪히고, 터지고, 피 흐르고….

("함석헌 장준하 그리고 박정희," 문대골 지음 /들소리)

장준하 일행이 이처럼 고난의 행군을 한 것은 임천을 거쳐 중경까지 무사히 도착하기 위한 일이었다. 곳곳에서 탈출한 한국병사를 잡으려고 눈에 불을 켜고 있는 일본군을 피하여 40주야 천리길을 걸어서 마침내 중경의 중간 기착지라 할 수 있는 임천(臨泉)에 도착한다. 당시 임천에는 한국광복군 간부훈련반이 있었다.

이 훈련반은 1932년 윤봉길 의사의 상해 의거가 계기가 되었다. 윤의사 의거 이후 중국 주둔 일본군 진영에서 한인 출신 병사들의 탈출이 줄을 이었다. 이렇게 모여드는 병사들의 정규군 훈련을 위해 중국 정부의 허가를 얻어 광복군 한인 반을 설치하기 시작했다. 1940년 중경에 대한민국 광복군이 창설되면서 중국 정부의 적극적인 후원 아래 중요요소에 한국광복군 한인 반이 설치된다. 그로부터 2년 후 김학규 장군에 의해 임천 중국 중앙군관학교에도 한국광복군 간부훈련반이 설치하게 된 것이다.

장준하 일행이 임천에 도착해서 한국광복군 훈련반에 접촉했을 때, 예상밖에 만기가 빠져있는 것을 보고 실망스러움을 느꼈다. 장준하 일행이 임천에 70일 있는 동안에 잡지 "등불"을 만드는 등 새바람을 일으켰으나 그들의 목적지는 중경이었기 때문에 떠나지 않으면 안 되었다.

임천에서 노하구로, 다시 파촉령을 넘어 중경으로

장준와 김준엽의 주장에 동조하는 동지들이 중경으로 가겠다는 뜻을 분명히 했다. 김학규 장군은 자기가 가 있어 봐서 안다면서, 노인들이 당파싸움도 거듭되고 있어 시끄러울 뿐이라고 했으나, 동지들의 생각이 바뀌지 않자, 그도 임정 출발을 지지하게 된다.

마침내 1944년 11월 22일 오후 2시 53명이 임천을 떠난다. 임천에서 중경까지는 무려 6천리나 되는 거리였다. 일행은 5일 동안 강행군을 한 다음 후방으로 이동하는 중국 중앙 일개 사단 병력에 합류해서 그날 밤 중에 80리를 더 가서 평안선(북평에서 한구까지의 철도)을 넘어 다시 50리 길을 더 걸어야 안전지대에 도착할 수 있었다. 그들이 중앙 군사단 병력을 따라 평안선 가까이 이르렀을 때, 일본기병대가 기습해왔다. 일행은 30리를 후퇴해서 5일이나 더 머물러야 했다. 그들은 캄캄한 밤에 10리를 달려 평안선을 넘었다. 그때가 1944년 12월 1일 새벽이었다.

장준하와 김준엽 일행 53명은 중경으로 행군을 계속했다. 그들은 길을 잘못 들어 산적의 소굴에서 식량은 물론이고 목숨까지 빼앗길 뻔했다. 산적들은 일행이 돈도 없는 데다 한국인이라는 사실을 알고 석방해주었다. 그들은 평한선을 넘어 5일 동안 행군한 일행은 12월 5일 난양(南陽)에 도착한다. 난양은 그들이 임천을 떠난 뒤 보름 만에 도착한 첫 번째 도시였다. 그들은 난양에서 열흘이 지난 후 중앙군의 보급창이 있는 노하구(老河口)로 이동했다. 필요한 식량과 여비를 보급받지 못 했기 때문이다.

1945년 1월 6일 장준하 일행은 노하구를 떠나 파촉령(巴蜀嶺)을 향해 발을 내디뎠다. 일행은 학병 출신 23명만이 중경으로 가는 장정을 계속했다. 김영록 등은 노하구에 남게 되었다. 그들은 몸에 옴이 올라 너무 심해서 도저히 걸을 수가 없었다.

장준하 일행은 삼삼오오 무리를 지어 행군했다. 파촉령을 넘으면 양자강에 도착하고, 거기서부터 배편으로 중경까지 갈 수 있으므로 파촉령은 장정의 마지막 고비가 된다. 임천을 떠난 이래 5천여 리를 걸었는데 높은 산을 넘는 것은 이번이 처음이었다.

파촉령은 제비도 날아서 넘지 못한다는 말이 있을 정도로 높고 험한 산으로 정상인 대파산은 높이가 해발 3천 미터가 넘는다. 장준하 일행은 도중에 드문드문 있는 주막에서 음식을 사 먹기도 하면서 고원지대를 향해 6일을 걸었다. 마침내 파촉령의 최고봉인 대파산 정상에 이르자 눈부신 햇살이 설원을 비추는 장엄한 경관이 나타났다.

파촉령은 내려가는 길은 순탄했다. 그들이 파촉령을 벗어나자 양자강의 작은 지류가 나타났다. 노하구를 떠난지 13일 만에 도착한 그 곳은 흥산이라는 작은 마을이었다. 일행이 중경으로 가려면 파둥까지 가서 배를 타야 한다.

1월 13일 장준하 일행은 중경을 가는 500톤급 군용선에 올랐다. 배는 8일째 되는 날 오후 3시쯤 중경에 도착했다. 동지들은 서로 얼싸안고 흑흑 흐느껴 울었다. 임천을 떠난 지 7개월 만에 목적지에 이른 감격을 억누를 수가 없었던 것이다. 그들은 중경 시내에서 물어물어 임시정부 청사를 찾아갔다… 옥상에 태극기가 휘날리고 있었다.

"파촉령 넘어 임시정부로" 김종철의 글/ 2012.9.4./참조)

임정 청사 국무위원들 앞에서 폭탄선언을 한 장준하

중경 임시정부의 여러 곳에서 따뜻한 환영을 받은 지 2주가 지나서였다. 중경 시내에 있는 교포들이 전부 모이는 주회(週會)에 장준하가 참석하게 되었다. 이날 주회에는 장준하가 국내 실정을 보고하게 된다. 전 국무위원과 100여 명에 가까운 교포들이 고국 소식을 듣기 위해 나와 있었다. 장준하는 자기가 떠나기 전 국내 사정을 아는 대로 낱낱이 다 털어놓은 다음 비장한 언어로 다음과 같은 놀라운 말을 한다.

"…우리는 여러 선배에게 조금이라도 힘이 되고자 해서, 아니 그 여념의 손과 발이 되고자 해서 몇 번의 사경을 넘고 수천 리를 걸어 기어이 이곳을 찾아온 것입니다. 때문에 일군에서 중국 땅에 배치된 것을 얼마나 다행으로 여겼는지 몰랐습니다. 그것은 처음부터 일군에 끌려오면서 계획된 탈출이었습니다. 그런데 우리는 요즈음 이곳을 하루빨리 떠나고자 말하고 있습니다. 나도 솔직히 말해 이곳을 떠나고 싶어졌습니다. 오히려 오지 않고 여러분을 계속 존경할 수 있었다면 더 행복했을지도 모를 일이었습니다."

"…가능하면 이곳을 떠나 다시 일군에 들어가고 싶습니다. 이번에 일군에 들어간다면 꼭 일군 항공대에 들어가고 싶습니다. 일군 항공대에 들어간다면 중경 폭격을 자원, 이 임정 청사에 폭탄을 던지고 싶습니다. … 분명히 우리가 이곳을 찾아온 것은 조국을 위한 죽음의 길을 선택하러 온 것이지, 결코 여러분들의 이용물이 되고자 해서 이를 악물고 헤매어 온 것은 아닌 것을 말합니다…."

(『돌베개』, pp.255-256)

말이 끝난 다음 장준하는 그대로 단을 내려와 밖으로 나가 버렸다.
이와 같은 장준하의 폭탄 발언을 듣고 신익희를 비롯한 국무위원들의 반발이 거세게 일어났으나, 김구 주석의 무마로 안정된 것으로 보인다.

그 후 장준하는 김준엽과 함께 OSS(Office of Strategic Service)라는 "미국 전략첩보대"에 들어가 훈련을 마치고, 국내 진입을 계획하고 있었다. 그러나 그들은 뜻밖에 해방을 맞았다. 일이 뜻대로는 안되었지만, 장준하는 대한민국 임시정부의 한사람으로, 김구 주석의 비서로 귀국하게 된다.

무외(無畏)의 덕을 가진 장준하와 함석헌의 만남

1945년 11월 장준하는 김구 주석의 비서로 입국하여, 비상국무회의 서기, 조선민족청년단 중앙훈련소 교무처장, 대한민국 정부 서기관 등을 역임한다. 그러나 애석하게도 김구 선생은 1949년 6월 26일 안두희에 의해 피살된다. 이어서 1950년 6·25 남북전쟁을 겪고 나서, 남북한이 갈라진 채 통일은 뒷전이고 남쪽은 이승만, 북쪽은 김일성 체제가 들어섰던 때였다.

장준하는 1953년 월간《사상계》를 발간한다. 그때까지 장준하는 함석헌을 잘 몰랐던 것같다. 함석헌 선생이《사상계》에 글을 쓰기 시작한 때는 1956년 1월호 "한국기독교는 무엇을 하고 있는가?"가 처음이다. 이글이《사상계》에 나왔을 때도 기독교 외에는 그렇게 큰 반응은 없었던 것 같다.

그러나《사상계》장준하 선생은 함석헌의 글을 보고 주목하기 시작한 것은 기독교에 관한 글 이후였다. 1957년 3월 호에 "할 말이 있다"는 글을 발표하면서 천주교 윤형중 신부와 지상 논쟁이 시작되었다. "함석헌 씨에게 할 말이 있다"/"윤형중 신부에게는 할 말이 없다"는 글이 발표되면서 지금까지 보지 못했던 일대 지상 논전으로 세상을 깜짝 놀라게 했다. 이때 사상계가 몇만 부가 더 팔려나갔고, 함석헌은 혜성같이 새 인물로 떠올랐다.

장준하 사장도 함석헌 선생과 보통 이상으로 관계가 깊어갔다고 생각된다. 장준하는 함석헌 선생을 만남으로 김구 선생의 민족주의 노선에서 한 걸음 더 나아가 민주정신을 갖고 정치 악과 투쟁정신으로 바뀌었다고 보여진다. 함석헌도 장준하의 "무외(無畏)의 덕"을 가진 인물로 보기 시작했다.

함석헌 선생이 가장 아꼈던 인물 장준하

1960년 3·15부정선거로 이승만은 영구집권 계획을 꾸미다가 4·19혁명을 만나 물러나고 만다. 당시 4·19혁명을 한때 학생혁명이라 한 것처럼, 4·19혁명은 청년 대학생들이 중심이었다. 누가 청년대학생들을 움직이게 했는가?《사상계》의 장준하와 함석헌의 글이 그 배경이었다는 사실은 분명하지만, 장준하나 함석헌은 정치에 어떤 뜻을 가진 인물이 아니었다.

4·19혁명 이후 민주당 정권이 쉽게 들어섰지만, 당시 민주당은 목숨을 걸고 투쟁해서 얻은 정권이 아니었다. 당시 윤보선은 내각제 대통령이 되고 장면은 총리가 되었지만, 5·16 쿠데타가 계획되고 있는 것을 전혀 눈치채지 못했다. 그들은 집권 8개월 만에 5·16 세력에게 고스란히 정권을 갖다 바친 꼴이 되고 말았다.

5·16 군사 쿠데타 세력들은 집권하면서 언론탄압을 하기 시작했다. 특히 장준하의《사상계》탄압이 도를 넘었다고 할 수 있다. 장준하는 견디다 못해《사상계》를 떠나 야당통합을 추진하여 신민당에 입당하였고, 1967년 4월 국가원수 모독죄로 투옥되었다. 그해 6월 장준하는 제7대 국회의원 선거에 옥중 출마한다.

이때 함석헌은 장준하를 지원할 생각을 하고 있었으나, 신민당원이 되지 않으면 지원 유세할 수 없었다. 함석헌은 두 말없이 신민당에 입당원서를 제출하고 장준하 유세에 나섰다.

당시 정부 여당에서는 동대문을구 국회의원 후보에는 막강한 강상욱 씨가 나왔다.

함석헌 선생은 동대문을구 골골 마다 돌고 돌면서 장준하 지원 유세에 온 힘을 다했다.

마침내 장준하의 옥중 당선이 성공된다. 장준하는 의정활동을 시작해서, 4년 후 제8대 국회의원 선거에 재출마했을 때, 그때도 함석헌은 적극적으로 장준하를 도왔다. 그러나 "선거에 이기고 개표에 졌다" 말이 돌았다.

여기서 우리가 주목할 일은 함석헌은 왜 장준하 후보만을 위해서 그토록 몸을 바쳐 헌신한 이유가 무엇인가? 두 가지 이유가 있다고 생각된다. 첫째는 함석헌의 눈에는 장준하와 같은 인물을 볼 수 없었기 때문이었다. 둘째는 조금만 더 길러서 대통령 후보로 밀어주자는 마음이 있었다고 본다.

그러나 장준하는 1975년 8월 17일 등산을 가지 말라는 함 선생의 권고에도 외면한 채 등산을 떠났다가 변을 만나고 만다.

장준하의 서거 소식을 듣고 함 선생님은 다음과 같은 비통한 말씀을 하셨다.

"나는 장준하를 위해 울지 않습니다.", "그의 죽음이 분합니다."

"그는 나를 알고 나는 그를 압니다. 그는 죽었다고 하기에는 너무도 산 사람이요, 가버렸다고 하기에는 너무도 우리 속 깊이 뿌리박힌 사람입니다."

그는 울어주기에는 너무도 생기에 찬 사람이요, 놔버리기에도 너무도 악착같이 의에 달라붙은 사람입니다."

"나라를 사랑하는 분이 이 세상을 떠날 때는 뚜렷하게 가야만 되는데, 그렇지 못해서 분합니다. 장준하는 우리 민족을 위해 아주 잘 울어준 분인데, 이 민족을 위해 더 많이 울어줘야 하는데 그렇지 못하고 갔으니 분합니다."

(함석헌 전집 '서풍의 노래'에서)

함석헌과 장준하

"씨올의소리" 50년 애독자 이천우 님

필자와 이천우 님, 그리고 교우들, 맨 오른쪽이 이천우 님이다.

《씨올의소리》 창간 50주년과 애독자

《씨올의소리》 창간 50주년이 온다. 1970년 4월 19일 함석헌 선생님은 군부독재가 한창이던 때, 갖은 탄압과 방해 속에서 《씨올의소리》라는 월간 잡지를 창간했다. 선생님은 지금 계시지 않지만 내년 4월이면 창간 50주년을 맞는다.

오늘 여기서 그 파란만장한 씨올 역사이야기를 하려는 것이 아니다. 그것은 차차 얘기할수도 있고 이미 하기도 했지만, 《씨올의소리》가 고난과 풍파를 어떻게 이기고 여기까지 왔는가? 그때 함께 하던 많은 잡지들은 다 어디로 갔는가? 물론 탄압과 경영난으로 사라진 이유가 있을 것이다. 그렇다면 《씨올의소리》는 무슨 능력으로 50년을 버텨왔는가? 그 까닭이 어디 있으며 그 원동력은 무엇인가?

두 가지를 말하고 싶다. 첫째는 함석헌 선생님의 높은 정신이 살아 숨쉬기 때문이고, 다음 하나는 씨올독자들이 건재하기 때문이다. 물론 선생님의 높은 정신이 주가 되었다 할 수 있지만, 오늘 여기서는 씨올독자 이야기를 하고 싶다.

독자 중에는 이미 선생님을 따라 이 땅을 떠난 이들도 많지만, 아직 건강하게 남아 있는 이들이 있고, 또 새로운 씨올들이 자라나서 오늘《씨올의소리》 또한 튼튼하다고 생각한다. 씨올독자 중에는 함 선생님과 같이 민주화 투쟁에 몸을 던지며 갖은 고난을 겪은 독자도 있지만, '이름 없이 빛도 없이' 삶의 자리에서 묵묵히 자기 길을 걸어가는 독자들도 많다. 필자는 그들이 씨올의 뿌리라고 생각한다. 그 뿌리가 튼튼하게 자라고 있는 한《씨올의소리》의 발전과 자람을 막을 자는 없다. 앞으로 더욱더 왕성하게 자라, 무성한 잎으로 꽃이 피고 열매 맺기를 바라는 마음 간절하다

일급 독자 이천우 님

여기 한 독자를 소개한다. 그의 이름은 이천우(李泉雨), 이름도 없고 빛도 없다. 神奇卓異非至人, 至人只是常(菜根譚)이라, '신통하고 기특하며 탁월하고 기이한 것은 지극한 사람이 아니다, 지극한 사람은 다만 평범할 따름이다.'하듯이, 그는 평범한 사람이요 어수룩한 보통사람이다. 어디를 돌아봐도 특이하거나 탁월한 것이 나타나 보이지 않는다. 그렇지만 자세히 보면 그런 사람이 바로 지인(至人)이라는

말이다.

그래서 필자가 보기에는 《씨올의소리》를 읽는 많은 독자가 있고, 그 독자 중에 어떤 숨어 있는 인물이 있는지는 모르지만, 필자가 50여 년간 지켜보고 경험하고 알고 있는 여러 독자들 그중에서, 이천우라는 독자를 필자는 '씨올의 일급독자'라고 추천하고 싶다. 그를 일급독자라고 하는 데는 몇 가지 이유가 있다.

1) 그는 1970년 4월 창간호부터 애독하기 시작해서 한 번도 씨올의 대열에서 이탈한 적이 없다. 말하자면 한번 결정한 이후 일편단심 불변하는 50년 애독자라는 점이다. 2) 그는 독자로서 책임과 의무를 다할 뿐 아니라, 언행일치(言行一致)하는 신실한 독자로도 보인다. 그는 정기독자를 지나 영구독자가 되었으며, 씨올이 어려움을 당할 때 수십 년 전 이미 100만원의 성금을 낸 기록을 보았다. 당시 그가 여유 있고 풍족한 삶도 아니었다. 세 자녀를 키우는 가장으로서 빠듯한 살림에서도 기꺼이 씨올의 후원자가 되었던 것이다.

그렇지만 필자가 그를 '일급 씨올독자'라고 하는 것은 위의 일만이 아니라 또 다른 내용이 있기 때문이다.

그는 옛날부터 지금까지 《씨올의소리》가 발행되어 독자의 손에 갔을 때, 겉장만 보고 던져놓는다든지, 제목을 보아 마음에 드는 글만 읽고 잊어버리는 독자(이런 독자도 귀하지만)가 아니다. 그는 《씨올의소리》가 도착하자마자 물론 제목을 보고 읽고 싶은 글을 먼저 읽지만, 다른 글도 하나도 빼놓지 않고 다 읽는다는 사실을 알았다. 그가 무슨 《씨올의소리》 교정요원도 아니고 누가 읽으라고 권해서도 아니다. 스스로 마음이 울어나서 자기 삶의 한 부분으로 생각하며, 기쁜 마음으로 《씨올의소리》를 독파하는 것이다. 님은 "내가 《씨올의소리》를 전부

독파하는 독자이다." 자랑한 일도 없다. 우연한 기회에 대화중에 그 사실을 알았다. 50년을 함께 달려온 동반자, 씨올의 일번 자리에 앉을 만하다는 생각이다. 이런 독자는 이천우 님 외에 또 누가 있는지 모른다.

필자는 《씨올의소리》를 내면서 여러 가지 애로가 있고 탄압과 고난이 있었지만, 이런 독자들이 있어서 용기를 얻고, 더욱 알차게 만들어야 하겠다는 다짐을 하게 된 것도 사실이다.

동탄면에 떨어져 모진가난을 뚫고 여문 씨올

필자는 1996년, 벌써 20년도 넘었다. '동탄면에 떨어진 씨올 이야기'라는 제목으로 님과 인터뷰를 한 일이 있다. 그때 그가 말한 그의 인생사를 조금 소개한다면 이렇다.

1939년 우리민족이 일제의 강점을 당해 갖은 박해를 받으며 못살고 가난하던 때, 그는 경기도 화성군 동탄면 송1리 목수인 부친과 어머니 사이 장남으로 태어났다. 더욱이 그의 가정은 자그마치 10남매(아들7 딸3)를 두었다는 것은 지금 같으면 상을 받고도 남겠지만, 당시는 아니었다. '구복이 원수'라는 말이 나올 정도로 식구가 많다는 것은 가난의 원인이었다. 우선 식구(食口)라는 이름그대로 먹는 것이 문제였다. 이천우 님 가정은 부모까지 합하면 12명의 식구인데, 첫째가 어떻게 먹고 사느냐이다. 그러므로 학교에 간다든지 공부하기 위해 등록금이나 책을 산다는 것은 꿈도 꾸지 못했다. 그리고 움막 같은 집에 방 하나 부엌 하나로 살아가는 서민중의 서민의 삶이었다.

이런 현실 속에서도 이천우 님은 초등학교 졸업 때 도지사 표창장을 받았다. 그것으로 중학교 입학 때 등록금을 반만 내고 입학할 수는 있었으나 교과서를 한 번도 사본 일이 없다. 그러니 성적이 좋을 수가 없다. 시간만 나면 나무하고, 밭에 나가 일을 해야 하기 때문에 공부할 시간이 없는 것이다. 성적이 안 좋은 상태에서 중학교는 간신히 졸업은 했으나 고등학교는 아예 갈 생각을 못 했다.

그 후 그는 서점에서 밥만 먹고 잠만 자는 조건으로 점원으로 일하면서 틈틈이 강의록으로 공부하는 중에 모교교장선생님을 만난다. 선생님은 천우님을 측은하게 여기면서 학교에서 소사를 구한다는 말이 나왔다. 그는 그 이야기를 듣자마자 내가 가겠다고 했다. 선생님들과 의논해 보겠다고 했으나 그는 이 길이 아니면 안 된다는 절박감 때문에, 교장선생님께 떼를 쓰다시피 해서 그는 마침내 모교 소사가 된다. 그는 동료들 앞에 부끄러움을 무릅쓰고 1년 동안 충실한 소사 일을 했고, 그 1년 치 월급을 모아 부친에게 드리며 집을 수리하도록 하는 등 장자다운 면모도 보였다. 그리고 강의록 공부도 틈틈이 계속했다.

1년이 지나는 어느 날 "나도 고등학생이 되어야겠다."는 생각이 문득 떠올랐다. 고교생이 되기 위해서는 1, 2학년 편입시험에 합격을 해야 한다. 그는 두 시험에 다 합격을 해서 당당하게 고교생이 되는데 성공한다. 그러나 문제는 등록금을 낼 돈이 없다. 이제 길을 하나뿐이다. 특대생이 되어 등록금 면제를 받는 것이다. 시체 말로 '죽어라!'하고 공부해서 마침내 평균성적 94점이 되었고, 전교 1등이라는 깜짝 놀랄 성적을 냈다. 그러므로 당시 그의 인기는 하늘을 찌를 정도였다는 것이다.

그러나 이렇게 올라간 인기가 하루아침에 물거품이 되어 땅에 떨어지는 때가 왔다. 오산학교 개교10주년을 맞아 행사를 대대적으로 기획하는 중에 '마의태자'라는 연극을 준비하고 있었다. 거기서 고려 태조 왕건 역을 고교 2학년 2학기를 맞은 이천우 님을 지목했다. 그 외에는 그 역을 맡을 적임자가 없다는 것이다. 마의태자 공연은 대 성공이었고, 그 연극은 왕건 역을 맡은 이천우가 이끌었다는 평을 받으면서 그는 인기의 인기를 거듭했지마는, 이것이 화근이 될 줄 몰랐다.

연극 때문에 공부의 기회를 놓쳐버린 것이다. 시험시간에 백지를 내는 등 옛날의 이천우가 아니었다. 좌절과 절망의 늪에 빠지고 인생에 대한 회의까지 왔다. 과연 고교졸업을 할 수 있을까 했는데, 지난날의 천우를 생각하고 학교에서는 졸업을 시켜준 것이다.

이런 때 그는 학교도서관에서 우연히 함석헌 선생님의 저서 '새 시대의 전망'을 읽게 된다.

마침내 함석헌 선생님을 만나다

이천우 님은 고등학교를 간신히 졸업은 했지만, 정신적인 좌절감을 극복하기가 쉽지 않았다. 그러나 "이천우가 이대로 죽을 수는 없다."는 생각 끝에 그는 모교 도서관에서 책읽기를 시작한다. 입대를 앞에 놓고 거의 1년간 도서관의 중요한 책을 다 읽기에 이른다. 거기서 그는 함 선생님의 저서 '새 시대의 전망'이라는 책을 발견한다. 당시 그는 함석헌이라는 이름 석 자는 유달영의 인생노트를 통해 이미 알았지만, 그것은 겉으로 아는 것일 뿐 속을 알지 못하다가 진짜 함석헌의 속을 알게 된 때가 왔다. 함 선생님의 저서 '새 시대의 전망'을 읽으면서 굉장한 충격을 받은 것 같다. 그 책에는 아래와 같은 글로 채워져 있다.

할말이 있다→우리가 어찌 할꼬→ 생각하는 백성이라야 산다.→생각하는 백성이라야 산다를 풀어 밝힌다.→ 육당 춘원의 밤은 가고→청년교사에

게 말한다.→ 새 삶의 길→ 새 교육→ 새 윤리→ 새 시대의 종교 등

그는 선생님의 책을 읽고, 읽고 또 읽었다. 읽을 때마다 새롭고 읽을 때마다 용기를 얻고 자신도 모르게 힘을 얻었다. 이제는 어떤 절망도 없이 자신감을 갖고 주어진 생활에 충실할 수가 있게 되었다. 함 선생님의 글의 힘이 이천우를 살린 것이다.

그는 군에 입대할 때도 그의 손에는 '수평선 너머'라는 선생님의 책이 항상 들려져 있었고, 그는 거기서 '함석헌'이라는 별명까지 얻게 된다.

마침내 이천우 님은 1963년 7월 22일 오전 10시 《사상계》사 주최 함석헌 선생 귀국강연회가 광화문시민회관에서 열린다는 신문광고를 보게 된다. 그때 그는 운 좋게도 군에서 휴가를 나와 있던 때다. 오산에서 아침 일찍이 친구 김영록과 함께 열차를 타고 오전 9시쯤 도착하여 맨 앞자리 중앙에 자리 잡고 있었다. 그때까지 그는 함 선생을 지상으로는 봤지만 직접 대면한 일이 없다. 긴장한 가운데 시간이 되어 사회자인 《사상계》 발행인 장준하 선생과 함께 함석헌 선생이 등장하는 것을 목격하게 된다. 그는 차마 앉아서 선생님을 맞을 수 없다 생각에 일어섰다. 나중에 안 일이지만 청중 중에 일어서서 함 선생님을 맞은 사람은 이천우 하나뿐이었다고 한다. 그는 함 선생님을 처음 보는 순간을 다음과 같이 말한다.

함 선생님이 단상에 들어오시는 모습을 보는 순간 "이크, 사람이 아니 군!"했다. 나는 앉아서 맞이할 수 없다는 생각에 벌떡 일어났고, 선생님이 자리에 앉으신 후에 나도 앉았다. … 선생님의 강연은 이렇게 시작되었다. 말씀하시기 전에 선생님이 '참'이라는 글자를 붓글씨

로 쓰신 것을 장준하 선생님 하고 두 분이 들어서 청중에게 보이는 것이다. 멋있는 장면이었다. 참을 보이시고 난 후에 선생님의 말씀이 "나는 참을 말하러 왔습니다." 이것이 첫 마디였다. … 그때의 분위기는 굉장했다. 그때의 감동을 나는 잊을 수 없다. 지금도 내 가슴 속에 살아있다.

… 그때의 함 선생님이 바로 그 절대자, 신, 하나님의 화신으로 나타나시어 그 의로우심과 자비로우심이 엄청나게 거룩한 형상으로 빛을 발하여 원형의 후광(後光)까지 눈부시게 너울너울 비추이심을 보았다. …강연이 끝나자 기자들이 단상으로 뛰어 올라가 인터뷰요청을 하는 것이다. 나도 뛰어 올라갔다. '선생님 뵈러 왔습니다.' 하면서 인사를 드렸더니, 턱 이렇게 악수를 청하신다. 나는 그때 함 선생님과 악수한 것이 인간 함석헌과 악수 한것이 아니었다. 신의 화신과 악수한 것이다. 내 눈에 그렇게 보였고, 그 때 선생님은 그 영광을 가지고 계셨다. (〈씨올마당〉, 1996.4 p.67~68)

이천우 님의 중언을 보면 함 선생님을 석가나 예수, 나아가서 절대자 신의 경지로까지 말하고 있다. 어떻게 보면 좀 지나치지 않은가 하는 생각도 들지만, 님은 57년이 지난 지금도 그때 그 체험을 어제 일같이 말한다. 그 후 그는 함석헌의 명저 『뜻으로 본 한국역사』와 『인간혁명』 100 독을 했다는 말까지 나온다.

따라서 이천우 님은 그의 마음속에, 함 선생님에 대한 절대 믿음 같은 것이 자리 잡고 있다는 것을 보면서, 필자는 그저 놀라워할 뿐이다.

씨울로 우뚝 선 인물 노명환 님

인물이 보이지 않는 시대

1989년 함석헌 선생이 88세로 서거하셨을 때, 함 선생과 가장 가까운 이로 알려진 안병무 박사는 이렇게 말했다. "함 선생님이 돌아가시니 한국사회가 텅 빈 것 같다."

부산의 성자로 존경받는 장기려 박사도 "함석헌 선생 같은 인물은 500년 후에나 나올 것이다."는 말씀이 전한다.

어느새 함 선생님이 서거 하신 지 30년이 지났다. 위의 두 분의 말씀을 생각한다면 함 선생님 같은 인물을 오늘에 찾는 일은 아예 꿈도 꾸지 말라는 말로 들린다. 부족한 우리의 눈에도 인물이 안 보인다. 눈을 씻고 봐도 인물은 찾기는 거의 불가능하다는 생각에 이른다.

그러나 도산 안창호 선생은 이런 말씀도 하셨다. "인물이 없다고 한탄하지 말고 왜 네가 인물 되기 공부를 하지 않느냐?" 이 말씀을 생각하면 부끄러워 더 이상 글을 이어가기도 힘들다. 그렇지만 인물을 공부하고 연구한다는 입장에서 생각해보면, 인물은 적어도 다음 5가지 가 전제되어야 한다고 본다.

1) 기본 인격을 가춘 사람 2) 어떤 상황에도 변치 않는 사람 3) 불의한 현실에 저항할 줄 아는 사람 4) 희생과 봉사 정신이 있는 사람 5) 애국심과 인류애가 있는 사람 등이다.

여기에 맞는 인물을 찾는다면 역시 함석헌 선생은 백퍼센트라고 생각된다. 그러나 함 선생님의 여러 말씀 중에 이런 말씀이 생각난다. "집을 짓는데 벽돌장 하나하나가 모여서 집이 되는 모양으로, 벽돌 장 하나가 곧 씨올의 역할이다." 꼭 큰일을 해서만이 씨올이 아니라는 말이다. 선생님의 말씀을 들으면 다소 위로가 되기도 하지만, 씨올노릇을 제대로 했는가 할 때, 여기서도 부끄러움을 지우기는 어렵다.

그렇지만 우리는 《씨올의소리》 50년 역사에서 당당하고 떳떳하게 씨올의 삶을 산 사람, 인물에 근접하는 인물 하나를 추천하고자 한다.

그는 바로 경기도 양주시 백석읍에 살고있는 노명환(盧明煥)님이다. 그는 이미 1970년 대 초반에 《씨올의소리》 영구 독자였으며, 어려웠던 시절 그는 당당하게 제1회 독자 수련회에 참석했고, 씨올의 모든 모임에 빠지지 않는 충실한 독자이다. 그는 충실한 독자만이 아니라, 불의한 현실에 저항할 줄 아는 용기 있는 씨올이요, 인물이라는 사실이다.

1971년 11월호에 실린 "사람답게 죽자"

1971년 10월호에 함석헌 선생은 "군인정치 10년을 돌아본다."는 글을 발표했다. 이 글은 지금 읽어봐도 5·16 정권에 대해 이처럼 통쾌하게 비판한 글을 만나기는 어렵다. 그런데 노명환 님은 선생의 이 글을 읽고 다음과 같은 글을 써서 《씨올의소리》로 보낸 것이 그해 11월호에 실렸다.

사람답게 죽자
기다린 씨올 10월호.
10월 15일에 내린 위수령 소식을 듣고 이름 없는 구석구석의 씨올들이 분개하는 것을 보았습니다. 어느 속알머리 없는 놈은 또 그래야만 된다고, 대학생들이 공부는 않고 데모만 하느냐고. 독재를 써서 눌러야 된다고. 노예의 소리를 듣고 더욱 분했습니다.
그처럼 위수령을 내려야 하도록 문제가 심각했으면 딴 방법은 없었던가? 군화로 학원을 마구 짓밟고 관련 학생들을 제적처분 하는 것이 문제 해결의 열쇠였던가?
신문들도 눈치 보느라고 바른말을 못 하고, 지성인들도 기대할 수 없고, 오직 속 시원히 말할 수 있는 분은 함 선생님 밖에 없으리라 생각했지요.
과연 10월호 "군정 10년을 돌아본다."에서 속 시원히 비판해 주셨고, 5·16 후 아무도 말 못 할 때 바른 말하신 그 문제가 10년이 지난 지금 어쩌면 그렇게 적중할까? 그 통찰력에 감사합니다. 말씀 마지막에 "씨올아, 일어서자! 밤낮 짐승노릇 만 하겠느냐? 한 번 사람답게 죽어보자." 얼마나 통탄하고 시원한 말씀인지 모르겠습니다.
그렇습니다. 씨올들이여! 일어설 때는 이때입니다. 어떻게 사느냐 보다도 사람답게 죽는 그 것이 문제 아닙니까? 먼저 자신부터 그리고 씨올이 속한 직장에서 단체 안에서 부정부패 부정의에 저항합시다. 도전합시다. 죽음을 각오할 때 두려움이 무엇입니까? 우리가 바로 죽기를 망서리는 것은 비겁 때문이요, 가족 때문입니다. 용기를 냅시다. 씨올의 가족을 내 가족처럼 돌봅시다…
(전남 순천시 왕조동 18 노명환)

이 편지가 주소와 함께 《씨올의소리》에 실린 이후 전국에서 편지가 오고 직접 집으로 찾아오는 사람까지 있었다고 한다. 모두가 비슷한 생각을 가지고 있었지 만, 직접 이렇게 용기를 내어 대신 표현해주어 감사하다는 격려편지를 받았다 한다. 이때부터 노명환 님은 군사정권의 요시찰인물이 된 것이다.

그러나 당시 군사정권은 위수령에 그치지 않고, 비상사태를 선포하더니 이어서 계엄령을 내리고, 이미 계획했던 대로 투표도 선거도 없는 유신헌법을 제정하기에 이른다.

이러한 현실을 보고 무서워 아무도 말 못 하고 있을 때, 노명환 님은 유신을 정면으로 반대하는 글을 썼다. 그것을 동지들에게 보내기 전 교회 전도사님에게 보였더니 "이글이 나가면 틀림없이 구속감이니 계엄령이 끝나면 보내는 것이 좋겠다."고 했다. 님은 그럴까도 생각했으나 그렇다면 내가 전에 《씨올의소리》에 보낸 "사람답게 죽자"는 글과도 맞지 않고, 이율배반이 되고 비겁한 모습을 보이고 싶지 않다는 생각에, 단단한 각오를 하고 동지들에게 발송해 버렸다. 그러나 님의 유신 반대의 글은 '씨올의소리사'에는 오지 않았다. 그것이 보도되는 것을 철저하게 차단했던 것이다.

스스로 걸어 들어간 고난의 길

아니나 다를까, 며칠 후 순천경찰서 백차가 와서 책과 편지 등을 압수하고 노명환은 수사과로 끌려갔다. 마침내 광주경찰서에 이송되었다가 보통 군법회로 넘어갔고, 보통 군법회에 사람이 넘치니까 경찰서유치장에 들어가게 된다. 그는 거기서 돈만 쓰면 사식 먹고 술도 먹고 담배도 마음대로 사는 것을 봤다. 화장실이 밖에 있는데 그리로 통해 온갖 비리가 벌어지는 것을 목격한다. 그리고 새로 들어오는 사람이면 무슨 명목을 붙여서 돈을 뜯어낸다. 그도 멋도 모르고 당했다. 그런데 시골에서 가난하게 살면서 말 한마디 잘못해서 들어온 사람에게도 돈을 뺏는 것이다.

그는 더 이상 참을 수 없어 1심 재판이 끝나고 최후진술 때 판사에게 이런 비리가 있다고 고발했다. 판사는 정식으로 조서를 써서 내라는 것이다. 그날 저녁 수사과장이 그를 찾아와 우유까지 대접하면서 "우리 직원들을 잘 말해 달라."고 했다. 그러나 님은 말하기를 "내가 당신들이 미워서가 아니라 지금 계엄령하에서도 이런 부조리가 있는데, 다른 때는 어떠하겠는가? 나는 고발해야겠다." 하니 수사과장이 성질을 팍 내면서 "마음대로 하라!" 하고 가버렸다. 그는 그로 인해 이중 고통을 받기 시작한다. "저 노명환이라는 놈, 저 똑똑한 놈 때문에 우리는 면회도 못 하고 고통을 받는다. 저놈 죽인다."고 난리다. 그는 그때가 너무 힘들어 심장병까지 걸릴 지경이었다고 말한다.

님은 보통군법회의에서 3년 구형에 10개월 복역이 떨어졌다. 그는 즉시 상고하여 서울 고등군법회로 이송되었고, 고등군법회의에서 3개월 형이 확정되어 서대문형무소 수감생활이 시작된다.

함 선생님이 노명환 독자가 서대문형무소에 수감되었다는 소식을 들은 때는 형기가 얼마 남지 않았던 때인 것 같다. 당시 선생님의 일정이 너무 겹쳐서 차일피일하다가, 어느 날 시간을 정해 필자와 같이 서대문형무소로 면회 갔을 때는 이미 노명환 님은 출소 된 뒤였다. 그때 우리는 생각하기를 함 선생님이 서대문형무소를 방문한다는 소식을 듣고, 선생님의 붓이 무서워 님을 미리 석방한 것이 아닌가 하는 생각이 들었다. 당시 군사정권이 가장 무서워한 것은 '함석헌의 붓'이었다. 함석헌의 붓은 다른 어떤 데모나 총칼보다도 강했다. 그것은 곧 민중

(씨올)의 저항으로 이어졌기 때문이다.

직장 잃고 떠돌이 신세로 얻은 진리

노명환 님이 3개월 형기를 마치고 순천 집에 돌아오니, 집은 썰렁하니 비어있고 냉기가 돈다. 이웃에 물으니 부인이 아파서 애들을 데리고 친정으로 갔다는 것이다. 깜짝 놀라 달려갔더니 아내는 몸져누워있다. 병원으로 이송하여 한달 만에 낫기는 했지만, 엎친 데 덮친 격으로 그가 다니던 직장도 떨어졌다. 아예 그가 일하던 선교 부 자체를 없애버린 것이다. '옛날 선교사들은 독립지사들을 숨겨주고 보호해줬는데, 그렇게는 못 할망정 내가 파렴치범도 아닌데 이럴 수가 있는가?' 화가 났지만, 그들과 싸운다고 될 일도 아니고 새로운 길을 찾지 않으면 안 되었다. 이제는 어떤 일이든 가릴 수가 없다. 이일 저 일 닥치는 대로 했지만, 안정된 직업을 갖는다는 것은 쉽지 않았다. 거기다가 요시찰인물이라는 딱지가 붙어서 계속 그를 괴롭히고 있었다.

그때 마침 아는 사람이 대구에서 조그마한 가내공업을 하는데 일자리가 있다 해서 가족을 데리고 대구로 이사를 갔다. 그러나 그 가내공업도 오래가지 못했다. 이렇게 되니 완전히 밑바닥 인생으로 떨어지고 만 것이다. 그렇다고 낙심이나 절망할 수는 없었다. 가장으로서 가족을 살려야 한다는 일념으로 경상북도 일원 경상남도까지 지도를 들고 다니면서 미싱 수리, 난로 수리, 물건도 팔고 뜨내기 나그네 생활을 하게 된다.

장사를 하자면 소리치고 떠들어야 하는데 도저히 입이 떨어지지 않았다. 그래서 못 먹던 막걸리를 조금씩 마시면서 조금 담대해져서 소리치기 시작했다. 한때는 내가 왜 이렇게 되었는가하는 자괴감도 있었지만, 그는 속으로 다짐했다. '내가 비록 시장바닥을 도는 인생이 되었지만 나는 떳떳하다. 내가 비록 불이익을 당하면서 살고 있지만, 내가 가는 길이 결코 잘못된 길이 아님을 확신한다.'

그는 자그마치 경상남북도를 14년이나 지내면서 남이 알지 못하는 큰 깨달음을 얻는다. 경상도 시골 인심이 상상외로 참 좋다는 것이다. 그는 감동한 바가 한두 번이 아니라고 증언한다.

"내가 장사를 나가면서 자는 일이 많은데, 노상 여관 신세를 질 수도 없고 여비도 넉넉지 못하기 때문에 민박하는 경우가 많았다. 민박이라고 돈을 받는 민박이 아니었다. 시골 어느 집에 들어가서 '대구에 사는 사람인데 하룻밤 쉬어갈 수 없느냐?' 했을 때 한 번도 거절당해 본 적이 없다. 모두 다 환영이었다. 재워주고 아침밥까지 지어주는 가정이 대부분이었다. 그들이 생각할 때 내가 경상도 사투리를 쓰지 않고 비교적 표준말을 쓰지만, 전라도 사투리가 섞여 있는 데도 전혀 나는 도 차별을 느껴보지 못했다 … 왜 도를 따지고 지역 차별, 지역감정이 무엇인가? 나는 내가 직접 체험한 것을 증언하는 것이다." (<씨올마당> 1996. 8)

신장 기증과 '적(的)을 물리치자'는 한글 운동

노명환 님은 경상도 생활 14년이 끝나는 때, 집안 큰집이 경기도 북부지방에서 염색 업을 하고 있는데, 거기서 초청을 해서 경상도 생활을 접고 올라오게 된다.

경기도 생활이 시작되면서 그의 가정생활은 어느 정도 안정권에 들어갔다고 할 수 있다. 그동안 열심히 일한 결과였다.

따라서 님은 1995년 6월과 8월에 아들과 함께 쉽지 않은 일을 결정하고 실천에 옮긴다. 자신의 장기를 기증하는 일이었다. 장기기증을 하게 된 동기는 두 가지였다. 하나는 서울의대학장으로 있던 이강호 박사가 생전에 자기 제자들에게 시신 기증을 약속했는데, 그분이 암으로 돌아가시자마자 안구가 다른 사람에게 이식되어 광명을 찾았다는 기사를 보고 큰 감명을 받았다. 또 하나는 72년 4월호 함석헌 선생의 "같이 살기 운동을 일으키자"는 글을 읽고 두 번째 큰 감명을 받는다. "나는 죽어서 흙으로 돌아가지만 내 시신을 미리 기증해 놓으면 내 장기로 몇 사람을 살릴 수 있구나! 이것을 실천하면 같이 살기가 되지 않는가? 물질로 돕는 것만이 같이 살기가 아니고 이런 방법도 있구나!"

그는 아내와 아들까지 네 식구 모두 장기기증을 했고, 네 식구 모두 시신, 장기, 뼈 기증, 등록증을 갖고 있다. 생각만 해도 놀라운 일이다. 그는 시대를 앞서가는 모범 자이고, 자기 몸을 바치는 희생정신의 소유자이다. 감히 흉내 내기도 어려운 대단한 가정이라는 생각이다. 씨ㅇㄹ의 역사에서도 찾기 어려운 '씨ㅇㄹ정신으로 우뚝 솟은 의인'이라 해서 조금도 부족함이 없다고 생각한다.

님은 또 한글 운동에도 남다른 조예가 깊다. 그는 2016년 3월에 '우리말 살리는 겨레모임'에서 "우리 곁에 있는 우뚝한 어른"상을 받았다. 그 상패 내용이 독특하다.

> 가난한 한학자 맏이로 전북 부안에서 태어나 야간 중학조차 못 나와 새끼 꼬며, 지게지고 다니다가 틈만 나면 밭두렁에서도 책을 벗 삼아《사상계》잡지에서 함석헌 선생을 알고, '들사람 얼', 자유정신을 배워 유신 악법을 규탄하며, '사람답게 죽자'라는 글을《씨ㅇㄹ의소리》에 썼다가 군법 재판에서 형을 받고, 옥살이 끝에 일터에서 밀려났다….(중략) 사람으로서 지킬 도리를 말없이 다해오고 있는 이분과 더불어 일하는 우리는 늘 가슴 뿌듯하고 자랑스럽다.
>
> — 우리말 살리는 겨레모임 모두

현재 노명환 님은 '우리말 살리기 겨레모임' 공동대표이기도 하지만, 일찍이 《씨올의소리》에 "'~적(的)'을 물리치고 우리 말 살리자."는 글을 발표한 일도 있다. 우리는 '적'이라니 무슨 적인가 했는데, 그것이 바로 일본식 표현이라는 것이다. 그의 글을 읽고 다시 보니 온통 지식인의 글들이 적(的)자 투성이라는 것을 보고 놀랐다. 그는 다음과 같은 함 선생님의 말씀을 소개하면서, 우리말을 살리기 운동에도 헌신하고 있다.

> 우리 민족의 이상이라 했지만, 그러지 말고 우리말로 해봅시다. … 이상이 뭐야요? 세워 내놓은 뜻이지. 알기 어려운 남의 말 혹은 옛날 말로 해서 젊은이들을 맴돌이 질을 시켜놓고 지식을 비싸게 팔아먹고 힘을 몽땅 쥐고 해 먹으려는 데서 하니, 어려운 말을 일부러 하지. 그렇지 않은 담에야 우리말론 못할 것이 어디 있어요? 아니요. 반드시 우리말로 해야 우리 것이 됩니다. (전집 1, p.345)

노명환 님은 35년생(90세)이지만 매일같이 등산하며 체력 단련도 쉬지 않는다고 한다.

엄마, 어머님, 어머니 대한민국

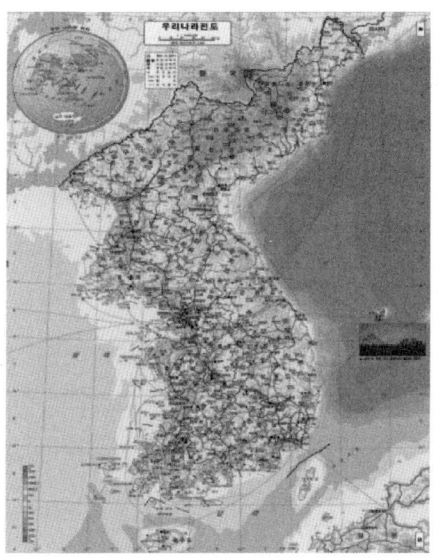

어머니 그리움에 멍든 가슴

어버이날이 다가온다. 아버님, 어머님이 다 그립지만, 어머님이 더 그립다. 어머니는 생각하면 할수록 그리움은 점점 더 사무쳐온다. 나도 이제 인생의 내리막길에서 어머니 생각은 잊을 만도 하건만, 내 가슴 속에는 어머니에 대한 어떤 응어리 같은 것이 있다. 그것은 그리움의 덩어리 같다. 어머니 그리움은 결코 나만이 아닐 것이다. 이 땅 모든 이들의 그리움이 되겠지만, 나와 같은 '아픈 가슴'이 있는지는 모른다.

어머니는 내가 말을 배우기도 전, 어머니를 알아보기도 전에 세상을 떠나셨다. 그래서 나는 어머니 얼굴을 모른다. 아무리 생각해도 떠오르지 않는 어머니 얼굴이다. 남들은 사진이 있고 초상화도 있건만, 나는 그 흔한 사진 한 장, 초상화 한 장이 없다. 내가 세상에 어머니 없이 태어날 리는 없고, 그 엄마의 젖을 먹고 그 품속에서 사랑을 받으며 자랐을 것이 분명하건만, 나는 아무리 어릴 때를 생각하고 고향산천을 떠올려 봐도 도대체 어머니 모습은 보이지 않는다. 어머니 얼굴을 안다는 누님이나 친척들의 이야기를 들어봐도 내 손에 잡히는 어머니 영상은 없다. 그러니 나의 어머니에 대한 그리움은 천추의 한(恨)이 되어, 풀지 못하는 '병든 가슴'으로 남아 있는 것이다.

지금으로부터 언제가 되는지 계산도 잘 안 된다. 내가 세 살을 갓 넘었을까 했을 때 어머니는 40세를 전후하여 세상을 떠나셨다 한다. 서너 살 정도면 머리 좋은 애들은 자기 어머니를 기억해 내기도 할 텐데, 나는 머리가 나빠서인지 도대체 어머니 생각이 나지 않으니 어쩌면 좋은가? 후에 들은 얘기지만 어머니는 너무 가난한 살림으로 고생을 하시다 병을 얻어 돌아가셨다. 요즘 같으면 별것 아닌 병인데도 치료 한번 제대로 못 하고 경(經)을 읽고 푸닥거리를 하다가 그만 때를 놓쳤다는 말도 있다.

우리 집은 강원도 산간 벽촌에 살면서도 농사하는 가정이 아니었다. 아버님의 직업은 목수였다. 지금 생각하면 목수가 아니고 농부였다면 어땠을까 하는 생각도 해보지만 쓸데없는 생각이고, 아버님은 일찍부터 목수 일을 배우셨다. 또 솜씨가 있어서 대목(大木)이라는 말을 들었다. 목수며 대목이라면 지금 같으면 잘 살고 상당한 부를 누리겠지만, 아버님 시대는 달랐다. 나라를 잃고 일본의 종살이 하던 시절, 친일하지 않고는 살기 어려웠던 시대, 순수한 조선 사람이라면 누구나 먹고살기가 힘든 때지만, 목수의 가정은 더 심했다는 생각이다.

당시 돌아다니는 이런 말이 있다. '대장장이는 늘려 먹기 때문에 잘 살고, 목수는 깎아 먹기 때문에 못산다.' 그 말 그대로 아버님은 깎아 먹는 사람이었다. 보통 집을 짓기 시작하면 빨라야 한두 달, 길면 석 달 넉 달이 걸리는 것이 보통이다. 그래서 아버님은 집 짓는 일을 시작하면 집이 완성되는 동안 가정으로 돌아오는 일이 없다. 또 건축을 다 마치면 품삯은 받을 것이 거의 없을 정도였다. 빚을 지지 않으면 다행이다. 미리 다 받아쓰고 먹고 마셨기 때문이다. 아버님은 술을 좋아하셨다. 술을 좋아하셨기 때문에 친구들이 많았다. 친구들은 대개 술친구들이었다. 그러다 보니 집으로 가져올 돈이 있을 수가 없다. 그저 간신히 입에 풀칠할 정도로 들고 오시는 것이다. 그러는 가운데 어머님은 아이들과 같이 벽촌에서 가정을 꾸려가는 일이 어떠했겠는가?

나의 어머니는 깊은 산골에서 이름 없이 피었다 진 한 송이 들국화 같은 여인이었다. 나중에 들어서 알았지만, 어머님은 수줍은 성격에, 낫놓고 기억자도 모르는 여인이었고, 아버님 앞에 당당하게 한마디 말도 못 하는 여인이었다. 오늘날 민주사회, 남녀평등을 주장하고 여권운동이 강력하게 일어나는 지금도 여성들이 인간 대접을 못 받는다고 야단들인데, 당시 같은 남성 위주의 사회에서 산골 벽촌여인이 아버님 앞에 불평불만을 얘기한다든지, 자기 생각을 주장하는 일은 상상할 수도 없다. 그래서 입을 것이 없어도 참고, 먹을 것이 없어도 굶으면서도 참는, 죽지 못해 사는 그런 삶이었다면 아버님에 대한 불경스러운 표현일까? 이런 현실 속에서 어머님은 병드셨고, 나는 어머니를 일찍 잃고 말았다. 그 후 그 수많은 이야기를 어찌 다 말하랴.

나는 어머니 없이 어린 시절을 지내면서 완전히 '생기 없는 아이'가 되고 말았다. 나는 가끔 부모 없는 고아를 생각한다. 고아로 세상을 산다는 것이 얼마나 불쌍하고 가련한 인생인가? 고아가 되어보지 못한 사람이 고아의 삶을 알까? 나는 완전한 고아는 아니지만 고아를 조금 알 것도 같다. 고아라면 그들의 삶의 방향이 대개 두 가지로 갈린다. 하나는 어느 누구도 나를 보살펴주고 내 편에 서주는 사람이 없기 때문에, 나는 내 멋대로 무슨 짓이라도 해서 살겠다는 강한 의지의 사람이 있을 수 있고, 다른 하나는 완전히 풀이 죽고 생기가 없는 모자란 인간이 되는 것이다. 어디 가서 말 한마디 제대로 못 하고 얼굴에 웃음을 잃어버린 삶을 사는 것이다.

나로 말한다면 전자의 삶이 아니라 완전히 후자의 인생을 살았다고 할 수 있다. 웃음을 잃은 아이로, 풀이 죽고 생기 없는 인간으로, 자기 의사를 당당하게 남 앞에 발표하지 못하는 용기 없는 인생을 살아온 것이다. 한때는 나도 모르게 얼굴을 들어 하늘을 쳐다보는 용기도 없이, 고개를 숙인 채 땅만 보고 걸었던 때도 있었다. 내가 성년이 되고 중년 고개를 넘어 노년에 이르는 오늘까지도 내 마음 한 구석에는 '어머니가 계셨더라면.' 하는 뒤늦은 아쉬움이 지금도 남아 있다.

위대한 어머니, 나의 어머니

내가 어머니의 콤플렉스에서 벗어나기 시작한 것은 이 땅에 위대한 어머니들의 이야기를 들으면서부터다. 내가 고향에서 어렵게 중학교를 마치고 무작정 상경하여 이런저런 일을 하면서 고등학교와 대학을 졸업하는 동안 여러 선생님의 가르침을 받고, 많은 책을 접하는 가운데 위대한 어머니들을 알게 되었다.

한석봉은 집을 나가 공부하다가 어머니가 보고 싶어 공부를 중단하고 집으로 돌아왔다. 그때 어머니는 마침 베틀에 앉아 베를 짜고 있었는데, 아들이 공부를 중단하고 돌아온 것을 보고 기뻐하기는커녕 짜던 베틀의 베를 칼로 잘라버렸다.

석봉은 깜짝 놀라 "어머니 무슨 일입니까?"

어머니 대답 "아들아, 네가 공부하다 중단하면 이와 같다."하고 아들을 다시 돌려보냈다는 이야기.

김유신은 성년이 되었어도 나라를 생각하기는 고사하고 기생집을 드나들었다. 어머니는 그것을 알고 유신을 불러놓고 종아리를 때리며 고치도록 항복을 받아냈다. 그 후 김유신이 말을 타고 가다가 말 위에서 잠이 들었다. 말은 주인의 지시가 없으니 자연 늘 가던 기생집으로 갔다. 깜짝 놀라 깨어난 유신은 칼을 빼어 말 모가지를 잘랐다. 말이 무슨 죄가 있느냐 하겠지만, 김유신은 말 모가지를 자른 것이 아니라 자기 모가지를 잘랐다는 해석.

이율곡의 어머니 신사임당 이야기.

맹자의 어머니가 아들을 위해 세 번 이사한 이야기(孟母三遷之敎).

발명왕 에디슨의 어머니 이야기.

등등 위대한 어머니들의 이야기가 너무 감동이었다.

에디슨은 초등학교에 들어갔을 때 담임선생이 에디슨을 바보라고 규정하고 3개월 만에 퇴학을 시키려고 부모를 불렀다. 이때 어머니는 학교를 찾아가서 담임선생에게 "내 아들은 바보가 아니요! 선생님이 못 가르치겠다면 내가 가르치겠소." 하고 집으로 데리고 왔다. 에디슨의 독학 자습을 끝까지 도운 선생은 그의 어머니였다.

인도의 성자요 비폭력운동의 화신이라 할 수 있는 마하트마 간디의 뒤에도 위대한 어머니가 있다. 어머니는 무식하지만 아들 간디를 위해 1년 동안 하루 한 끼를 먹으며 불철 주 야 기도했다는 것이다.

  나는 이런 이야기들을 듣고 배우면서 나의 어머니에 대한 그리움에서 어느 정도 벗어날 수가 있었다. 내가 한석봉이나 김유신, 이율곡이 못되고, 에디슨도 맹자도 간디도 감히 쳐다볼 수 없지만, 그 어머니들만은 바라보며 가까이하고 싶다. 위대한 인물이 되기까지 기도하며 가르치고 희생을 한 그 어머니들의 지극하고도 따뜻한 마음이, 얼어붙은 내 마음도 녹이기 때문이다. 그 어머니들이 내 어머니는 아니지만, 그 어머니들의 따뜻함과 사랑이 내게도 전달이 되는 것을 느끼고 있다.

  이름 없이 빛도 없이 감사하며 희생하고 봉사하는 이 땅의 모든 어머니들은 다 위대한 어머니들이다. 그들이 있기때문에 세상은 건재하다고 생각한다. 나는 지하철을 타려고 가다가 유리 벽에 이런 시를 보고 놀란 일이 있다

      대 지진이 있었다
      지반이 쩌억 금이 가고
      세상이 크게 휘청거렸다
      그 순간
      하느님은 사람 중에 가장 힘센 사람을
      저 지하 층층 아래서
      땅을 받쳐 들게 하였다
      어머니였다
      수억 천년 어머니의 아들과 딸이
      그 땅을 밟고 살고 있다 (어머니의 땅 –신달자)

믿음의 어머니들

내가 어머니의 한이라 할까 그리움에 사무친 응어리가 풀어지고 해결의 길로 들어서게 된 일은 믿음의 어머니들을 알고 난 뒤다.

기독교 역사상에 위대한 어머니들이 많지만 두 어머니를 기억하고 싶다. 첫째는 이스라엘 민족을 애굽의 종살이에서 구출해 낸 모세의 어머니 요게벳이고, 다음은 성 어거스틴의 어머니 모니카이다.

아득한 옛날 이스라엘 백성들이 애굽 종살이를 하고 있을 때다. 딸이 나면 살려두고 아들이 나면 나일강에 빠뜨려 죽이라는 바로왕의 칙령이 떨어졌을 때, 모세가 태어났다. 어머니 요게벳은 모세를 3개월을 감추어 기르다가 도저히 아이 울음소리를 막을 수 없어 갈대 상자를 만들어 모세를 누이고 나일강 갈대밭에 띄웠다. 그것도 바로 왕의 공주가 목욕하러 나오는 그 시간에 맞추었고, 누이 미리암을 지켜보게 했다. 그리고 자기는 집에 엎드려 여호와 하나님께 눈물의 기도를 드린다. 하나님은 어머니의 간절한 기도를 들으셨는지, 모세는 공주에게 발견되어 공주의 아들로 들어가게 된다. 이어서 유모를 찾던 중 어머니 요게벳은 유모의 자격으로 궁중에 들어가 모세를 기르게 되는 역사가 일어난다.

완전히 사지에서 살아난 모세, 또한 유모 자격으로 다시 아들을 안고 기를 수 있게 된 어머니 요게벳, 그 심정이 어떠했을까? 얼마나 하나님께 감사하고, 얼마나 많은 기도로, 얼마나 지극정성으로 모세를 길렀을까? 묻지 않아도 알만하다.

모세가 이스라엘 민족적 지도자가 되고 출애굽의 역사를 창조해 낸 것은 모세 혼자의 노력만은 결코 아니다. 그 배후에 어머니 요게벳이 있었다는 사실도 알아야 한다.

누가 뭐라 해도 지금까지 지구상에 나타난 어머니 중의 어머니는 성 어거스틴의 어머니 모니카이다. 모니카는 방탕하고 타락한 아들을 30년 동안 눈물의 기도로 아들을 회개시키고, 마침내 그 아들을 성자로 만든 어머니다.

로마 가톨릭에서는 해마다 5월 4일을 모니카 승천 일로 기념하면서 다음과 같은 노래를 부른다.

> 아들의 죄를 속하기 위해 어머니는 울면서 기도한다.
> 근심 걱정으로 지내는 어머니, 밤낮을 불구하고 울며 기도한다.
> 뜨거운 눈물로 끊임없이 구하는 과부는 가련도 하다.
> 떨어지는 눈물방울 소리도 하나님을 찾는 기도다.
> 눈물은 떨어져 폭포를 이루고 기도의 말은 산을 이룬다.
> 어머니의 뜨거운 그 마음은 마침내 하나님께 상달한다.

지성이면 감천이라고 마침내 타락한 아들이 돌아왔다. 이교인 마니교를 믿고, 타락하여 정욕의 노예가 되었던 아들 어거스틴은 그 모든 것을 청산하고 새 아들로 돌아왔다. 30년 동안 어머니 모니카 눈물의 기도를 하나님이 들으시고 응답하신 것이다. 어거스틴은 33세에 회개하고 세례를 받고 기독교인이 되었다. 그가 어머니의 뜻을 따라 성경책을 펴서 제일 먼저 눈이 간 데는 로마서 13장 12절 이하이다.

> 밤이 깊고 낮이 가까웠으니 그러므로 우리가 어두움의 일을 벗고 빛의 갑옷을 입자. 낮에 와 같이 단정히 행하고 방탕과 술 취하지 말며 음란과 호색하지 말며 쟁투와 시기하지 말고, 오직 주 예수 그리스도로 옷 입고 정욕을 위하여 육신의 일을 도모하지 말라.

모니카는 뛸 듯이 기뻐하며 아들에게 말했다. "내 아들아, 나는 이제 이 땅 위에서 바라던 모든 소원이 이루어졌다. 나의 하나님이 나의 소원을 다 들어주셨구나!" 하고 감격의 눈물을 흘렸다. 위대한 어머니의 믿음 안에서 위대한 아들이 탄생한 것이다.

민주투사가 된 어머니들

1970년 11월 13일 평화시장 재단사 전태일의 분신 이후, 이름 없던 그의 어머니 이소선 여사가 노동자의 어머니로 부상하는 것을 시작으로 하여, 70년대 80년대를 지나오면서 우리 사회에 일군(一群)의 어머니들이 나타났다. 그 어머니들은 상처받은 가슴을 가진 어머니들이다. 꽃봉오리 채 피기도 전인 젊은 아들의 옥살이와 고문과 죽임을 처음에는 눈물과 한숨과 통곡으로 받았으나, 나중에는 기쁨과 승리와 통일의 아름다운 꽃으로 피워냈다. 그 어머니들은 죽은 아들의 뒤를 이으면서, 시대의 죄악에 저항하면서, 민주투사가 되면서, 의인의 대열에서 민족의 어머니 노릇을 톡톡히 해내는 것을 나는 보았다.

그들, 어머니들에게서 놀라운 것은 처음에는 자신의 아들 때문에 일어섰으나, 나중에는 자기 아들만이 아들이 아니라는 것을 알았다. "내 아들만이 내 아들이 아니고, 내 딸이 내 딸만이 아니다." 했다. 이 얼마나 감격스러운 일인가! 오천 년 역사 이래 이런 일이 있었던가? 나만 알고 고작해야 내 가족만 알고, 내 파, 내 이익, 내 욕심만을 위해서 살던 세상에서 이런 일이 있을 수 있었던가?

나는 이런 어머니들의 등장을 보면서 여기에 우리나라의 희망이 있고, 동시에 세계의 희망도 여기에 있다고 생각한다. 내가 내 어머니에게만 사로잡혀있던 모든 생각이 이런 어머니들을 보면서 일순간에

씻어지는 것을 느꼈다.

나는 새로운 어머니들을 보면서 기뻐한다. 위대한 어머니들, 믿음의 어머니들, 투사가 된 어머니들, 이런 민족의 어머니들이 있는 한 나는 외롭지 않다.

어머니 대한민국, 고난의 여왕이시여!

'조국 대한민국'이라는 말도 있지만, '모국 대한민국'이 좋고 '어머니 대한민국'이 더 좋다. 할아버지는 멀고 어머니는 가깝기도 하지만, 우리가 자고 먹고 뛰어노는 이 땅은 어머니의 나라요 어머니의 품속이다. 이 땅은 자그마치 오천 년을 내려오는 가운데 수많은 우리 조상들이 살다 돌아간 우리의 국토이며 어머니의 가슴이다. 나도 이 땅에 태어나 이 땅의 공기로 숨을 쉬고, 이 땅의 물을 마시며, 이 땅의 농산물을 먹고 하나의 생명으로 살아가고 있다. 우리 부모가 그랬고 수많은 우리 조상들이 그랬듯이, 나도 이 땅에서 살다가 이 땅에 묻힐 존재다. 이 땅이 바로 나를 살게 해주고 지켜준 어머니의 땅 '어머니 대한민국'이라는 사실을 뒤늦게 깨달았지만, 감사하고 거듭 감사한다.

함석헌 선생은 1958년 10월호 《사상계》에 "생각하는 백성이라야 산다.'를 풀어 밝힌다." 는 글 마지막에 다음과 같은, 일찍이 들어보지 못한 '어머니 대한민국'에 대한 애절한 기도가 있다.

> 어머니, 대한민국이시여! 영원의 흰 관(白頭) 머리에 쓰시고, 거룩한 향 가슴에 차시며, 1만 2천 캐럿 금강 손에 끼시고, 새 나라 주추 큰 돌(漢拏) 발에 밟고 서시어, 삼천 폭 치마 안에 삼천만 씨올 품으시며, 오천 년 긴 역사의 밤 펄럭이는 등잔을 지켜, 밝은 날의 임을 맞이하자는 한 밝음(太白)의 여왕이시여!

당신이 어찌하여 그 높으심, 크심을 잊고 작은 말을 다투시고 의심을 품어 싸우시려 하시나이까? 말씀의 큰길을 막으려 하시나이까? 당신은 환웅님의 얼을 잊으셨나이까? 온달의 어짊을 잃으셨나이까? 검도령의 날쌤을 버리셨나이까? 처용의 착함을 떨어치셨나이까?
어머니 대한민국이시여! 고난의 여왕이시여!

위 말씀에서 '어머니 대한민국'을 '고난의 여왕'이라 한 말씀이 가슴을 울린다. 대한민국이 오천 년을 지나오는 동안 얼마나 많은 고난의 강을 건너고, 얼마나 많은 가시밭길 수난의 산을 넘어왔던가? 멀리 가지 않고 가까운 현대사만 보더라도, 외부로부터 오는 세력들에 의해 얼마나 많은 짓밟힘과 찢김과 상처투성이 역사를 걸어왔던가?

대륙의 청국, 노국에 의해 양팔이 찢기고 밟히고 피 흘리고, 바다 건너 일본은 우리의 머리에 가시관 씌우고, 짓밟고 유린뿐 아니라, 전 국토를 돌아다니며 실제로 높은 산마다 바위를 뚫고 쇠창살을 박았다. 그 증거를 나는 고향 산에서도 봤다. 1950년 6·25 동족상잔이란 참담한 내전이 벌어졌고, 이어서 세계전쟁으로 비화 되어 16개국에서 젊은 유엔군들이 한국전에 참가하여 수많은 피를 이 땅에 쏟아붓는 일이 벌어졌다. 북한의 젊은이들은 또 얼마며, 중국의 젊은이들은 또 얼마인가? 무슨 원수진 것이 얼마나 있기에 이런 전쟁을 벌이고, 그 아까운 젊은 피를 이 땅에 쏟아부었던가? 이것은 필시 무슨 깊은 뜻이 들어있는 것도 같은데, 무엇일까? 한국을 살리고, 아시아를 살리고, 세계를 구원하려는 어떤 하늘의 깊은 뜻이 담겨있는 것은 아닐까?

멀리 유대 나라에서는 하나님의 아들이 권력자들에 의해 채찍을 맞으며 끌려가서 처참하게 십자가에 달려 옆구리에 창까지 받아 피를 쏟았던 것처럼, 한국에서는 대지의 어머니가 십자가 이상의 참혹한 고난을 겪으며 죽음의 역사를 걸었다. 최근까지도 한 세기가 넘도록 수난의 역사는 그치지 않았다. 남북의 젊은이들과 세계 젊은이들이 이 땅에 쏟은 피는 버려지고 썩어 사라진 것인가? 아닐 것이다. 대지의 어머니는 그 수많은 피를 몸으로 받아 아픔과 괴로움을 넘고 넘어 썩고 썩어 거름이 된 것은, 그것으로 끝나버린 것인가? 결코, 아닐 것이다. 무슨 하늘의 뜻을 받아 키우려는, 어떤 크나큰 뜻이 들어있는 것은 아닐까?

이런 기막힌 일을 겪으면서도 수난의 역사는 끝나지 않는 듯, 휴전선의 철조망이 상징하는 대로 찢기고 밟히고 숨통을 조이고, 피 흘리는 일이 계속되던 어느 날, 이게 웬일인가?

수난의 역사 오천 년이 지나가는 오늘, 기적이 일어나고 있다. 아니, 하늘의 기적이 왔다. 십자가를 지고 죽었던 예수가 다시 살아났듯이, 한국에서도 다 죽어가던 대지의 어머니가 다시 살아 꿈틀거리는 때가 왔다. 그때가 바로 이때다.

2018년 4월 27일 남북 판문점 선언을 시작으로 하여, 70여 년간 허리를 졸라서 숨을 헐떡이며 죽어가던 어머니 대한민국에 기적이 일어나고 있다. 남북의 군인들이 서로 힘을 합해 무기를 내려놓고, 지뢰밭을 제거하고, 철도를 연결하고, GP를 서로 방문하는 등 놀라운 일들이 일어나고 있다. 아니, 이런 일을 꿈에라도 본 일이 있었던가? 죽어가던 어머니 대한민국의 숨길이 트이며 생명의 기운이 돌고 있는 것이 아닌가!

어머니가 분명 움직이는 기류가 보였는데, 다시 아무 소식이 없고 잠잠하여 답답하기만 한데 어찌 된 일인가? 아직도 더 기다려야 한다는 말인가?

어머니 대한민국이시여! 고난의 여왕이시여! 오천 년 긴긴밤 괴로워하며 죽은 듯 눈을 감으셨던 어머니 대한민국이시여! 눈을 뜨소서! 정신을 차리소서! 이제 일어나소서! 수난의 몸을 털고 이제 일어나소서! 어머니!